教育的思考のトレーニング

相馬伸一

東信堂

はしがき

本書のねらいは、教育学の一般的な知見をフォローするとともに、私たちが教育における当事者のまなざしを養うためにはどうしたらよいかを考えることです。

現在、世の中は、教育に関するおびただしい言説であふれています。書店の教育コーナーに立つだけでも、いったい何を参考にしてよいのか、途方に暮れてしまいます。

一方には、制度的な教育を実施している国や地方公共団体、または学校経営者の見解があります。他方には、教育の研究者たちによる教育の批判や分析があります。また、教師に代表される実践者の主張があります。そして、マスメディアがもたらす教育についての「問題」があります。さらに、近年では、親や児童・生徒・学生の教育についての意見も、ブログ等を通じて流布しています。

そうした言説は、それぞれ意味があるはずです。しかし、二つ気になることがあります。ひとつは、私たち自身が教育を受けてきたはずであるにもかかわらず、「教育をどうするか」を論ずる際に自分を問題の外においたような傍観者的視点の言説が多いことです。いまひとつは、教育を具体的に扱うあまり、コツやマニュアルといった技術的な方法論に終始した言説が多いことです。

本書は、この中間をめざしています。教育を具体的に考える場合、傍観者ではなく、当事者としての発想が必要です。しかし、私たちは、ともすれば傍観者として振る舞ってしまいます。構えが傍観者的なままでコツやマニュアルをいくら学んでも、それは身についたものにはなりません。本書が、教育における当事者の視点をとりあげるのはこのためです。

こういうと、本書は教職志望者向けだと思われるかもしれません。しかし、本書のテーマは単に教師を志す人だけの問題ではありません。

第一に、当事者の立場を想像するだけでも、私たちは教育についての思い込みをけっこう見直すことができるはずです。たとえば、教わる側は受益者なのではなくて当事者なのだと気づくだけでも、私たちが受けている教育の意味はずいぶん変わっていくでしょう。

第二に、私たちは傍観者であり続けることはできません。教師にならなくても、家庭や地域や職場でさまざまな関係を持っていけば、いやでも当事者の立場を任されるようになります。そのとき、傍観者的な態度が染みついていては、責任を果たすことはできません。

というわけで、本書は、私たちが素朴に思い込んでいる教育のイメージを見直し、当事者としての態度を養うにはどうしたらよいかをさまざまな角度から考えました。当事者としての態度を一時的なものではなく持続的なものにしていくには、一つひとつの経験を思考の尺度にかける習慣を身につける必要があるからです。

なお、本書で示している方向は、「さしあたってどうするか」という暫定的な回答です。読者の皆さんが、違う意見を持つ場合もあるでしょう。しかし、その意見が皆さん自身を教育の当事者という立場に設定しての読解であるなら、それはもう一つの当事者的な発想であるにちがいありません。本書を通じて、それまでの教育への思い込みが揺さぶられたと受けとめられるなら、本書はその目的を十分に果たしたことになります。

著　者

教育的思考のトレーニング／目次

第一〇章 学びはまねび？——創造としての再生……225

エピローグ オーバーワークはイヤ？——贈与としての教育……251

挿絵／ジョージマ・ヒトシ

教育的思考のトレーニング

プロローグ　教育的態度について

「親身」って書けます？

私たちは皆、誰かに産んでもらったおかげで生きている。だから、好むと好まざるとにかかわらず、私たちは皆、誰かの子である。その私たちの多くは、いつか誰かの親となる。この「多く」というのには少し説明がいる。「私は、生涯、シングルのつもりです」「子どもはいりません」「望んでも子どもができないかもしれません」という人もいるかもしれないが、こういう人も、広い意味での親となることができる。

たとえ、子どもがいなくても、サークルや地域や職場などに関わっていれば、前からそこにいる者(先生)はあとから来た者(後生)の面倒をみなければならない。サークルでは先輩と呼ばれ、時には恋愛の相談にまで対応せねばならぬ。会社に入って大きな失敗がなければ上司となり、否応なく大きな責任が生じる。これらの役割は、生物学的・法律的には親ではないが、そこで果たしている役割は広い意味で親的であり、教育的だ。

それに、親が年をとったり病気になったりして面倒をみるようになったとしよう。生物学的にも法律的にも、親は死ぬまで、いや死んでしまっても親だが、面倒をみてくれた立場から面倒をみられる立場に変化するという意味では、役割は逆転するともいえる。親ばかりではない。自分もいずれは、周囲の世話を受けなければならないようになる。子どもが親的な役割を担い、親は子どもに還る。家庭や地域や職場でエンジン全開でいける期間は意外に短い。干支《えと》が五回めぐって六〇歳になると還暦といって、赤いちゃんちゃんこが贈られたりする風習があるが、これは、人間が子として生まれ、親的役割を果たし、また子へと還るのだというサイクルを示しているだろう（今の六〇歳は四〇代よりはるかに元気な人が多いが）。

いずれにしても、私たちの多くは、一定の期間、広い意味での親になるといってよい。その期間が長い人もいれば、短い人もいる。面倒をみる相手が多い人も少ない人もいる。面倒の種類も、しつけやスポーツのプレーの仕方、仕事の交渉の仕方等々、さまざまだ。

ただし、私たちは、生まれつきか生後のある時期の病気や事故のために、親的な役割を担おうにも、その可能性を制限される場合がある。その場合、周囲に対してできることは限られる上に、生涯のかなりの期間、周囲の世話を受けなければならない。しかし、それは私たちの意図の結果ではなく、意に反した結果だ。だから、「私たちの多くは、いつか誰かの親となる」というのは、人間が運命から自由でないがゆえに、「私たち皆が」とはいえないということだ。

そうした運命の介入にもかかわらず、私たちは、障がいや重病を負った人々が周囲と関わり、あるときは親的な役割を担っているのを実際に目にする。そうした姿を目にすると、広い意味で「親になること」は人間の可能性や権利を超えて、それを十分に果たせるかどうかはともかく、ひとつの責任なのではないかとも思えてくる。

さて、親的な役割は、人間に生まれて一定期間が過ぎれば自動的に担えるようになるわけで

はない。生物学的には間違いなく親でも、親の役割を放棄したような親失格者は少なくない。親的な役割を担うには、それだけの能力がついていないといけない。そうでないと役立たずで、みじめなものである。しかし、能力だけでもいけない。能力があっても、愛されるか信用されていないと、面倒をみられる側からは敬遠される。さびしいものである。

ところで、親的な役割を果たせるようになりたいと思って、お手本になるような人はどこにいるだろうと思い、ふと周囲に目をやる。すると、人命を預かる立場にあり、それを実行できる能力もあるはずの人間が、およそ親的とはいえない無責任な言動をとる姿に接し、気分を害されることが少なくないのに気づく。教育者の暴力。教師や上司という立場を悪用したセクシャル・ハラスメントやパワー・ハラスメント。社員を消耗品としてしかとらえていないのではないかと思わせるような劣悪な条件で働かせ、消費者には虚偽表示の商品を売りつける企業。生命と安全と自由を守るのが仕事であるはずの行政の怠慢。そして、遠巻きに眺めて論評する評論家やマスメディア。

「いったい何が信頼に値するのか」という疑問が沸く。その疑問は「何も信頼できない」という不信となり、「自分のことだけやっておこう」「周りのことは最低限で」という私生活主義につながる。私たちの周りに、親的な役割を果たしている者はどれほどいるだろうか。

そんなことを考えていたときに、学生の書いたレポートで目に留まった間違いがある。それは「親身」である。「親」は小学校二年生、「身」は三年生で習う漢字だが、きちんと書ける学生が思いのほか少ない。いくつかの間違いをあげてみると、

「心身」……身も心も入れた心遣いをいうのだろうか。

「真身」……リアルに体感できるような心遣いか。

「真味」……この学生はグルメなんだろうか。

これらの間違いが結構多い。いずれも考えて書いているのが想像できるだけに、「親」という字が出てこないのに思わず考え込む。

なぜ、こうした間違いが出てくるのだろう。もちろん「たまたま間違っただけ」ということもできるだろう。しかし、言葉が何らかの経験を言い表したものであるなら、単なる間違いということではすまないように思える。それは、私たちの日常に「親身」を見出すのが困難なのとまったく無関係とはいえないのではないだろうか。私たちの日常は、他人から親身になって心配されたり、逆に他人のことを親身になって心配する経験に乏しいのではないだろうか。

教育的思考へのアプローチ

この状態は、社会における「教育的態度の喪失」と見なすことができるだろう。その原因や深刻な影響については、本書のなかでも触れたい。しかし、それ以上に重要なことは、どうすれば一人ひとりが教育的態度を少しでも自分のものにできるかということではないだろうか。

もっとも、これは教育的態度が現代社会のなかでも意義を持っているという前提での話だ。教育者や上司といったウザい存在に縛られずに、言いたいことを言って、やりたいことがやればいいというのなら、教育的態度などを改まって考える必要はない。いわゆる私生活主義を徹底すれば、そういう生き方になるし、現にそういう生き方をするという人もいる。しかし、皆がそんな生き方をして社会が成り立つわけがないことは、誰もが感じているはずである。

そこで本書は、私たち一人ひとりが教育的態度の意味を理解し、そうした態度をとるためには、どのような思考の枠組みを持たなければならないかを考えることを課題としている。その

思考の枠組みを検討する作業が、本書が表題に掲げる「教育的思考のトレーニング」である。

教育的思考といっても、その意味はさまざまに論じられるだろうが、とくに本書では、①傍観者や観察者ではなく当事者・責任者としての視点、②他者に価値的変化をもたらそうとする視点、③他者との関わりのなかで自己も変化していくという視点を強調する。

教育的思考については、もっと綿密に定義するべきだという意見もあるだろう。しかし、本書では、あえてそうしたアプローチをとらない。というのは、自然科学を中心とした科学的な思考様式には、むしろ教育的思考を妨げる側面があるからである。

科学は、研究対象を客観化することから始まる。これは、自分を観察者として位置づけるということである。たしかに、事実を「〜である」と記述するためには、そうした態度が必要だろう。しかし、この態度は目の前の事態に「親身になって」関わるのとはまったく異なる。

二〇〇六年夏、チェコ共和国の首都プラハで、国際天文学連合（ＩＡＵ）の総会が開かれた。この席上、それまで「水・金・地・火・木・土・天・海・冥」（最後の二つは逆に教えられた人もいただろう）と教えられてきた第九惑星の冥王星が惑星の座から滑り落ちた。軌道が他の惑星と異なる上に、大きさも他の惑星の衛星に及ばないことなどが理由とされた。今後、冥王星は準惑星などと呼ばれるという。

これは、天文学者の冷静な観察のなせる技である。「冥王星さん、惑星じゃなくなってかわいそう」などとは誰も思わない。突き放して冷静に見る。実際、科学というのはそういう営みだ。

しかし、親身な態度をとろうというときは、そうはいかない。患者が苦しんでいるのに「苦痛に顔をゆがめております」と実況中継する医師は医師としては務まらない。これに対して、今は決して多くないが、よその家の子でも悪さをすれば注意するという大人がいる。これらの大人たちには、よその子どもでも傍観したり観察していたりしていてはすまないという思いがあるのだろう。ここから分かるように、教育的態度というのは明らかに主観的であり、多くの場合、情緒的・情熱的なのであり、ある意味で、いらないお節介を焼くことなのだ。

そういうわけで、本書がテーマとするような人間と人間の関わりをめぐるような問題においては、自然科学的アプローチが必ずしも有効でないことが理解されるだろう。ゆえに、教育的態度なり教育的思考なりの理論的・客観的定義はひとまずおいておく。

では、本書においてどのようなアプローチをとるかというと、私たちが教育について素朴に「こんなものだ」と思いこんでいる思考の枠組みをとりあげて、それらについての批判的な検討をとおして、教育的態度をとるために有効と思われる思考の枠組みについて、具体的に考えてみることにした。教育的態度そのものではなく、それを下支えする思考の枠組みを扱うのには次の三つの理由がある。

第一は、本書が経験に対する思考の意義を重視するからである。インターンシップで実社会を体験したり、サークルで役職を務めたり、アルバイト先であるポジションを任されたりすると、多少は教育的態度をリアルに考えさせられはする。しかし、それらは都合が悪くなれば逃げられる環境である。ある意味、まだ本番ではない。本番で成功するためには、経験も大事だが、「ああでもない」「こうでもない」と考えることが必要だ。「どうしたらうまくいくか」シミュレーション（思考実験）をするのである。

なお、本書は、教育的態度を、学校教師の態度などと狭く限定してはいない。というのは、そうした限定こそが教育的態度の広さと深さと不思議さを台無しにすると考えるからである。ゆえに、本書は、学校を中心とした教育現場を念頭におきながらも、想像力を働かせれば、家

庭にも会社にも地域社会にも応用可能なトピックをあげるように努めた。

ところで、いったん教育的思考を身につければ親的な役割を担えるわけではないことはいうまでもない。第二章でも述べるが、思考と行動は車の両輪のようなものである。実行しては反省し、反省してはまた実行する。その繰り返しが実践の信頼性を高めていく。この意味で、本書に少しでも意味があれば、折々に読み返されるように願っている。しかし、まずは、実践に先だって頭のトレーニングをしておく必要がある。

第二は、教育的態度の弱点を補うためである。すでに記したように、教育的態度は概して主観的であり、情緒的・情熱的である。そもそも教育的態度というのは、「自分さえよければいい」とった私生活主義を乗り越えて、わざわざとられるために、そういう態度をとろうという人は、すでに結構な思いこみの持ち主である。ロマンチストであり、理想主義者であり、困ったことにかなり頑固で頭が固いのである。もっとも、あり余るくらいの思いがなくては教育者などという役割は務まらない。しかし、その思いが先走りしてしまい、ともすると暴走気味になり、気がついたら周囲からひたすら浮いていたということになりがちである。それではさびしい。そうならないためには、教育実践に飛び込む前に、一歩下がって教育的態度のあり方を知性的な検討にかけてみる必要がある。教育的「思考」をいうのは、そのためである。

第三は、思考の枠組みの厄介さである。このことを説明するために、スイスの発達心理学者ピアジェ（Jean Piaget, 一八九六〜一九八〇）の学説を簡単に引いておく。

ピアジェは、人間が何かを認知する際、それはシェマ（schema, 図式）という一種の枠組みによって可能になるとした。そして、シェマは、主体（自分）と環境との相互作用（interaction）をとおして変化すると主張した。彼によれば、人間は外界からの刺激を受けると、すでに自分が持って

いるシェマにあわせて認知する（同化，assimilation）。しかし、そのシェマが通用しないような場合に遭遇すると、今度はシェマの方を変化させて認知する（調節，accomodation）。そして、同化と調節を繰り返しながら、人間は外界との関係を築いていく（均衡化，equilibration）という。

ピアジェが主としてあつかったのは幼児の認知発達であったが、シェマという考え方は人間生活に広く適用される説得力がある。実際、私たちは、それまでの経験で構成されたシェマで物事を判断したり評価したりしているだろう。何しろ人間は、経験を記憶して知識化できるのが強みの動物のはずだ。そのたびごとに考えていたら、能率の悪いことこの上ない。

しかし、ここで問題なのが、私たちの手持ちのシェマが知性的な検討を経ていない素朴な思いこみであることが多い上に、相当手強いということだ。古代ギリシアの哲学者ソクラテス（Sōkratēs，前四六九？〜前三九九？）は、そうした素朴な思いこみをドクサ（doxa，臆見）と呼んだ。先入観や偏見とも呼べるだろうが、日頃、私たちは意外と思いこみで動いてはいないだろうか。

大学生に「あるべき教育や教師について自由に書いてください」というと、もう判で押したように「理論よりも経験」「強制は良くない」「生徒の目線で」「役に立つ知識が大事」「個性を大切に」等々の言葉が出てくる。本書の各章でとりあげるが、いずれも一見もっともらしい主張のように見えはするものの、そう簡単にはいえないことばかりである。ところが、自分から望んで教育的な役割を担おうなどという人間は基本的に頑固なので、自分の手持ちのシェマが正しいと信じて疑わず、他の考え方に頭から反発してしまい、耳を貸そうとしないことが多い。

しかし、少し考えれば分かることだが、学生時代くらいに抱いている教育のシェマは、面倒をみてもらう側の「子」として構成されたにすぎない。「親的な目からして、それでよいか」という発想から構成されてはいない。頑固な思いこみは禁物である。とはいえ、大学生などはシェマを調節しなければならないような外界からの刺激にまだ十分にさらされていないのだから、シェマを調節しろというのは無理な相談ともいえる。

では、教育の現場でひどい目に遭ってからシェマを調節すればよいのかということになるが、それだと周りに迷惑がかかるし、そうなる前にできることがある。それが、自分が今いだいているシェマを再検討することである。

もっとも、シェマの再検討をしたからといって、シェマが調節されて来たるべき環境にうまく対処できるとは限らない。第一に、知性的検討でシェマの調節という水準までいくかどうかは微妙だ。第二に、将来どんな環境に遭遇するかは誰にも分からない以上、前もってシェマを調節するといっても限度がある。第三に、頑固だと何を教えられても吸収しないので、本当に手ひどい目に遭うまで調節できない。

しかし、自分の手持ちのシェマを再検討すれば、少なくとも「これでよいのだろうか」という心構えができるので、シェマの調節がなされやすくなることは間違いない。素直であれば、シェマの調節に近いところまでいくだろう（数は多くないが、そういう学生はいる。偉いなあと思うが、偉いというのは素直ということなのだと考えさせられる）。頑固でも、実践を始めてひどい目に遭ったときに、「あのときは全然そう思わなかったけれど、自分の思いこみがよくなかったのかな」と感じて、シェマの調節のきっかけぐらいはつかむことができるかもしれない。

なお、心理学者や教育学者のうちには、ピアジェのいうシェマのような概念が、それ自体としては観察不可能であるために否定する立場もある。本書でいうシェマとは、パースペクティブ（perspective, 展望、視点）や基本的な信念に通じる広い意味で用いている。

また、本書は「教育的思考のトレーニング」と名乗っているが、いわゆる思考法そのものをあつかうものではない。クリティカル・シンキング（批判的思考）といって、哲学的・論理的な思考方法によって思いこみや考え違いを発見するという手法があるが、それとは違う。

本書は、教育的思考に焦点を絞ったため、教育学で一般的にとりあげられている人物や学説でもあつかわない場合もあれば、逆に教育学分野ではあまり取りあげられていなくても、本書の目的からして必要と思われる学説や主張はページを割いてとりあげた。

以下の各章で、教育的態度を構成すると思われるトピックをあげ、具体的な事例やエピソードをとりあげ、それらを教育に関する基礎的な知見と関連させつつ考察していく。ある場合は学習指導要領の変遷といった教育政策面、ある場合は若者文化の変遷といった文化論的側面、ある場合は教育の歴史的展開といったように、さまざまな視点から考察していく。本文と引用文にかかわらず適宜ルビを付した。引用は文中に示した。引用文については、原意を損ねない範囲で、訳語や言い回しを改めたり、一部を省略したり、傍点を省いたりしている箇所がある。

なお、本書での教育者と学習者という用語法について断っておきたい。生涯学習時代の現在、教育するのは親や教師ばかりではなく、教育されるのも子どもや児童・生徒・学生ばかりではない。教育的な役割というのは、しばしば逆転するものである。また、学習も、私たちが素朴にイメージするような学校での勉強に限られるものではない。スポーツはもちろん、何らかの出来事に接して変容する体験も含まれる。教える人や教えること、教えられる人や教えられることを包括的に言い表す用語については、いろいろと検討した。しかし、あまり聞きなれない用語ではリアリティーが湧かない。そこで本書では、親や教師に代表される人間を教育者、教育の対象となる子どもや児童・生徒・学生を学習者と表記する。具体的な事例に触れる場合は、親・教師・子ども・児童・生徒・学生等といった語を用いる。

「やりたい」だけで「やれる」か？

さて、次章に進む前に、さっそく私たちが抱きがちなシェマを再検討してみよう。

就職活動を前にしたある女子学生が、父親に尋ねた。

「お父さん、今の仕事って楽しい？　やりたいからやってるの？」

さて、彼女の父は何と答えただろう。

英語で労働を labor というが、これは苦労とか骨折りを意味する。どんな仕事も苦労はつきもの。というより、苦労そのものというのが正しいだろう。しかし、できるだけ苦労をしたくないというのは素直な人情というもの。そこで、できるだけ苦労が少ない仕事がないかと考える。そんな都合のよい仕事はなさそうだと気づく。では、どうしようかと思案する。そして、自分が「やりたい」と思う仕事に就けたら、きっと苦労も我慢できるのではないかと思いつく。しかし、「やりたい」仕事は見つかるものなのだろうか。それに、「やりたい」というだけでやり通せるものなのだろうか。

第一に、「やりたい」仕事に就けば、仕事の内容も「やりたい」部類に入るだろうという思いこみがある。しかし、どんな仕事も晴れがましく脚光を浴びるような場面は限られている。やりがいのある仕事を任せてもらえるまでには相当な下積み期間が必要だ。それを過ぎても、一つひとつの仕事を成し遂げるには入念な準備が欠かせない。人間関係の調整にも相当の労力を割かなければならない。「やりたい」ことは、「やりたい」仕事に就けても、その仕事のごく一部にすぎない。

第二に、「やりたい」という場合の本気度が問題だ。「何となくやりたい」のか「何が何でもやりたい」のかで、行き先はまったく違ってくる。後者の場合、「何が何でも」と強く思い切れた瞬間に相当の苦労をすることを覚悟しているので、仕事に就くまでの苦労や犠牲を厭《いと》わないし、仕事に就いてからも、そう簡単には「こんなはずじゃなかった」などと愚痴はこぼさない。強い信念で目標を達成するスポーツ選手などに見られるこうしたタイプの人間を「強い個人」(resilient individual) といったりする。

強い個人はやはりかっこいいから憧れてしまう。そこで、強い個人が「やりたい」進路に突き進んでいくのを真似ようとする。しかし、「やりたい」の質が問題であることには、あまり気づいていない。「何となく」という程度では、目標の達成は不可能だ。運良く達成しても、ちょっと意欲を削がれるようなことに出くわすと、すぐにめげてしまう。

実は、強く「やりたい」と思える人間はごく少数である。私たちの多くは「強い個人」ではない。それなのに、「強い個人」をモデルにして人生設計しようとする。それで、いつまでも「やりたいことが見つからない」と言って進路が決まらない。

さて「やりたい」ことが見つからないからといって、何もしないわけにはいかない。そこで自分には何が「やれる」かを考え始める。どんな仕事でも、「やれる」のでなければしょうがない。かりに「やりたい」仕事に就けても、「やれる」のでなければ話にならない。「やりたい」ばかりにその職に就いても、能力が伴わないとみじめなものである。適性があるかどうかは、たしかに進路を決める際の大切な基準だろう。

もっとも、今の自分がその仕事で「やれる」ことは限られている。だから、ここでいう適性というのは、「頑張ればここまではいけそうだ」という見通しである。しかし、自分の適性を見定めるのは容易ではない。まず、その仕事をよく知ることは欠かせない。しかし、どんなに

調べても、その仕事の長所短所について、仕事に就く前にすべて分かるわけがない。「どんな仕事なのか分からない」「自分に向いているか分からない」という学生がいるが、やる前に分かるわけがない。「分かったらやる」という学生がよくいるが、いつまでも最初の一歩を踏み出せない典型的なタイプである。「分かりませんけど、教えてもらいながらやってみます」というのが正しい。もし、「分からないから面白そう」と思えたら大したものである。きっと成功する。

「やりたい」という動機は本物ならよいが、「本気か」と訊《き》かれてためらうようでは先は不安だ。「やれる」かどうかはやってみないと分からないから、やはり不安だ。そもそも、この二つで進路を考えようというところに大きな勘違いがある。仕事とは、やりたかろうが、やりたくなかろうが、生きるためには「やらなきゃならない」ことなのである。仕事とは、とにかく責任なのである。こういうと、「ええ？　いやだあ」という声が聞こえてきそうだ。では、本当のところはどうなのか、親や誰かに尋ねてみるとよい。まれに素直かつＴＰＯの読めない学生が、この宿題を実行する。その学生の報告によると……。

彼女の父はいつも残業。その日は、つき合いでかなりお酒が入っていた。遅くにやっと帰ってきて、お茶漬けを食べている父の前に座り、軽く一言。

「お父さん、今の仕事って楽しい？　やりたいからやってるの。」

父は、ギロッと彼女を見据えて言った。

「ウン、ボク、楽しいよ。」

などという言葉が返ってくるわけがない。

「お前を食わすためにのう、働いとるんじゃ。いやじゃけど。楽しいわけがあるか！」（注

彼女の父は広島県人である。）

一瞬、どう返してよいか分からない彼女。「父も仕事でいやなことがあったのかもしれない。違うシチュエーションで訊けば、もっと違う答えが返ってきたかもしれない。」などと考えた彼女は、夜が暗いという以上に暗い一夜を過ごした。

どんな仕事でも、いやなことばかりではないだろう。やりがいもあるだろう。しかし、父の「お前を食わすため」は、彼女には思ってもみない返答だった。彼女は、それまで「やりたい」仕事が見つかれば幸せだと思っていたが、そこには自分しかなかったことに気づいた。仕事は生きる糧を得るためにすることだが、人間は一人で生きているわけではない。仕事の上でも責任がともなう。そのときの気分で、やりたくないからといって休んでしまうようでは、仕事に穴をあけ、周囲に迷惑をかける。そんな人間が、まともな仕事を任せてもらえるわけはない。

もし就いた仕事が「やりたい」気持ちとフィットし、最初からある程度「やれる」仕事だったら、それはラッキーだ。しかし、今のままの自分を必要としてくれる、わくわくするような遊び感覚でできる「やりたい」仕事があるという幻想は早く諦めた方がよい。逆に言えば、「どんな仕事にも苦労はつきものである」ということを明らかに見るということだ。そもそも諦めるというのは、幻想を捨てて明らかに見るという意味だ。仕事においては、「やりたくないからやらない」という選択はない。仕事は「やらなきゃならぬ」ことなのだ。

では、「やらなきゃならぬ」仕事は、つらいことばかりで喜びはないのか。決してそんなことはないだろう。児童文学に多くの傑作を残した作家・灰谷健次郎（一九三四〜二〇〇六）は『天の瞳』（幼年編Ⅱ）で、主人公の少年・倫太郎の祖父に、こう語らせている。

「仕事というもんは、これまで、いろいろなことを学ばせてもらったお礼であるから、いつも人の役に立っているという心棒がなかったら、その仕事は仕事とはいわん。ただの金儲けと仕事は区別せんといかん。(中略)じいちゃんがお寺を建てたとする。それがいい仕事だと、お寺にお参りに来る人は、その普請《ふしん》を見て、結構なものを見せていただいて心が安らぎます、とお礼をいう。仕事は深ければ深いほど、いい仕事であればあるほど、人の心に満足と豊かさを与える。人を愛するのと同じことじゃ。ひとりの人間が愛する相手は限りがあるが、仕事を通して人を愛すると、その愛は無限に広がる。」(角川文庫、一九九九年、一二〇頁)

人を好きになると、相手の関心をひこうとして、私たちは、どんな言葉をかけようかとか、相手の好みは何かとか、いろいろ考える。頭を使う。しかし、それが苦労＝労働だとは思わない。「仕事は恋愛のようにはいかない」という声もあるかもしれない。しかし、そこには想像力の貧困がある。灰谷は、「仕事を通じて人を愛する」と記しているが、言い換えれば、仕事の向こうに人の生活があるということだ。仕事と恋愛は違うというのは、このことが想像できないのである。だから、仕事がすぐ苦痛になり、できるだけ手を抜こうとする。

もっとも、あらゆる仕事の向こうに人の生活があるとはいえない。兵士の仕事の目的は防衛であるが、ひとたび有事となれば、殺人に手を染めなければならない。これは極端な例だが、いくら想像力をたくましくしても、その仕事をとおして人の喜んでいる顔が浮かんでこないような仕事もある。そんな仕事は、どんなに楽で収入が多くても、就くべきではない。

しかし、自分がその仕事に身を入れてとりくんだ結果が、直接会って感想をきくことはできなくても、いつかどこかの誰かが喜んでくれる姿を想像できるなら、その仕事から逃げるべきではない。エピローグで考察するが、仕事とは没入することである。その意味で、愛と同じな

のだ。教育的な仕事は眼前に生きた人間がいる。結果が出るまで時間がかかることもあるが、反応はリアルタイムで返ってくる。没入するのに悔いのない仕事ではないだろうか。

次章に向けて

大手雑貨量販店に就職した元学生の話。入社して間もない頃、商品知識がまだ乏しかった彼女は、お客さんから強いクレームを受けた。その後、彼女は研鑽を積み、語学力も買われて、海外に出向いて商品の買い付けを担当するバイヤーを任されるまでになった。その彼女が、新入社員当時に客からクレームを受けたときに、家に帰ってどう思ったか。「お客様□怒ら□てしまった」の□に、ひらがなをひとつずつ入れて答えよ。

第一章　傍観者から降りる——関係のなかへ

人々の知らなければならないことは、人間の一生のこの劇場においては、神と天使だけが、見物人になれる資格があるということである。

フランシス・ベーコン

一　教育的権威の崩壊

教育者にとっての古きよき時代

親にしても教師にしても、あるいは会社の上司にしても、どんな仕事でも、「つらいことだけじゃないだろうし、とにかくやってみようと思い切ることだ」と、頭では分かったとしよう。しかし、教育的な役回りというのが甘い決意で務まりそうもないことは、教育をめぐるおびただしいニュースから容易に想像がつく。

「三歩下がって師の影を踏まず」という諺がある。師匠は尊い存在であるから影でも踏んではならない、師匠は距離をとって畏敬《いけい》すべき存在だ、という意味であろう。現在では死語といってよいだろうが、かつてこの言葉は社会の常識であった。中国を中心とした東アジア地域は、長い間、「上下前後の次第」(順序)を厳しく律する儒教文化の影響下にあった。江戸時代の日本では、儒教のなかでも朱子学が公認の学問とされ、儒教的道徳が社会に浸透していた。また、江戸時代の民衆教育を支えた教育機関に寺子屋があるが、寺子屋の教師たちはごくわずかな授業料で熱心に教えたこともあり、教師への尊敬は一般に広がっていた。

一九世紀後半、欧米のアジア進出のなかで、明治政府は富国強兵と殖産興業の方針を打ち出したが、教育は人材育成の手段として重視され、明治維新後わずか五年後の一八七二年(明治五年)には「学制」が発布され、近代的な学校教育制度が確立されていった。そのもとでも、年長者への尊敬の念は教育の前提として維持された。というよりも、国家としての統一性を高めるためには、年長者への尊敬の念はさらに高める必要があった。一八九〇年(明治二三年)に発布された「教育ニ関スル勅語」(教育勅語)では、天皇を頂点とした国家の一体性を図るため、「父母に孝に」という年長者への尊敬、「兄弟に友に、夫婦相和《あい》し、朋友相信じ」という社会の融和、そして「一旦緩急あれば義勇公に奉じ」という自己犠牲の道徳が説かれた。

年長者が「ありがたい存在である」という観念が支配的な社会は、教育者にとっては「やりやすい」社会である。学習者が「話を聴く」「言うことをきく」という前提からスタートするから、教育者は「どうしたら話を聴いてくれるだろう」などと悩む必要がない。そう考えると、「昔の教育者には力があった」などという画一的なイメージは怪しくなってくる。社会から明示的にせよ暗黙のうちにせよ付与された権威が、教育者に力を持たせていた面は否定できない。

第二次世界大戦中から戦後にかけて活躍した作家・壺井栄(一八九九〜一九六七)の小説に『二十四の瞳』がある。日本の教育小説の代表作であり、映画やテレビドラマでもお馴染《なじ》みだ。

舞台は戦争の暗雲が立ちこめ始めた瀬戸内海の小豆島。そこに赴任してきた新任教師の大石先生が、一二人の子どもたちと触れあうという筋書きだ。

名作の誉れの高い『二十四の瞳』。ところが、哲学者の内田樹（一九五〇〜）が指摘しているように、作中の大石先生は人柄はよいのかもしれないが、どう見ても教師としてはイマイチなのである（内田樹『下流志向　学ばない子どもたち　働かない若者たち』講談社、二〇〇七年、一八一〜一八三頁）。TBS系のロングラン・ドラマで描かれる金八先生とは天地雲泥の差だ。大石先生は、児童の相談にもロクな受け答えができず、すぐにメソメソ泣く。二一世紀の日本にもってきたら、「不適格教員」というレッテルを貼られるかもしれない（その確率はかなり高い）。

しかし、不思議なことに、それでも大石先生は務まっていた話になっている。大石先生を先生として成り立たせていた要因として、当時の社会の底流に教育者への尊敬の念があったであろうことは無視できない。大石先生タイプが小説の題材になるくらいだから、案外、大石先生のような先生は多かったというか、かなり一般的だったのではないだろうか。そう考えると、現在の教師があまり自分を卑下するのもどうかと思う。

価値相対主義の時代

現在では、もはや教育者への尊敬の念は教育の前提ではない。こうした教育的権威の崩壊は、広くは価値相対主義の浸透の結果と見なされる。

第二次世界大戦の敗戦後、日本は、戦争の惨禍を招いた反省にたって、民主主義国家としての道を歩み始めた。そこでもっとも重要な価値とされたのは、自由と平等であった。ここで、明治の近代化以降、一元的な価値観のもとで進んできた路線が根本的に転換された。つまり、

それまでは真か偽か、善か悪か、美か醜か、利か害かといった価値判断の基準が社会のなかで一定レベル共有されていたのが、価値判断は個人の問題であると見なされるようになった。世界を見渡すと価値相対主義は必ずしも一般的ではない。たとえば、イスラムの社会では唯一神アラーの存在がすべての前提である。王政や一党独裁の政治体制では、価値の多様性は十分に認められていない。また、ヨーロッパでも、キリスト教の強い影響力のもとで、社会において一元的な価値観しか認められない時代が長く続いた。

しかし、ヨーロッパでは、キリスト教会の分裂以降、宗教をめぐる戦乱が続き、一七世紀にいたって信教の自由が認められるようになった。また、政治の世界でも絶対主義が批判され、民主主義的な制度が模索された。さらに、ヨーロッパの主要国が世界進出するなかで、世界各地にさまざまな風俗・習慣・伝統があることが理解され、みずからの立場が唯一でも絶対でもないことが理解されるようになった（もちろん、これは学問の世界のことで、ヨーロッパ発の植民地主義は、今なお大きな悪影響を与え続けている）。ドイツ一九世紀の哲学者ニーチェ（Friedrich Wilhelm Nietzsche, 一八四四〜一九〇〇）による「神は死んだ」（『悦ばしき知識』信太正三訳、ちくま学芸文庫、一九九三年、二二〇頁）という言葉は、唯一絶対の価値が存在するという考え方を否定する象徴的な表現であった。

価値相対主義は、個人が自由に価値判断する能力を認める。また、個人が抱いている欲求実現の願望を肯定する。これは、個人にしてみれば素直に嬉しいことだ。こうして価値相対主義は広く受け入れられるようになった。

ところで、ここにひとつの課題が生じる。個人がそれぞれに欲求を実現しようとすれば、必ず利害の対立が生じ、争いが避けられない。そこで価値相対主義の社会においては、互いの立場を尊重することが求められる。寛容は英語でtoleranceだが、これはラテン語のtoleroという動詞から来ている。この意味は、「我慢する」である。つまり、相手の考え方が気に入らなくても我慢して、「あなたはあなた、私は私」と認め合うことが「寛容」である。
こうした態度が実現されれば、多くの問題が解決するように思われる。大正末期から昭和初期にかけて活躍した童謡詩人・金子みすゞ（一九〇三〜一九三〇）の有名な詩がある。

私と小鳥と鈴と

わたしが両手をひろげても、
お空はちっともとべないが、
とべる小鳥はわたしのように、
地面をはやくは走れない。

わたしがからだをゆすっても、
きれいな音はでないけど、
あの鳴るすずはわたしのように
たくさんなうたは知らないよ。

すずと、小鳥と、それからわたし、
みんなちがって、みんないい。

（『金子みすゞ童謡集』ハルキ文庫、一九九八年、八一頁）

金子は、小鳥にも、生命のない鈴にも、かけがえのない意味を見出した。彼女が示した個性の尊重や多様性の肯定は、価値相対主義の時代を先取りしたものだといえるだろう。

価値相対主義の問題

しかし、価値相対主義の重要性を認めるとしても、新たに抱えるようになった問題がある。それは、社会的な意思決定が困難になったということだ。ドイツの社会学者ウェーバー（Max Weber, 一八六四〜一九二〇）は、この状態を「神々の闘争」と呼んだ（『職業としての学問』尾高邦雄訳、岩波文庫、一九八〇年、六四頁）。たとえば、政界を見ればよい。頑固に自己主張する者どうしがぶつかり合い、個性を尊重しあうとか、多様性を肯定するとかいった状態にはほど遠く、合意（コンセンサス）が形成されないで時間ばかりがすぎることが実に多い。

こんな修羅場では、寛容な立場ははじき出されてしまう。実は、寛容というのは、「互いの立場を尊重する」というルールを皆が守らない限り、無力なのである。価値相対主義を逆手にとって、「私は私」と開き直られると、合意を諦めるしかない。ここで力を発揮するのは、むしろわがままに自己主張する者だ。

政界と同じようなことは、教育の世界でも起きる。そこそこに自我が育ってくると、子どもはもう親の言うことをきかない。「個性尊重が何よりも大事」と思っている親などは、「子どもから反撃される自分の方が間違っているかもしれない」などと思う。教師は、教師だというだけでは尊敬してもらえない。保護者の学歴の方が高いことも少なくない。そんな保護者から、辛辣《しんらつ》で筋の通った指摘をされて落ち込む。落ち込んだ教師は、いろいろな本に手を伸ばすが、書いてあることはそれぞれで、何が妥当な考え方なのか、いよいよ分からない。私たちは、教育的権威が崩壊した時代を生きている。

こうした状況を「教師受難の時代」と見て、ため息をついたり、昔を懐かしんでも仕方がない。崩壊してしまった教育的権威を支えていたのは伝統的な価値観である。それが崩壊し、価値判断が個人にゆだねられた社会のなかで、個人は結構な批判力をもってきている。「先生だ」というだけで尊重したりはしない。逆に、権威に寄りかかって内実がともなわないと、見向きもされなくなる。企業努力のない老舗《しにせ》が廃《すた》れていくのを見れば、このことは明らかだ。

この意味で、現在は、むしろ社会的な権威づけなどによらず、教育の営みがその内実で評価される余地が広がってきたといえる。というよりも、そのようにとらえるのでなければ、価値相対主義の時代の教育の可能性は考えられない。

二　親殺しの時代

新たな教育依存

価値相対主義のもとで、教育者の真価が問われるようになった。しかし、事態はさらに厳しい。現在が教育的権威の崩壊した時代であることを受け入れ、「親だから、先生だからといって少しも偉くない」と思うことにするだけでは、なかなかやっていけない。というのは、教育者は過大な要求を課せられ、些細な誤りを厳しく追及されるからである。

ここには、教育への期待の高まりがうかがえる。こういうと、「日本は伝統的に教育熱心な社会だったのではないか」という反論が返ってきそうだ。たしかにそのとおりである。とくに、第二次世界大戦後、努力次第でどんな職業にでも就くことのできる可能性が保証されたことで、教育熱は高まった。一九六〇年代には受験産業も発展し、英語の辞書に「教育ママ」(education mother) という単語が掲載されるまでになった。

しかし、一九六〇年代には、教育への素朴な信頼があったという点が、現在とは違っていた。

「教育は明るい未来を約束する」ということが、暗黙のうちに信じられていた。悪戯《いたずら》をした子どもに親が言う脅しの台詞は、「先生に言いつけるから」であった。この台詞は、かなり効果的であった。こうした教育への素朴な信頼が生きている間は、教育は関心の対象ではあっても正面切って問題視することにはならなかった。

ところで、この時代が現在の目から見て、教育問題が少ない時代であったかどうか見てみると、意外な結果に気づく。近年、少年犯罪の増加が繰り返して報じられ、「心の教育」の必要性などが訴えられてきた。だから、私たちは少年犯罪は増えていると信じて疑わない。しかし、さまざまな研究が明らかにしているとおり、日本の少年犯罪は増加しているとはいえない。一九六〇年代、強盗や強姦等の凶悪な少年犯罪は二一世紀初頭よりも多かった。一九八〇年代に向かって少年犯罪は減少し、再び増加に転じてはいるものの、増えたのは主に窃盗等の軽犯罪だという（広田照幸『教育不信と教育依存の時代』紀伊國屋書店、二〇〇五年、三六〜四〇、五四〜五八頁）。

第二次世界大戦後の日本でもっとも少年犯罪が多かった一九六〇年代、教育問題はどれほど報じられていたかと新聞の縮刷版を見ると、少年犯罪の扱いは驚くほど小さい。当時は政治が熱く語られていた時代であり、新聞の仕事は「天下国家を論じること」であった。教育問題はたしかに存在したのに、それほど騒がれていなかった。

では、現在、なぜ教育はこれほど問題とされているのだろうか。一般的には、都市化による地域社会の教育力低下、核家族化による家庭の教育力低下が指摘されている。たしかに、地域のお祭りなど、子どもがよその家の親などと触れあう機会が減ったのは事実だ。他方、核家族化によって縮小した家庭では、教育に関われる頭数は限られている。家庭教育のノウハウの伝承も廃れれば、親にとっては教育の負担感が増すのは当然だろう。しかし、この間には少子化も進行したわけで、家庭の教育負担は減ったとも考えられる。

そこで、この間に進んだと考えられる社会や価値観の他の変化に目を転じてみる。それは、「存在への関心の高まり」と「私的関係への閉塞」である。

日本は、一九六〇年代から経済が本格的に復興し、冷蔵庫、洗濯機、白黒テレビの「三種の神器」を手に入れることがサラリーマン世帯の目標となり、七〇年代には今度は車（car）、クーラー（cooler）、カラーテレビ（color television）の三C（新三種の神器）が求められた。そして、ほぼ一九八〇年代を境に、人並みに「もつこと」が一段落し、「豊かな社会」に移行したといわれる。一九八五年、大手広告代理店の博報堂が、それまでの「大衆」に代わって、みずから生活をデザインする新しい消費者が生まれつつあるとして、「分衆」という言葉を提案した。ここで豊かさの尺度とされたのは、人並みではなく個性的で「あること」であった。みずから生活をデザインするためには、何を「もつ」かを決める前に、自分がどう「ある」かを考えなくてはならない。「存在への関心」の高まりである。企業はそれまでの大量生産から多品種少量生産に切り替え、消費者の多様化したニーズへの対応を図った。また、消費者はアイテムの多様化という企業の戦略に巻き込まれていった。

こうした多様な選択肢が提供される社会にあって、当然、教育観も多様化した。というのは、教育は人間がどう「ある」かに直接関係するテーマであるからだ。進路ひとつとってもさまざまな可能性が提示されるようになる。他方、国や地方公共団体が提供する公教育は、職業に関わりなく共通に必要と見なされる知識や技術を与える「普通教育」である。公教育は、分衆としての自意識をもつ者には満足できない。現在では、私立中学受験どころか、私立小学校や私立幼稚園の受験、いわゆる「お受験」が激化している。

価値観が「もつこと」から「あること」へとシフトし、「存在への関心」が高まるとともに、「私的関係への閉塞」が進む。「存在への関心」といっても、人里離れた山奥で瞑想にふける人が増えたという話はきかない。日常における「存在への関心」とは、具体的には、身近な人々とどのような「関係」を結ぶかである。事実、一九八〇年代以降、「人間関係」に関した本の出版が激増し、大学業界では心理学系の学部・学科が相次いで開設されてきた。カウンセリングがブームとなったのも、この頃からだ。こうしたトピックから考えられるのは、人々の関心が内向きになり、人々の意識が一般社会といった外に開いた関係から家族や友人といった閉じた関係へとシフトしたということだ。

こうなると、教育が、以前にもまして意識して行われるべき行為と見なされるようになるのは自然な流れだ。数少ない子どもと向き合う親は、数少ないがゆえに、ますます誠実に子どもの「心」を理解しようと努め、自分の「心」のありようを考えることになる。

従来、教育の主要な仕事は、社会で生きていくための知識や技術を伝達することであった。その課題は、将来、人並みに「もつこと」ができるように、何かに「なること」へと方向づけることであった。現在では、何かに「なること」以前の「あること」が教育の重要な課題と見なされている。教育への依存は極点にまで高まったといえる。

傍観者の過剰

このように、人々の関心が内向きになり、教育依存が高まるなかで、政治や経済といった大状況よりも、人間関係に関わる問題やその心理的な背景といった小状況が、人々の関心事となり、教育問題はマスメディアの有力な商品となった。マスメディアは、単に教育の危機を煽っているだけではない。「傍観者の過剰」ともいうべき、別の問題をもたらしている。

一九六〇年代以降、本格的な経済発展とともに都市への人口流入が加速し、伝統的な共同体は崩壊した。そして、「これ」という価値判断の基準はなくなり、おまけに人間の社会的絆が希薄化したなかで意見交換の場も狭まった。ここで人々の間に一種の「意味への飢え」が生じた。気になる問題についての一定の納得のいく回答が求められるようになった。こうして、マスメディアがもたらす情報は大きな力を持った。

また、大量生産された商品があふれるなかで「消費」が肥大化したことも、マスメディアに力を与えた。この時代の労働は製造業を中心に単調化した作業が主流になり、仕事のストレスは増大した。そのストレスを埋め合わせるため、生活の重要な要素となったのがレジャー（余暇）であった。その目的は「気晴らし」である。気晴らしこそが、消費の目的であり、消費そのものともいえる。こうしたなかで、マスメディアのもたらす情報は、身近な人々との会話や流行への追随とともに、手軽な気晴らしには不可欠な手段となった。

ラジオやテレビを視聴する私たちは、近代的なジャーナリズム草創期の新聞読者が「議論する人々」であったのに対して、消費することを基本的な構えとしている（J・ハーバーマス『公共性の構造転換』細谷貞雄訳、未來社、一九七三年、二一九頁）。ゆえに、提供される情報も、議論を呼ぶようなまじめなトーンよりも、とっつきやすさや面白さが優先されていく。言うまでもなく、マスメディアは企業なのであり、情報は商品である。企業の目的が利潤追求である以上、商品価値を高めるため、あの手この手の工夫が凝らされる。

マスメディアの建前は客観報道である。ゆえに、主観的な態度は表向きは避けられる。ニュースでは、「大きな問題があると言われています」、「情報筋によれば、個人情報が漏洩した可能性は低い」といった言い回しが、よく用いられる。こうした表現では、誰が言ったのか、ニュースソースがどこなのか分からない。もっとも、マスメディアはニュースソースを明かさないでよい権利が認められている。ゆえに、伝聞調や匿名の言い回しが多用される。

客観報道ならば、事実関係を抑制的に伝えればよい。しかし、それでは人目を引くことはできない。ここに、コメンテーターが登場する。そして、こんな発言をする。

「異常な事件を生む兆候はなかったのか。その前にできることはなかったのか。」

「学校の危機管理がなっていない。校長のリーダーシップはどうなっている。」

「教師の指導力がない。不適格教員は教壇から去れ。」

視聴者にとって、コメンテーターの辛辣な言葉は刺激的で心地よい。また、コメンテーターはマスメディアにとって都合のよい存在である。個人の資格で登場しているため、何か失言をしても、基本的にマスメディアは責任を問われないですむ。こうして、客観報道という建前を超えた言説が世の中にあふれる。教育問題はたしかに事実として存在するだろうが、現在はむしろ「問題として構成されている」面が大きい。

しかし、教育をはじめとした問題はいくらでも構成されるが、ジャーナリストやコメンテーターが問題の解決に向けて具体的に行動することはない。それは、彼ら彼女らが、問題が起きた状況から切り離された傍観者だからである。責任を引き受けない傍観者は気楽なものである。テレビのワイドショーを見ながら、視聴者も評論家気どりの言葉を吐く。「一億総評論家」という言葉があるが、現在は、皆が傍観者として言いたいことを言う社会になっている。

そこで、本章の冒頭に掲げた言葉を見る。一七世紀イギリスで政治家としては最高位の大法官にのぼりつめた一方、文学・哲学・科学にわたる業績を残したベーコン（Francis Bacon, 一五六一

〜一六二六）は、「人々の知らなければならないことは、人間の一生のこの劇場においては、神と天使だけが、見物人になれる資格があるということである」と記した（『学問の発達』成田成寿訳、『世界の名著　ベーコン』、中央公論社、一九七九年、四二七頁）。現在の世の中は、神や天使ではないはずの人間の多くが傍観者となり、数少ない当事者を話題にしている。そうしてみると、現在の学生が意外に「親身」を書けないのもうなずける。

誤解のないように強調しておくが、マスメディア等の存在を否定するわけではもちろんない。政治家であろうが教師であろうが親であろうが、リーダーシップの濫用や明確な誤りがあれば批判されるのは当然だ。マスメディアが、多くの社会悪を暴き、社会問題への関心を高める努力を重ねているのは評価されるべきだ。

とはいえ、傍観者的な態度が社会に蔓延《まんえん》するのは、教育の視点からは問題がある。教育は、行為のレベルでは、何よりも教育者と学習者の当事者間の関係にある。親的な役回りを担う者が常に傍観者の眼を気にするようでは、「親身になる」ことは労多くして益少ないことと見なされるようになってしまう。また、「親身」に価値を認めない社会では、親は子どもの成長の行き先ではなくなる。子どもは親をめざすのではなく、傍観者をめざす。その意味では、当事者としての意識を持てず、親身な関わりを拒む傍観者たちは、自覚的ではないかもしれないが、親を根絶やしにするのに加担している。それと同時に、傍観者自身が、異質な者との関わりをとおして違う自分になる可能性をも否定しているのだ。

現在、親身な関わりが敬遠されて教育が困難になっている。個々の当事者に問題があれば、批判されて当然だ。しかし、十分な根拠のない教育不信を煽るような言説やその背景にある傍観者的態度を放置しておくべきではない。しかし、個々の教育者は、傍観者の過剰に対してあまりにも無力である。言論の自由を十分に尊重しながらも、教育行政の側には、教育の当事者どうしの関わりを冷静に見守るべきことを訴える努力が求められる。

三　教育的態度とは

客観的態度との隔たり

「教育について考えるためによい本をあげてください」という質問を教育学者にぶつけると、人それぞれの答えが返ってくるだろう。ただ、教育的態度を考える場合、ユダヤ人哲学者ブーバー（Martin Buber, 一八七八〜一九六五）の考察を引くことにそう多くの異論はないだろう。彼は、主著『我と汝』の冒頭に、こう記した。

> 「人間の態度は人間が語る根源語の二重性にもとづいて、二つとなる。（中略）根源語の一つは、〈われ－なんじ〉の対応語である。他の根源語は、〈われ－それ〉の対応語である。」
> （『我と汝・対話』植田重雄訳、岩波文庫、一九七九年、七頁）

この言葉は短いが、実に含蓄に富んでいる。人間の発達のあり方とも読めるし、文字通り人間の世界に対する態度としても読める。

〈我－汝〉は一人称と二人称の当事者どうしの関係である。それに対して、〈我－それ〉とは一人称と三人称の関係であり、自分対第三者あるいは人間対モノの関係である。他人やモノを見て、誰かに話す際に、「あいつが〜」とか「これが〜」と言って、話題にする関係だ。

すでにプロローグで記したように、科学的態度は、研究対象を「それ」と見なすことから始まる。そうでなければ、冷静で客観的な認識や判断はできない。

ブーバーの師でもあったドイツの哲学者ディルタイ（Wilhelm Christian Lutwig Dilthey, 一八三三〜一九一一）は、自然科学の任務は現象を「説明」することであるとした。説明することの基本的な作業は名前をつけることだ。現在、彗星（ほうき星）が発見されると、第三発見者までの姓で呼ばれる。しかし、これは人間の勝手な取り決めである。ひょっとして、その彗星に意志があったら、「そんな名前はいやだ」と思うかもしれないが、天文学者はもちろんそんなことは考えない。それは、天文学者の仕事が、宇宙の未知の出来事を「説明」することだからだ。

しかし、人間を相手にする場合に、そんな対応をしたら大変だ。初対面の人を見て、髪を紫色に染めているからといって、勝手に「パープル・ヘアーさん」などとは呼ばない。「お名前は？」と尋ねる。外国語を学ぶときも、名前の訊き方は真っ先に習う。この関わり方は「説明」とは違う。ディルタイは、自然科学に対して哲学・歴史・文学・美学等を精神科学と呼ぶことを提案し、精神科学の任務は「理解」であるとした。たしかに、名前を尋ねるといった行為は、相手を「理解」しようとする第一歩だ。教師が生徒の名前を覚えていないと致命的である。

もちろん、こう言ったからといって、自然科学的知識が教育の役に立たないということはない。第三者的な目で冷静に人間を見ることも大事だ。傍目《おかめ》八目《はちもく》という言葉がある。囲碁の勝負をしている当事者どうしよりも、後ろで見ている第三者の方が勝負がよく見えるという意味だが、教育においても、そうしたことはある。第三者の意見を聴くことは何につけ大切だ。

とはいっても、第三者はどこまでいっても第三者である。子どもや生徒が相談してきたのに、「さあ、どうですかねえ」とか「いろいろと考えられるのではないでしょうか」などと評論家のような対応をしては、信頼を失うのは間違いない。

それに、乳幼児期の子どもにとって、〈我－汝〉関係は不可欠だ。それなしには、子どもは生きていけない。大人になっても、何か深刻な出来事に遭遇したとき、「汝」として現れてくれる友人・恋人・先輩・親・教師・上司等の存在はかけがえのないものだ。このことをブーバーは、

「人間は〈汝〉に接して〈我〉となる。」（同、三九頁）

と表現した。もちろん、人間は、〈我－汝〉関係だけでは生きられない。いくら好きでも、見つめ合っているばかりでは息がつまってしまうだろう。それに、何かを利用したり、食べたりしないと、人間は生きられない。何かを客観的に見ることも必要だ。ブーバーはまた、このことを、

「人間は〈それ〉なくして生きることはできない。しかし、〈それ〉のみで生きるものは、真の人間ではない。」（同、四七頁）

と表現した。客観的態度、傍観者的態度が不要というわけではないが、当事者からの関わりがなければ、教育は成り立たない。教育的態度は客観的態度とは明らかに異なる。

臨床的態度との親近性と隔たり

「身の回りの〈我－汝〉的関係を具体的にあげてください」と質問する。いろいろな答えが返ってくるが、そのなかにカウンセラーとクライアント（来談者）の関係をあげる人がいる。これは、議論の分かれるところなのだが、教育的態度の特質を考えるためには非常によい返答だ。

カウンセラーがクライアントに対してとる態度は、臨床的態度と呼ばれる。「臨床」というのは、文字通りベッドの横という意味だ。患者に接する医師や看護師の関わりが、臨床的態度である。医師や看護師は専門的な知識と技術を習得している。科学的に冷静に患者を見る眼をもっている（と信じられている）。しかし、それだけでは不十分だ。それだけでは、患者から冷た

いと思われてしまう。ゆえに、医療者は、患者の具体的な状況を聴き、コミュニケーションを図るなかで、患者のニーズを理解する努力を重ねなければならない。また、患者も医療者の意図が理解できると安心する。臨床的態度の目標は互いが「理解」することである。

このことは、人間を相手にする医療や教育にとって非常に重要だ。客観的態度が先走ると、どうしても相手を決めつけがちになり、感情を害してしまう。そうなると治療でも教育でもうまくいかない。ゆえに、近年は医学部でも患者とのコミュニケーション・スキルがカリキュラムに導入されたり、学校教師も臨床的態度を高めることが求められるようになっている。

末期医療の研究者が、医学生、看護学生、内科医、外科医、精神科医、看護師にとったアンケートに、「わたしはもうだめなのではないでしょうか？」という患者の言葉にどう答えるかという設問があった。選択肢は、

（一）「そんなこと言わないで、もっと頑張りなさいよ」と励ます。
（二）「そんなこと心配しないでいいんですよ」と答える。
（三）「どうしてそんな気持になるの」と聞き返す。
（四）「これだけ痛みがあると、そんな気にもなるね」と同情を示す。
（五）「もうだめなんだ……とそんな気がするんですね」と返す。

（中川米造『医療のクリニック〈癒しの医療〉のために』新曜社、一九九四年、三三八〜三四一頁）

の五つである。この設問でもっとも多かった回答は（一）であったという。（一）の場合、医療者は、専門家としての判断を正直に伝え、励ましているつもりかもしれない。しかし、苦痛にさいなまれている患者は、「痛い」ということを受けとめてもらえなかったと感じるという。これに対して、（五）は、ただ患者の言葉を返しているだけに見えるが、患者には医者が自分の言葉

を受けとめてくれたというサインになるという。

これは、アメリカの心理学者ロジャース（Carl Ransom Rogers, 一九〇二〜一九八七）が提唱した来談者中心療法の基本的な図式である。彼は、相手への肯定的関心や共感的理解によってカウンセリングが成立すると考えた。

相手が自分の言葉を受けとめてくれているという実感は嬉しいものである。相手への信頼が生まれる。そこで教育もスタートできる（かもしれない）。そうしてみると、教育的態度とは臨床的態度そのものではないかとも思える。実際、教育研究者のなかには、教育という営みの本質は「ケア（世話）」であるという主張もある。ケアを教育の根本的な概念とする論者としては、たとえばアメリカのノディングス（Nel Noddings, 一九二九〜）が知られる（『ケアリング　倫理と道徳の教育——女性の観点から』晃洋書房、一九九七年）。

個性尊重が何よりも大事だという教育観の持ち主は、臨床的な態度に見られるコミュニケーションを重視する。その反対に、「こうしたほうがよい」とか「ああしなさい」といった関わり方は、子どもの主体性を損なうものであると批判する。「強制はよくない」というわけだ。

しかし、こうしたカウンセリング的な関わりは教育において万能だろうか。ある生徒がカウンセラーのところに相談に来た。〇〇先生に不満があるようだ。こんな会話が交わされる。

生徒　「〇〇先生って許せないよ」

カウンセラー　「〇〇先生に怒っているんだね、憎いんだね。」

この会話がうまく進んでいけば、カウンセラーの共感的理解によって、生徒が心を開き（自己開示）、来談者である生徒が自己を見つめるきっかけが得られるかもしれない。しかし、臨床社会学者の小沢牧子（一九三七〜）によれば、ここにはひとつの問題が隠されているという。それは、カウンセラーが「○○先生に怒っているんだね、憎いんだね」と返すことによって、生徒が持ち込んだ問題を生徒の「心」の問題として、生徒の内面に閉じ込めてしまうということである（『心の専門家はいらない』洋泉社、二〇〇二年、七六〜八〇頁）。もちろん、生徒に非がある場合もあるだろうが、逆に○○先生に問題がある場合もあるはずだ。このカウンセラーのような対応では、○○先生の振る舞いは最初から不問に付されることになる。カウンセラーの仕事は、基本的には来談者の相談に応じることであって、来談者が抱えている問題に関わることではない。だから、○○先生と生徒の関係がどうあるべきかは扱わないことになる。

しかし、普通、生徒から「○○先生って許せないよ」と言われたら、「どうしたの、何があったの？」と返すだろう。そして、生徒の訴えの真偽を確かめ、もし○○先生に問題があれば、しかるべき対応をとるだろう。この場合、相談に乗って動いた側には、「教師と生徒の間はこうでなければならない」という観念がある。

こうした事例を見ると、臨床的態度は重要であるとしても、それだけでは不十分であるということが見えてくる。臨床的態度には教育において必要な規範性が欠けている。

たしかに、理解されるのは嬉しい。しかし、理解は、教育者と学習者の間では出発点であるにすぎない。相互理解のうえで、どこかに向かって何かをし、何かを身につけなくてはならない。その過程では、心地よい関係が壊れかかることもある。しかし、そこを乗り越えて、教育者と学習者の新たな理解が生まれる。教育は、こうした時間の流れのなかにある。教育者と学習者の関係は固定的なものではなく、時間の流れのなかで常に創造されていく動き（運動）なのである。そこでは、程度の差はあっても、教育者によって「こうあるべきだ」という方向が示される。この方向は理想とも理念とも目標とも規範とも呼ばれる。臨床的態度は教育において必要であ

るが、臨床的態度だけでは教育には十分ではない。

教育的態度の重層性

では、教育的態度とは何か。ここでは、プロローグであげたように、①当事者・責任者としての態度、②他者に価値的変化をもたらそうとする態度、③他者との関わりのなかで自己も変化していく態度の三点に集約してみる。

まず、第一の当事者・責任者とは、イニシアティヴ（主導権）をとる態度である。ここでプロローグの最後にあげた問いをみよう。

大手雑貨量販店に就職した元学生の話。入社して間もない頃、商品知識がまだ乏しかった彼女は、お客さんから強いクレームを受けた。その後、彼女は研鑽を積み、語学力も買われて、海外に出向いて商品の買い付けを担当するバイヤーを任されるまでになった。その彼女が、新入社員当時に客からクレームを受けたときに、家に帰ってどう思ったか。「お客様□怒ら□てしまった」の□にひらがなをひとつずつ入れて答えよ、である。

この質問を学生にして多かった回答が、「お客様に怒られてしまった」であった。言うまでもなく、間違いである。ここには、「新入社員なんだからまだよく分からない」という言い訳が見え隠れする。「まだ、責任なんかとれない」「それなのになんで」という一種の被害者意識すらうかがわれる。客にしてみれば、制服を着て売場に立っている以上、新入りもベテランもない。こうした態度のどこにも状況を主導する姿勢は見られない。

正解は、「お客様を怒らせてしまった」である。ここには、社員としての自分に知識がないために、お客さんに不愉快な思いをさせてしまった、という気持ちが現れている。また、責任を取り、状況をリードしようとする態度がうかがわれる。この女性の場合、入社当初から、商品知識は乏しくても責任感はあったということだ。「できる人間は違う」ということを感じさせてくれる実例といえる。こうした言葉が自然に出れば立派なものだ。もちろん、こうした態度は、本人が自由な意志で納得してとられてこそ意味がある（サービス産業では、こうした態度を意識的にとるように社員教育を行っている実態がある。そこでは多大な感情労働が求められ、労働者の心身が蝕まれていることも少なくない（森真一『自己コントロールの檻』講談社、二〇〇〇年）。

「子どもが分かってくれない」と泣き言をいうようでは、教育者は務まらない。教育的態度とは、主導者としての態度であるということが理解されるだろう。

しかし、主導する態度といっても、売場でお客さんにサービスするのと教育との間にはズレがある。売場では客の意図を理解できればよいが、教育においては相手の意図をくみとりつつも、「こうあるべきだ」という方向を提示しなければならない。それが、第二の、他者に価値的変化をもたらそうとする態度である。これは、古来の表現を借りれば、「親心」という言葉があてはまるような態度といえよう。ここには、教育者の主観的な思いがどうしても入り込む。ゆえに、この態度は時に厄介であり、学習者からうるさがられる。川柳にも、

「這《は》えば立て　立てば歩めの　親心」

とある。赤ちゃんがやっとはいはいを始めたばかりなのに、まだ立たないのかと思い、そうして立ったら、今度はまだ歩かないと思う。親心ゆえの愚かさがユーモラスに詠まれている。

旗色の悪い親心だが、親心とは、一種の落差を前提としながらも、その断絶を何らかの仕方で埋めようと望む気持ちといえるだろう。これは、親が子に託す理想から現れるが、しばしば闇雲な愛となってしまう。平安時代の公家で歌人の藤原兼輔（八七七〜九三三）は、娘が醍醐天

皇に入内《じゅだい》するにあたってこのような和歌を詠《よ》んだ。

「人の親は　心は闇にあらねども　子を思ふ道に　惑いぬるかな」

この和歌で兼輔は、自分の心は見えているつもりではあるが、娘がかわいいばかりに気持ちがどうかなるかもしれないと述べている。「子ゆえの闇」という言葉はこの和歌から来ているが、親心はどうしても煙たがられる。

しかし、赤信号の横断歩道に子どもが出ていこうとしているのに、保護者が「お好きなように」と傍観したら、誰も大人になるまで生きていられない。金子みすゞの「みんなちがって　みんないい」は、意地悪くいえば、人間と小鳥、人間と鈴の関係だからいえる話である。人間が一緒に何かしようというときは、そうはいかない。非行に走りそうな子どもに「みんなちがって　みんないい」ではすまない。その子のかけがえのない個性は認めつつも、「それはだめだ」ということをはっきりと分からせないといけない。以前より何らかのかたちで「よくなる」ことを促すという関わりは、教育において不可欠である。

それでもなお、親心は暑苦しいと思ってしまう。その原因のひとつは、教育者が学習者に変化を求める一方で、自己のあり方には反省がないように見えることが多いからだろう。このために、学習者との間に軋轢《あつれき》が生じやすい。そこで、第三の、他者との関わりのなかで自己も変化していく態度が重要となってくる。

その際、理解されるべきなのは、親／子はそもそも対立する概念ではないということである。すでにプロローグで記したように、子どもはやがて親になり、いずれは老いたり病を得たりして、再び周囲の世話を受けるようになる。子どもは潜在的には親であり、親は誰かの子どもである。しかし、私たちは、親的な立場に就くと、ついついそうしたことを忘れる。昇任すると

負うた子に教えられて浅瀬を渡る
未熟なる者に教わることもあり

先生！
先生！
先生！
高杉
イトウ
木戸
H.Tojima

さっぱり研究しなくなる大学教授は実に多い。

「教師が教え、生徒は学ぶ」というのは、一応の役割分担にすぎない。「負うた子に教えられて浅瀬を渡る」という諺があるが、面倒をみられている側から教えられることは多い。というよりも、自分とは異なる存在に触れる限り、気がつかなくても、自己の内には変化が起きているのだ。自己と他者とは、関係のなかで常に変化し新しい何かとして現れる。

こうした態度をもてるようになるには、親でありながら子であるような構えが求められる。こうしたことを深く考えさせてくれる言葉に、明治維新の志士・吉田松陰（一八三〇〜一八五九）が死を前に詠んだ和歌がある。

「親思ふ　こころにまさる　親ごころ　けふの音づれ　何ときくらん」（「永訣の書」）

安政の大獄で刑死を前にした子としての松陰は、親の悲痛な思い（親心）が松陰が親を思う心（子心）にまさるものであることに気づいた。大要こうした意味だろうが、松陰は、こんなことに死に臨むにあたって初めて気づいたのだろうか。言うまでもなく、そんなことはないだろう。松陰は三〇歳にならないうちに、多くの弟子を育てた。この意味では、すでに立派な親心の持ち主であった。というよりも、松陰が親心の持ち主たり得たのは、親心を感じとる豊かなセンス、つまり子心の持ち主であったからというべきだ。子心があるゆえに、常に自己の未熟さを自覚し、みずからを明治維新の思想的指導者にまでさせたと考えられる。そうしてみると、教育的態度においては自分が変わり続けるという「子心」が不可欠であることが理解されるだろう。

それでもまだ、教育的な態度による関わりはうっとうしいという人がいるかもしれない。では、距離をおいた傍観者との関係は心地よいだろうか。答えは否である。教育者の存在は、たしかに学習者との間では非対称である。しかし、好きだろうが嫌いだろうが、それでもひとつ

の関係のなかにいる。それに対して、マスメディアが事件の当事者たちにとる態度を考えてみればよい。マスメディアは関係の外から裁断する。言論の自由を振りかざし、プライバシーの領域に踏み込んでくる。傍観者的態度の方がよほど非対称的で、時に残酷である。

それに、関係のなかに入ることは辛いばかりではない。本章の冒頭に掲げたベーコンの言葉は、彼が近代科学の先駆者の一人であるだけに含蓄がある。人生において、いつも当事者であるのはしんどいことだし、時には映画を観たり、スポーツ観戦を楽しむのもよい。しかし、みずからピッチに立つ方がはるかに刺激的だ。私たちは神や天使ではない。それなら、傍観者よりも当事者であることを選択しよう。

というわけで、教育的態度をとるための第一歩。それは、「関係の外から見ない」ことである。

次章に向けて

サッカーの国際大会で苦戦を強いられたプロ選手が、ピッチに立つ直前、マスメディアの取材に対して「何かしなければいけないと思っています」と述べた。この言葉で問題と思われる点をあげなさい。

第二章　やれば分かる?——理論と実践

学問は満足しようとしない。
しかし経験は満足しようとする。
これが経験の危険である。
谷川　徹三

一　経験主義の手ごわさ

教育における経験主義

教職課程に学ぶ学生が、学校現場の先生と同席すると、教育実践のコツなどを尋ねる。黙って質問しないでいるよりは、よほどよい。しかし、コツなどあったらこちらが教えて欲しいわけで、安易な発想に軽いため息が出る。

ところで、こうした質問に対する先生方の回答は、判でおしたように同じである。「やってみなけりゃ分からんよ」と。「頭で考えるのではなく、実践のなかで身につけよう」ということ

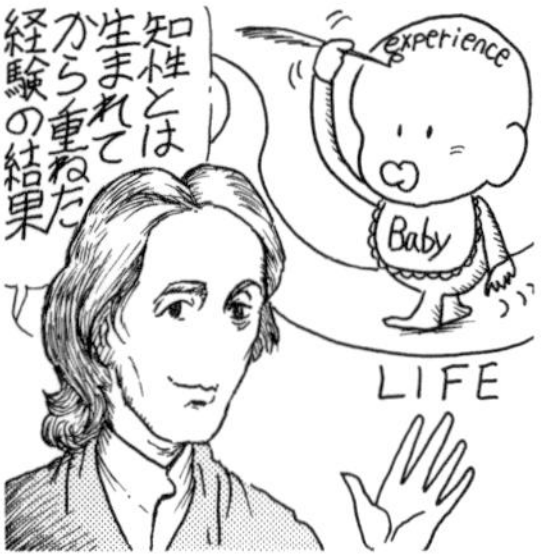

だろうが、学問を教授する大学教員としては、存在意義を軽く否定されるような感じで、ちょっと狼狽《ろうばい》する。

こうした理論に対する実践の優位は、素朴な日常的真理として、古来、いろいろな表現で語られてきた。

「畳の上の水練」

「机上の空論」

「習うより慣れろ」

「実戦に勝る練習なし」

どれだけ理論で習っても、体験しなくては身につかないというのは真実だろう。

これを哲学的な立場で支えるのが、すべての知識は経験の結果であるとする経験主義である。経験主義の草分けである一七世紀イギリスのロック（John Locke, 一六三二〜一七〇四）は、生まれたばかりの人間精神は何も書かれていない板（タブラ・ラサ）のようであると考えた。ゆえに、経験を重ねて精神に書き込んでいくことで、人間の出来が決まるということになる。ロックの時代から発展を始めた近代的な自然科学も、実験による経験主義をとる。実験を重ねるなかで、真理や法則に接近していこうというわけだ。

教育の世界でも、経験が大事だという考えは、洋の東西を問わず昔からあった。それに理論的な表現を与えた一人に一九世紀後半から二〇世紀前半にかけて活躍したアメリカの哲学者・教育学者のデューイ（John Dewey, 一八五九〜一九五二）がいる。彼はシカゴ大学在職中に実験学校を開設し、あるべき教育を模索した。そのデューイの考えを象徴する言葉に、

「教育は、経験の内部で、経験によって、経験のために発展する」（『経験と教育』市村尚久訳、

講談社学術文庫、二〇〇四年、三五頁）

がある。こうした考えをとるデューイにとって、学習は経験以外の何ものでもない。彼の「なすことによって学ぶ」（learning by doing）という言葉も、経験主義の教育観の表現といえる。

これらは、現場的な感覚からすれば、ごく当たり前のことだ。改まっていうほどのことではないと思われるかもしれない。ここには人文学（humanities）の歴史が関係している。教育もその一部に属する人文学は、その長い伝統において、理論的で抽象的な考察（思弁）を任務とする哲学の影響下にあった。ゆえに、教育のあり方を考える場合も、抽象的な考察が先行しがちであった。こうした伝統を見直すためには、経験の重要性を理論的に訴える必要があった。現在では、教育における経験の意義は広く受け入れられている。

実践における反知性主義

経験主義の対極にあるのは、知性主義である。だから、経験主義は反知性主義ということになる。反知性主義は、知的で理論的なものに対抗する立場ではあるが、決して無知を擁護するものではない。実際、スポーツ選手や職人さんなど、経験一筋の人生を歩んでいる人に接すると、機転がきき、判断が的確で速いのに驚かされる。むしろ、知性派を自任する人間の方が、プライドばかり高い上に、話が具体的でなく、判断が遅いことも少なくない。「いったいどちらが知性的なのか」という話になりかねない。

そうした意味では、反知性的というのは卑下することではまったくない。知性的か否かで人を見ないという意味では平等主義につながる。何より、具体的なケースに即して考えるので、実用的・実践的な答えが出てくる。

また、知性の対極には情緒や身体が位置づけられるが、そこにも反知性主義の強みがある。クールで感情を表に出さないタイプと涙もろく共感的なタイプでは、多くの人が後者を好むだろう。頭でっかちとマッチョのどちらがいいかときかれると、これはかなり分かれるかもしれない。しかし、どちらが大衆ウケするかといえば、後者であろう。

二〇世紀アメリカの歴史家ホーフスタッター（Richard Hofstadter, 一九一六～一九七〇）は、この反知性主義をアメリカ人の自己意識であるとし、こう記した。

「反知性の立場はある架空の、まったく抽象的な敵意にもとづいている。知性は感情と対峙《たいじ》させられる。知性が温かい情緒とはどこか相容れないという理由からである。知性は人格と対峙させられる。知性はたんなる利発さのことであり、簡単に狡猾《こうかつ》さや魔性に変わる、と広く信じられているからである。知性は実用性と対峙させられる。理論は実用と反対のものだと考えられ、「純粋に」理論的な精神の持ち主はひどく軽蔑されるからである。」

（『アメリカの反知性主義』田村哲夫訳、みすず書房、二〇〇三年、四一頁）

ホーフスタッターの分析には議論があるが、アメリカ人によく見られるビジネス・ライクな態度は、反知性主義と対応するように思われる。そして、反知性主義は、日常生活において実際に有効であるので、それを身につけるのに特別の心構えはいらない。自分はすでに反知性主義のシェマが身についていると思う人は多いだろう。反知性主義のスローガンは、

「背水の陣」

「火事場の馬鹿力」

「あたってくだけろ」

などであろう。これらは凡人のライフスタイルそのものだ。だから、学校の先生に「やってみ

なけりゃ分からんよ」と言われると、学生は、「現場は大変だろうなあ」と少々不安ではありながらも、「その場になってから気合いでいけばいいんだ」と思い、実はかなり安心する。そして、レポートの締め切り寸前まで課題に手を着けず、徹夜のやっつけ仕事で単位をとっていく。

実践が大事なのは言うまでもない。しかし、実践に先立って学ぶことには、それほどまでに意味のないことなのだろうか。

二　理論的思考のワナ

学問としての教育学の成立

学問としての教育学が生まれたのは、それほど昔のことではない。それは、一八世紀後半のドイツでのことであった。

ヨーロッパでは、一六世紀からイギリス、次いでフランスが強大な絶対主義国家となり、住民の間に「自分はイギリス人である」「フランス人である」という意識が次第に形成されていった。その後、市民革命によって中産階級が実権を握ると、政治参加の権利が拡大されたこともあって、国民としての意識はさらに高まった。

ここに成立したのが国民国家（nation state）である。国民国家とは、一定の領土をもち、そこに居住する住民が同一民族または国民という意識をもち、中央集権的な統治組織をもつ社会をいう。そして、植民地獲得競争をはじめとして、国民国家どうしが覇権を競う時代になった。

しかし、国民国家は、その内部に階層対立という問題を抱えていた。この対立を超えて国民としての一体性を実現するための手段として求められたのが教育の普及であった。国民国家が

主導する国民教育（national education）はこうして成立した。このため、国民教育は国家主義的な色彩を帯びることになったが、国家の名の下において、あらゆる人への教育をめざすという平等主義的な要素もあった。

ところで、現在のドイツにあたる地域では、一九世紀後半までイギリスやフランスのような統一国家が成立せず、小国が分立していた。そのなかのプロイセンは、学校教育の普及に力を入れた。そして、大学においても教育学の講義が行われるようになった。現在はロシア領のカリーニングラードになっている当時のプロイセン領ケーニヒスベルクで最初の教育学講義をしたのが、哲学の巨人カント（Immanuel Kant, 一七二四〜一八〇四）であった。

カントの教育学講義は哲学的人間学ともいうべきものであったが、カント以後、教育学は少しずつ独自の学問としての体裁を整えていった。ここで最大の貢献をしたのが、カントと同じケーニヒスベルク大学教授となったヘルバルト（Johann Friedrich Herbart, 一七七六〜一八四一）である。ヘルバルトは、すぐれた哲学者であるとともに教育学の発展に多大な影響を与え、教育学を学問として体系化した人物といわれる。ヘルバルトは教育学の性格を次のように規定した。

「学問としての教育学は、実践哲学と心理学とに依存している。前者は目標を示し、後者はそれへの道と危険とを示す。」（『教育学講義綱要』是常正美訳、協同出版、一九七四年、三頁）

ここには、目的と手段という枠組みが示されている。教育実践に限らず、人間が意識的な行為をとる際には、必ず目的がある。旅をするには目的地を決めるようなものである。それとともに手段を選択しなければならない。旅行でも、車で行くなり列車で行くなり、いろいろな手段がある。目的をはっきりさせ、現実を分析し、具体的な手段を考えることで、目的達成に近づくことができる。こうした考え方自体は、非常に合理的な上に実践的である。

そして、ヘルバルトは、教育において何を目的とすべきかの是非を実践哲学（倫理学）に求めた。その目的に至る道、つまり方法についての知識は心理学に求めようとした。彼は、教育実践が状況を説明しようとする客観的態度だけでは不十分であることをよく理解していた。教育は、子どもや生徒といった対象が「どうであるか」を考察した上で、「こうあるべき」という方向へと働きかける営みである。

「どうであるか」を存在、英語の be 動詞にあたるドイツ語でザイン（Sein）といい、「どうあるべきか」を当為、英語の should にあたるドイツ語でゾレン（Sollen）などという。教育は、ゾレン——前章で用いた言葉では規範性——を完全に排除しては成り立たない。

ヘルバルトが提案したザインとゾレンという水と油のように違う領域の融合は、その後の教育学の歴史からすると、手放しの成功とはいかなかった。実際、目的ばかりにこだわると、教育は現実から遊離した実践不可能な観念論になってしまう。逆に、手段に偏ると、何のためにという目的が見失われ、教育は単なるマニュアル的な技術論になってしまう。

ヘルバルトの時代のドイツの哲学や倫理学は経験主義とは対極にある観念論の全盛期であり、心理学はまだ駆け出しの段階で実験科学にはなりきっていなかった。ゆえに、彼の実践的な構想とは裏腹に、彼の教育学は思弁的であった。

抽象化のワナ

ヘルバルトの名誉のためにいうと、彼の教育学が思弁的であったのは時代の制約が大きい。しかし、それを割り引いても、知性的なアプローチは、どうも旗色が悪い。なぜ、こうしたことになってしまうのだろうか。

これは、教育以外の領域にもあてはまることだが、抽象化の作業それ自体がはらんでいる問題がある。科学は、感覚的にとらえられる形や内容を備えた具体を分析したり比較したりして、そこに共通する性質を考察し、法則や原理を探求しようとする。これが抽象であるが、その際に不要と見なされる性質が排除されてしまう。これを捨象という。十分な経験や実験を経ない抽象化は、そうした意図はなくても、生活や実践から遊離してしまう。

スイスに生まれフランスで活躍した一八世紀の思想家ルソー（Jean-Jacques Rousseau, 一七一二～一七七八）は、「農夫のように働き、哲学者のように考える」ことを理想に掲げた（『エミール』上、今野一雄訳、岩波文庫、一九六二年、三六四頁）。このことは、当時の社会において、精神労働と肉体労働の分離が進み、理論と実践が、個人の意識レベルばかりではなく社会レベルでも分裂し始めたのが認識されたことを示している。

ヨーロッパでは、学者や芸術家は王侯貴族といったパトロンの庇護《ひご》を受けていた時代が長く続いた。その間、知識人の地位は、ごく少数の大学教授を除けば不安定であった。しかし、一七世紀の科学革命で天動説等の伝統的な世界観がくつがえされ、一八世紀に入ると宗教等の伝統的な権威を批判し、人間の理性の可能性を強調し、理性による進歩を説く啓蒙主義が台頭し、知識人は社会的地位を高めていった。

生活でも仕事でもあまりにどっぷりとはまりこむと、自分がどこにいて何をしているのかが見えなくなる。だから、そんな自分を冷静に見つめる思考の時間はあってもよい。また、近代社会は分業によって多様性を実現しているのだから、生活の現実と四つにとりくんでいる者には想像もつかないような思想や学説を提示してくれる者がいてもよい。もしルソーがいうように理論と実践を両立できたら、言うことはない。

しかし、実際のところは、思考を仕事とする知識人がみずからの理論に基づいて人々の生活を指導しようとした結果、むしろ多くの混乱を生んでしまった。もちろん、知識人たちは善かれと思って行動した理想主義者であったし、前章で指摘した傍観者でない点では、関係のなかにいた当事者であった。その点は、むしろ評価しなければならない。

知識人が人々の生活を指導できると思いこんでしまうのは、抽象化の末に見出された法則や原理に心を奪われてしまうからである。頭をフル回転させた体験がないと想像すらできないが、一九世紀アメリカの哲学者ジェームズ（William James, 一八四二〜一九一〇）の分析は参考になる。

「全世界は一つの偉大なる事実を形づくりそのすべての部分はいわば相並び組み合わさって動いているのだという考えにはじめて思いつくと、彼はまるで何か偉大な洞察力でも恵まれたような気になって、まだこの崇高な概念に達しないでいるすべての人々を傲然と見くだすものである。」（『プラグマティズム』桝田啓三郎訳、岩波文庫、一九五七年、九九頁）

これはジェームズが一元論の問題点をあげているなかでの指摘である。一元論とは、神にせよ科学的真理にせよ、唯一絶対の価値体系が存在するという立場である。第一章でとりあげた価値相対主義とは対極の立場である。その意味では、価値の絶対主義といってもよい。矛盾がなく調和し、合理的に説明できると信じる原理の虜《とりこ》になると、世界のあらゆる出来事をその原理で解釈し、解釈からそれる事実を排除しようとすることにもなる。これが、二一世紀の世界に暗い影を落としている原理主義である。

原理主義というと、すぐに宗教を連想する人が少なくない。しかし、フランス革命の過程では、理性の原理主義が吹き荒れた。ひと思いに処刑できるので人道的であるという理由で、ギロチンが正式に処刑道具として認められた。そして、革命の過程で恐怖政治を断行したロベスピエール（Maximilien François Marie Isidore de Robespierre, 一七五八～一七九四）自身が断頭台の露と消えた。

二〇世紀後半においても、カンボジアではクメール・ルージュ（カンボジア共産党／ポル・ポト派）による悲劇が起きた。共産主義の理想を可能な限り純粋に実現しようと考えたポル・ポト派が政権を掌握すると、都市の知識人の財産と身分を剥奪し、強制的に農村に移住させた。さらには、学校・病院・工場を閉鎖し、宗教も禁止。知識人は、思想の混乱を招く存在として徹底して弾圧され、約一五〇万人の生命が奪われたという。ポル・ポト政権が崩壊したのち、国際連合のイニシアティヴによる民主化が図られたが、教育が奪われていたために識字率が著しく低下しており、選挙ひとつでも大変な苦労があった。

三　術への準備としての学び

知性主義の問題点

こうしてみると、知性主義の弊害ばかりが目につき、「経験主義でいいんだ」という話になりそうだ。それはそれで問題があるのだが、経験主義の問題点を見る前に、知性主義の問題点を整理してみる。というのは、すでに見たような、知性主義の徹底によってもたらされる弊害のほかに、知性主義の不徹底によると思われる問題があるからだ。とくに、後者は害は大きくないものの、それがもたらす影響も無視できない。

まず、前者の問題は、前節で見たとおりである。端的に言えば、自分が支持したり共感したり信奉したりする価値が唯一絶対であると見なす一元論や原理主義をとるゆえに、自説に固執し、現実を自分の都合のよいように解釈したり、都合の悪い現実を無視したり、さらには否定

してしまうという問題だ。

古代ギリシアの「プロクルステスのベッド」の寓話は、この問題をよく説明してくれる。強盗プロクルーステースは、旅人を捕まえては自分のベッドに寝かせ、身長が短いと旅人の身体を引っぱって延ばし、逆に旅人の身長が長いとベッドの長さに合わせて身体を切り落としたという。ここから、自分にとって都合のいい部分だけをとったり、無理に自説に合わせようとすることを「プロクルステスのベッド」というようになった。

前節で見たように、知性主義が行き過ぎると、その弊害は深刻だ。「教育は愛の世界だから、そんな弊害はあり得ない」という意見があるかもしれないが、それは違う。第九章と第一〇章で触れるが、教育というのは教育者の価値観によって外部世界から画された世界である。簡単にいえば、ある理想を実現しようとして構成される世界である。ゆえに、一般社会よりも知性主義が一人歩きしやすい。対象が子どもや児童・生徒・学生であり、年齢差が大きいことも知性主義の暴走に手を貸す。

学生時代に熱心に勉強し、現場に出ても勉強を怠らない教師のなかには、教育心理学や何かの学説をとおして子どもを見る習慣のついている人がいる。話すと専門用語がポンポン出てきてタジタジになる。しかし、その教師の学級がうまくいっているとは限らない。学説の提示するパターンで子どもを見てしまい、個々の子どもの顔が見えなくなっている場合がある。さらに、自分の教育方法が絶対であると信じこむと、それについて来られない学習者を叱り、体罰を加えるようなことにもなる。

また、学級を越えたレベルの学校全体、さらには教育界でも、ひとつの考え方に固執するあまり、おかしなルールができて、それに現実をあわせようとして無理が生じる場合もある。

たとえば、文部省（現・文部科学省）が一九八九年（平成元年）の学習指導要領告示にあたって示した「新しい学力観」による学校現場の混乱がある。第二次世界大戦後、日本の初等中等教育および特別支援教育の教育課程の基準は、文部科学省の告示する学習指導要領によって定められるようになった。学習指導要領は、一九四七年（昭和二二年）に試案というかたちで告示されてから、ほぼ一〇年おきに大規模な見直しが図られてきた。「新しい学力観」は、それまでの「知識・理解・技能」による評価では子どもの隠れた可能性を評価できないとして、新しい評価軸として「関心・意欲・態度」をあげたものであった。「意欲の有無を評価する」というのは、皆、よいことだと思うだろう。しかし、どうやって客観的に判断できるだろう。ある学校の教師たちは、悩んだあげく、生徒が授業中に挙手した回数をカウントして、そのデータを成績評価に反映させることにした。その結果、教師たちは生徒に挙手させるたびに誰が手を挙げているかを数えなければならなくなり、授業は何度も中断したという。

ただし、こうした事例は、「現実を何とかしたい」というやむにやまれぬ思いから発するのであり、その点では前章で批判した傍観者の仕業ではない。責任を持とうとする当事者たちの思いの果てなのである。その情熱まで否定するべきではない。とはいえ、一生懸命が空回りするのはさびしいものである。

ここに、知性主義の第二の問題が関連してくる。知性主義の徹底は、それなりに考え抜き、それを現実化しようとする態度だ。これに対して、具体的行動に結びつかない、「考えただけ」「思っただけ」という思考のレベルで停止する場合がある。一生懸命の空回りを恐れて、ためらってしまうのである。この態度がもたらす問題は、思考と行動が分離しているために考えるばかりで決断が遅れ、有効な行動がとられないということだ。

「それはインテリの問題で、あまり頭を使わない私には関係ない」という人がいるかもしれない。しかし、これは決して知識人だけの問題ではない。行動的人間の代表者であるスポーツ選手にまで蔓延している。

ここで、前章の最後にあげた問題をみよう。サッカーの国際大会で苦戦を強いられたプロ選手が、ピッチに立つ直前、マスメディアの取材に対して「何かしなければいけないと思っています」と述べた。この言葉で問題と思われる点をあげなさい、である。

人のちょっとした発言の揚げ足をとるのはよくない。しかし、人間は言語を用いて思考する。逆にいえば、思考は言語によって規制される。だから、言語は思考の現れだというだけではない。使っている言語に問題があれば、思考はもちろん行動にまで影響を与える。ゆえに、ちょっとした言い回しだからといって簡単に無視できないのである。

ちょっとした言い回しには、その端的な意味以外の含みがある。この含意（インプリケーション、implication）は、話し手が伝えている本来の意味より大きかったりする。この選手の言葉から、「何とかしなければ」「ファンの期待に応えなければ」という気持ちは伝わってくる。傍観者はこうは言わない。間違いなく当事者だ。では、問題がないかといえば、そうはいえない。

そこで意地悪かもしれない（いや、意地悪だ）が、細かに見ていく。言説を分析する基本中の基本、「ね」を入れて文節に切る。

「何か　／　しなければ／　ならないと／　思って／　います」

いくつの問題があげられるだろうか。少なくとも三つないし五つは見つけたい。

まず、「何か」がよくない。曖昧である。取材が敵に知られないように曖昧にしたわけではないだろう。この話し手は、超一流のサッカー選手であるが、「どうしたらいいか」という焦燥感があらわである。それが言語化されたのが、「何か」ではないのか。何をするにも課題が明確でなければ結果は出ない。

次に、「しなければ」と「ならない」がいけない。よくいえば責任感が現れているが、悪くいえばプレッシャーに負けそうで、義務感があらわだ。とにかく、まったく楽しそうでない。サッカーが野球を上回って青少年の人気スポーツとなった現在、競技人口は膨大だ。その頂点に立っているという喜びが見えない。勉強の嫌いな子ほど、勉強を「しなければ」「ならない」と言う。

第三に、「思って」と「います」が問題だ。「思う」というのは脳内活動を説明している語だ。哲学者ならともかく、スポーツ選手が多用するのはいただけない。私たちは「思う」ことをそのまま行動に移すわけではない。そこが動物との違いだ。「思う」というのは、「思っているだけで、そうはしないかもしれない」ということを含意している。「思っただけ」ということだ。そして、「います」は漢字を当てれば「居ます」となることから分かるように、そこに立つなり座るなりして停止していることを示す。「思って」いる自分を見て「居ます」ということになる。

そうなると、この選手の発言が当事者のものであるという意味もぐっと弱まってくる。今、見てきた含意を考慮して、発言を思いっきりリライトすると、

「何をしてよいか分からなくて困っているんですが、何かをしなければならないと、思うだけは思っている私がここにいます。」

ということになる。当事者である選手がピッチに立つ自分を傍観して語っていることになる。大変な現実に直面したとき、私たちは意識だけでも現実と切り離しておきたいという願望を抱く。しかし、そうした構えが実践の力になるとは考えにくい。「原理主義ほどの害はもたらさないだろう」という声もあるかもしれない。しかし、決断が遅れ、意味のある手が打てないの

学問は満足しようとしない。
しかし経験は満足しようとする。
これが経験の危険である。

では話にならない。なりふり構わず行動する人間にはまず勝てない。ゆえに、こうした言い回しは意識して封印すべきである。「クセなんです」ではすまない。クセを生み出すシェマを変えなければならない。思考のトレーニングが必要なのはそのためである。

経験主義の問題点

　というわけで、ゴリゴリの知性主義も中途半端な知性主義もともに問題がある。経験主義は圧倒的優位に立つ。イギリスの諺に、「学問なき経験は、経験なき学問に勝る」とあるとおりだ。

　経験主義の考え方は、一九世紀末以降、アメリカでさらに補強された。プラグマティズム(pragmatism、実用主義)である。プラグマティズムは、唯一絶対の価値観をあらかじめ設定するのではなく、ある価値の真偽を、その価値がもたらす結果(有用性)からとらえようとする立場であり、ジェームズが提唱し、二〇世紀前半にはデューイが展開した。プラグマティズムには具体的な経験に即して物事をとらえ、結果を出していく強みがある。実践的にものを考えようとする限り、私たちは、多かれ少なかれ、プラグマティズムの立場をとらざるを得ない。

　では、経験主義は万能かというと、万能とまではいえない。そこで、本章の冒頭に掲げた哲学者・谷川徹三(一八九五〜一九八九)の言葉である。

　「学問は満足しようとしない。しかし経験は満足しようとする。これが経験の危険である。」(「世間通」『現代随想集』第七巻、創元社、一九五三年、三六七頁)

　谷川は、観念論の代表格であるカント哲学の研究者であり、さすがに簡単には経験主義に白旗をあげない。医療で、「対症療法」という言葉がある。症状が出たら、出た段階でその症状に対応するということだが、これは典型的な経験主義的態度だ。治療をして症状がおさまればよしとする。しかし、その背後では、重大な病気が進行しているかもしれない。経験主義は、結果オーライでいきがちであり、経験に対する吟味や反省が不十分な場合が多い。

行政や企業などの不祥事を見ると、その場しのぎの対応をし続けて、次第につじつまが合わないことになったり、効率が悪くなって、行き詰まったりする場合がある。おそらく、そうした組織のトップは経験主義一辺倒で、ビジョンのない人物なのだろう。

また、「経験は満足する」ということでいえば、何度も考え直さないということで、卓越したものが出てこないという問題がある。勘とかひらめきで発明や発見がなされることもある。しかし、多くの場合は、くどいくらいにやり直さないとよいものはできない。知性主義を頭から否定する学生は、ハッと驚くようなレポートを書くことはできない。

経験主義の問題点は、そればかりではない。結果オーライでいくと、次第に目的の妥当性を考慮しなくなっていく。「正しいのか」「効率的なのか」という判断をしないで、「勝てばいい」とか「儲かればよい」でいく。こうした結果主義や勝利至上主義による目的の手段化が、多くの問題をもたらしていることはいうまでもない。スポーツの世界では、勝利至上主義のあまり、無理なメニューの練習が課せられ、逆に健康を害するような事例がいまだにある。

実践を準備する知

知性主義には多くの問題がある。経験主義にもやや問題がある。解決するには両者を賢明に組み合わせることだ。そもそも、知性と経験、理論と実践は対立することがらではないし、人間の生活においては一体不二である。

教育学の学問的体系化を図ったヘルバルトは知性派の代表のように映るが、なぜ実践が本番である教育について「学ばなければならないか」という問題を明確に意識していた。彼の最初の教育学講義には、このような一節がある。

「技術への準備は学問によって行われる。この準備とは仕事にたずさわる以前の知性と心情の準備である。この準備によって、われわれが仕事に従事するなかでのみ、みずから得ることのできる経験が、われわれに教訓的となる。（中略）行為において技術を学ぶのは、あらかじめ思考によって学問を学び、これをわがものとし、これによって自身の情調を整え、――そのようにして、経験が彼の心に刻みつける印象をあらかじめ規定することのできるような人間だけに限られる。」（『最初の教育学講義』高久清吉訳、『世界の美的表現』明治図書出版、一九九〇年、一〇〇頁）

ヘルバルトは、学問によってシェマが事前に形成されていてこそ、経験は教訓となるという。シェマの調節が学問によってできるかは心許ない。しかし、プロローグで述べたように、シェマを知性的な検討にかけておくことは無駄ではない。もし、学問がしっかり身につけば、状況への対応能力が高まる。また、実践の現場に出て何かに遭遇したとき、以前学んだことを思い出し、「あの時の話はこれだったのか」と認識し、反省したり自信を持ったりできる。しっかり反省できれば、次に同じ過ちを繰り返さずにすむ。もう少しレベルが高ければ、一定の予想を立てることもできる。こうしたことは、何も特別なことではない。昔から、

「転ばぬ先の杖」
「濡れぬ先の傘」
「用心は先にあり」

といわれるとおりだ。もちろん、学問によって得られる知識が常に妥当で、傘や杖になるとは

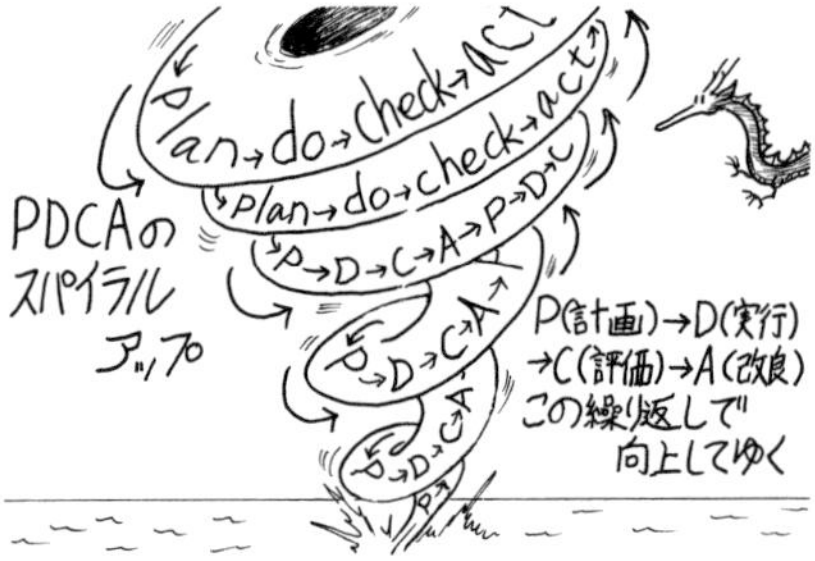

限らない。ただ、ヘルバルトの言葉はごく常識的でそれほどの反論はないだろうが、ちょっと口が滑った感がある。果たして、「学問を身につけた者しか行為において技術を学ぶことはできない」とまでいうことができるかということである。ここには、一九世紀の大学教授としての彼のプライドが見え隠れするし、知性への信頼もあったのだろう。

実際のところ、学問は相当徹底してやらないと身につかない。何を読んでよいか分からないようななかで、あれこれ手を伸ばし、思考の分裂に悩み、もがいているうちにやっとシェマらしきものがついたかなと感じられるようになる。あまりうるさいことをいうと、いったい誰が現場で務まるのかという話にもなりかねない。学生時代、あまり勉強せずに何とか現場に出た教師が、状況の厳しさを痛感して勉強するのが無意味とはいえない。それに、社会の変化が激しい今日、学問も日進月歩で、一度学んだからといって、それでずっと先まで対応できるというようなことはない。

そうしたわけで、現実的には、実践のなかで常にシェマを知性的な検討にかけ、シェマの調節を図るのが有効であることが分かる。第二次世界大戦後のアメリカで、工業生産等の効率化のためにＰＤＣＡサイクルが考え出された。それは、計画(plan)、実行(do)、評価(check)、改善(act)からなるプロセスである。このうち、主として思考が関わるのがＰとＣの局面であり、経験そのものであるのがＤとＡの局面である。

たとえば、五〇分の授業の計画(Ｐ)をたて、それを実行(Ｄ)に移す。どんな計画を立てても、それが完璧ということはないし、すべて計画通りに実行できるわけではない。予想外の事態にも遭遇する。そこで実行について反省・評価(Ｃ)し、それに基づいて改善(Ａ)する。こうして、思考と行動、理論と実践を繰り返すことで、実践の適切性や効率性を高めていく。これをＰＤ

CAのスパイラルアップという。

ところで、PDCAのサイクルのうち何がもっとも重要であろうか。ヘルバルトならPをあげるだろう。たしかに、何の計画もないのでは動けない。計画をしていればこそ、実行の中で遭遇した事態を教訓にもできる。

しかし、Pが完璧にならないとDに行けないというのでは、先に進める人はほとんどいなくなってしまう。先に知性主義の問題点をあげた。計画に入れ込みすぎると、現実を無視して計画を押し通そうとすることになるおそれがある。それ以上に多いのは、計画を立てるのに時間ばかりかかっていつまでも何も始まらないケースである。計画にばかりこだわると計画倒れで終わりかねない。

そこで計画も大事だが、とにかく実行に移してみることが重要である。あまり大きい計画だと、安易に実行して失敗すると、自分も周囲も困る。だから、小さい計画でよい。失敗しても周囲にあまり迷惑のかからない計画でよい。考えるばかりで、いつまでも第一歩を踏み出せず行動が遅れるタイプだと自分が思う場合は、なおさらだ。まず実行に移すのである。というのは、考えるのは評価（C）の段階でもできるからである。評価は実行に基づいているので具体的になる。評価によって、改善（A）は以前の実行よりもうまくいく公算が高い。そうなると、小さくても成功体験ができる。成功体験は次の実行を促し、思考から行動に移るタイム・ラグは短くなっていく。また、ヘルバルトが強調した「経験の教訓化」、つまり遭遇した事態を知性的検討にかけることも習慣化していく。

というわけで、教育的態度をとるための第二歩。それは、「理論と実践はセットメニューである」と知ることである。

No!!
信頼関係が築かれてなければきっと子ども達は受け入れてくれないでしょう…

次章に向けて

教職を志望する学生が次のような文章を書きました。この文章を適切な表現だと思うようにリライトしてください。

「教師と子どもの間に信頼関係が築かれていなければ、授業であれ、生活指導であれ、子ども達は受け入れてくれない、身につけようとしてくれない、と私は考えています。」

第三章　確信をもって？――開かれた問い

教師は、子どもの前で、まごまごする能力がないといけない。

林　竹二

一　揺らぐ教育的信念

教育バッシングの時代

第一章で見たように、価値相対主義の社会は教育が困難な社会である。年長者への敬意といった伝統的な価値観が崩壊し、保護者の教師への要求は多様化し、かつてのような一元的な指導が困難になっている。そればかりではない。教育依存とは裏腹に教育不信が強まっている。

ここには、現代社会においてマスメディアが第四の権力ともいうべき力を得たことが影を落としている。マスメディアはどれも超優良企業であり、学生の憧れる就職先である。現在、そんなマスメディアによってネガティブに報道されることは致命的である。そのため、行政や企業の危機管理のエネルギーの多くは、不祥事自体を減らすよりも、マスメディア対策に割かれ

ている。危機対応マニュアルには、テレビに映るお辞儀の仕方や話し方が事細かに記される。マスメディアが教育を社会問題として構成していく一連の報道をごく大ざっぱに分類すると、①問題の創出、②危機感の演出、③問題の乗り換えの三つの側面が見出される。

悪質な「やらせ」は論外として、何かが報道される際、たしかに事件はあるだろう。しかし、事件は数限りなくある。事件をとりあげるか否かは、ジャーナリストの判断次第である。その良識を信じたいが、重要なニュースがあえて小さく扱われる可能性も否定できない。それにマスメディアも企業である以上、人々の関心を引く事件をとりあげることになる。教育問題は、人々の関心を引く上に、スポンサーや政界からの圧力はほとんどなく、報道し放題に近い。

次に、創出された問題が多くの注目を集めるためには、五W一H的な基本情報にさまざまな加工が施され、消費しやすいようにうまく味付けされる必要がある。その良し悪しが視聴率を左右する。辛い食べ物があとを引くように、私たちはどうしても刺激的な情報に注目してしまう。その結果、ますます消費を誘発するように加工された情報が供給される。とくに少年犯罪などの場合、家庭環境や学校生活のエピソード等が事細かに提示され、当事者の微細な心のありようが、「かりに〜だとしたら」という仮定に基づく推測として語られる。

しかし、刺激的なだけではいけないので信憑性の演出も忘れてはいない。ここで、大学教授や評論家といった「学識者」がコメンテーターに招かれる。しかし、コメンテーターは本当にオピニオン・リーダーなのだろうか（彼女ら彼らは、政治家のように選挙の洗礼は受けていない）。コメンテーターの「意味づけ」は、あまり吟味されることもなく、「そのようであるものとして」流されてくる。

こうして、危機感が、何日間かにわたって演出され続けるが、同じニュースを繰り返されると、見ている側は飽きてくる。そこで、これ以上引っ張っても商品価値がないという段階になると、騒がれた事件も一転して扱われなくなる。言うまでもなく、その事件が消失したわけでもないのに、である。そして、別の事件が問題化されていく。実際、一九八〇年代の「荒れる学校」から始まって、九〇年代には、「いじめ」「不登校」「学級崩壊」、二一世紀になると、「児童虐待」「学力低下」「ニート問題」といった問題が波状的に報じられてきた。

自信喪失する教育者たち

教育の危機をあおる情報にさらされ続けるなかで、教育への改革圧力は高まる。構成された教育問題に対して、迅速かつ目に見えるかたちで対策が発表されないと、行政や教育現場は厳しく批判される。ゆえに、アピールや提言が相次いで発表されるが、迅速性を優先すれば、どうしても対症療法的な対応になる。とりあえず、出血している箇所にバンドエイドを貼って止血しなければならない。そうしたわけで、教育現場には常に新たな課題が課せられていく。

このため、教育の仕事は累積的に増えていく。仕事の整理がなされないと仕事は無限に増え続け、教師の心身の健康は蝕まれていく。二一世紀に入り、かなりの割合の小中学校教諭が定年前に退職しているのが問題になっているが、教育現場の繁忙化は、間違いなく最大の原因である。

また、矢継ぎ早な改革方針は対症療法的であるため、それ以前の方針と整合的でない場合がある。このため、教育の仕事は量的に整理されないばかりか、質的にも整理されないという事態になる。質的に整理されていれば、同じ原理で積み上げていけば量的な要求に対応できる。そうでないと仕事の種類も量も増える。これは、単純に量が増えるよりもきつい。というのは、

No!!
信頼関係が築かれてなければきっと子ども達は受け入れてくれないでしょう…

種類の増えた仕事に対応するそれぞれの能力や考え方を、適切に切り替えなければならないからだ。これは、教育者の意識に混乱をもたらす。

こうして、現在、多くの教育者が自信喪失に苛まれている。プロの現職教員がそうなのだから、いわんや教職志望学生をや、である。前章の最後に、ある教職志望学生の書いた文章をあげた。

「教師と子どもの間に信頼関係が築かれていなければ、授業であれ、生活指導であれ、子ども達は受け入れてくれない、身につけようとしてくれない、と私は考えています。」

この文章の問題点は、本章を通じて考えていくが、この短い文章をどう読むだろうか。実は、この文章は、彼がある県の教員採用試験の小論文問題を解いたものの一部である。あなたが採点官だとしたら、この学生をどう評価するだろうか。

細かな点は大目に見ても、非常に気になるのが「受け入れてくれない、身につけようとしてくれない」の「くれない」である。「くれない」という言い方は、教師による授業や生活指導を、生徒に「受け入れてもらう」こと、生徒の側からすれば、(もし気に入った仕方なら)「受け入れてやる」ことであると、この学生がとらえていることを示している。また、この学生が自信を持てずに不安を抱えているのがはっきり現れている。通常の採点官なら、この一文で彼の不安を見抜き、それなりの採点をするに違いない。

しかし、「どうしたらいいのだろう」という迷いは、多くの教育者の正直な思いだろう。この学生が正直者であることは間違いない。そこは評価できるだろう。とはいっても、正直なだけでは務まらない。

二　他者の不在

精神主義と理論的思考

教育的信念の動揺が問題なると、対症療法的な反応として、「自信を持て」「今の教師には精神力がない」という声があがる。かつて、明治の近代化において、教師に求められた性格のひとつは威厳であった。

そこで、教育者に求められるのが意志力である。それを説得するために、超人的な意志力で不可能を可能にした偉人たちのエピソードが語られる。たとえば、江戸時代の米沢藩第九代藩主で財政破綻寸前となった藩を救った上杉鷹山（一七五一～一八二二）などは、よく引き合いに出される。上杉鷹山の残した有名な和歌に、

「なせばなる　なさねば成らぬ　何事も　成らぬは人の　なさぬなりけり」（「伝国の辞」）

がある。これは、たるんだ組織に喝を入れようとする企業のリーダーが好んで用いる。「その気になれば何でもできる、できないのはその気じゃないからだ」というわけだ。

こうした精神主義は古くからある。朱子学の文書には、「精神一到何事か成らざらん（精神を集中して事にあたれば何でも成就できる）」（『朱子語類』）とある。戦国時代、織田の軍勢に火をかけられた恵林寺の快川禅師は、「心頭を滅却すれば、火も自ら涼し」（雑念を払い、無念無想になれば、炎ですら涼しい）と説いて焼死したと伝えられる。精神主義は、スポーツや企業活動で二一世紀でも健在である。

こうしたむき出しの精神主義は、その英雄性が強調される一方、その非合理性も指摘され、少なくとも見通しの甘さは批判される。そこで、目的を実現するためには理論が必要であるこ

とが学ばれる。すると、本来は対極にあるように思われる精神主義と理論的思考が結合する。

その象徴的事例が、二〇世紀における行動主義の影響である。行動主義とは、近代的な心理学的研究法、または思考法のひとつであり、その特徴は、「心」(mind) を独立した実体としては認めず、人間の行動を科学的に研究できるとするところにある。実験方法としては、基本的に刺激（S、stimulus）に対する反応（R、response）を見る手法がとられる。ここには、取り出して見ることのできないものは認めないという科学的態度がはっきりと出ている。刺激に対する反応は外に現れ、計測可能であるという前提に立つ。データで議論できることを議論するというのは、たしかに一見すると合理的だ。

行動主義のアプローチで研究が進むと、刺激に対する反応の型が分類・整理されていく。そして、刺激の与え方に工夫を凝らせば有効な反応を導くことができるという信念が生まれる。行動主義第一世代の研究者は科学への強い信頼をもっていたこともあり、刺激の最適化によって教育の成功が導かれると考えた。行動主義第一世代の代表者ワトソン（John Broadus Watson, 一八七八～一九五八）が、こうした言葉を残している。

「私に、健康で、いいからだをした一ダースの赤ん坊と、彼らを育てるための私自身の特殊な世界を与えたまえ。そうすれば、私はでたらめにそのうちの一人をとり、その子を訓練して、私が選んだある専門家に、その子の祖先の才能、嗜好、傾向、能力職業がどうだろうと、きっとしてみせよう。」（『行動主義の心理学』安田一郎訳、河出書房新社、一九八〇年、一三〇頁）

この言葉に接したら、どう受けとめるだろう。「結果を出して見せます」というのだから、教育的信念という点では、申し分のない優等生的発言ということになろう。自信喪失気味で、「何かよい手はないか」と思っている教育者は、こういう発言に飛びつくかもしれない。バリバリの行動主義者に自信喪失気味の教職学生の文章をリライトさせたら、「子ども達に受け入れさせる、身につけさせる」と書くだろう。

精神主義を鵜呑みにする者はそう多くない。教育者も、教育がそう思うとおりにはいかないと思っている。しかし、「思うとおりにできたら」という願望は持っている。だから、教育の世界から、「こうすればうまくいく」というマニュアル本が消えることはない。

抽象化の弊害

しかし、ワトソンの確信あふれる発言に違和感を抱いた人はいないだろうか。違和感があったら、すでにかなりの教育的思考の持ち主といえる。たとえば、「健康」という表現に引っかかれば、なかなかなセンスがあるといえるのではないだろうか。いったいワトソンのお眼鏡にかなう健康とは、どういう状態をいうのだろう。実際のところ、何の問題もない完璧な素質の子どもは想像できない。古来、教育においては、人間は、家系や遺伝の善し悪しで決まる部分が大きいという考え方があった。二〇世紀ドイツのナチズムなどは、自分たちアーリア人が優等民族で、ユダヤ人の血が混じることを許さず、ユダヤ民族自体を抹殺しようとさえした。これは悪質と見なす遺伝形質を淘汰し、優良と見なすものを保存しようとする優生思想の極端な事例だが、ワトソンの言葉にそうした色彩がないとはいえない。

こうした背景には、対象を〈我〉に対する〈それ〉と見なす理論的・客観的態度がある。生きた人間がモノとしてとらえられ、教育は絵を描いたり彫刻を造るような制作的行為となる。子どもは、その作品と見なされる。多くの人が、自分が誰かの作品と見なされるのを快く思わな

いだろう。教育は、制作的行為とは違うと思うだろう。人間は不断に変化するのであり、芸術作品のように、「これでできあがりだ」という完成体がないのだから。

しかし、そう思わない人もいる。その人たちは、自分が信奉する理論に自信を持っており、そのとおりに実践すれば、かなりの確率で予想通りの結果になると思っている。ゆえに、その理論を適用することは子どものためになることであり、それをためらう方こそ信念も自信もない教育者失格の人間と見なされる。こうした強い思いこみをするのは知識人に多いのだが、フランス二〇世紀の哲学者マルセル（Gabriel Marcel, 一八八九〜一九七三）の言葉は、こうした問題を考える際に示唆を与えてくれる。

「知識人は労働者や農夫のように抵抗のある現実と取り組むかわりに言葉で働くのであり、紙はすべてを受けつけてくれる。」（『人間、この問われるもの』小島威彦訳、春秋社、一九六七年、九一頁）

生命保険の契約や自動車販売の仕事を考えてみよう。商品のメリットを訴えて、思うとおりに契約がとれるだろうか。かりに、どんなにその商品に自信があっても、そううまくはいかない。断られる方が圧倒的に多い。農業が計画通りに進んだら、毎年豊作だ。実際はそうはいかない。収穫寸前に寄生虫にやられたり、台風に襲われたりする。マルセルは、そうした要因を「抵抗のある現実」と呼ぶ。抵抗のある現実との関わりのなかで、労働者や農夫は、「何でもそう思うとおりにはならない」ことを痛いほど学んでいる。

これに対して、知識人の仕事の対象が、何でも受け入れてくれる紙であるというマルセルの指摘は鋭い。紙に何を書いても、紙から抗議されることはない。抵抗感のある現実と距離をおいて生きていると、「自分は何でもできる」という全能感が生じる。また、自分が言ったり書いたことが、相手にどんな影響を与えるかという想像力が働きにくくなる。しまいには、人間の精神すらも何でも書き込める白紙と見なされていく。ここでは、相手が自分とは異なった独自の考えや感情をもつ存在（他者）であるということが、完全に忘れ去られている。前章であげた一元論や原理主義の立場をとる人間は、ともすれば他者を認めない態度をとりがちになる。

それどころか、自分の信奉する原理への信頼が深ければ深いほど、まだその価値を認識しない人々に外部からその知識を注入しようとする。これを教化（indoctorination）という。教化に見られる相手の主体性を度外視した特定の原理や思想の注入は、多くの悲劇を生んできた。

理論的思考によって精神主義が補強されると、素朴な精神主義に劣らない弊害が生じる。信念なくして教育はできない。しかし、かたくなな信念は行き詰まる。教育における信念とはいかにして可能なのだろうか。

三　教育的信念の要件

他者性の承認

第一章であつかったように、教育は関係から降りてはできない。しかし、信念を押し通そうという態度が強すぎると多くの問題がある。ゆえに、第一に「相手はそうこちらの思うとおりにならない」「あるところで成功したと思えた実践が、いつでも誰にでも当てはまるとは限らない」ということを信念とすることが必要である。これが「他者性の承認」である。

他者性とは、自分が他人と見なしている人物が、自分とは別の独自の存在（主体）であることを経験することである。このことは、口で説明されただけでは、リアルに考えられない。「関係から降りない」で、しばらく他人とつきあわなければならない。逆に言えば、かたちの上で他者性を承認するだけなら、関係から降りれば簡単だ。合意をめざさず、共同作業もしなければ、「そういう考え方もありますね」など物わかり良さそうに話すことができる。

しかし、一緒に何かを成し遂げようとすれば、そうはいかない。自分の意見に周囲が常に同意・共感するとは限らない。人間関係に距離を感じる。職場が違ったりすれば、意見の違う人と距離をとって棲み分けすればよい。しかし、棲み分けできない場合もある。仏教は、人間が遭遇する四苦八苦のなかに怨憎会苦《おんぞうえく》（怨み憎む人と会わなければならない苦しみ）をおいている。分かっていても他者性を承認できない苦しみは、古今東西を問わず人間社会とともにあったのだろう。

他方、他者性の承認はつらいことばかりではない。他者の未知の部分に気づかされることもある。何かの折りに相手の思ってもみない側面が見えて、こちらの勝手な思いこみや決めつけを打ち破られることがある。そうした経験をすると、目の前の景色が明るく開けたように感じられる。これが「面白い」という言葉の元の意味だ。面白さは意外性との出会い、つまりは他者性の体験によってもたらされる。他者性の承認とは、単に苦痛であるばかりではなく、嬉しい驚きでもある。それもこれも、関係から降りないでいる故に得られる経験である。

さて、他者性の承認には、具体的には、他人からすれば自分も他者であることを自覚することが必要だ。ところが、教育者は、ともすれば学習者を教育的意図を受け入れない他者と見なす傾向がある。しかし、教育者の方が、学習者にとってははるかに他者である。

以前、学校教師向けの書物には、「教師は学級のリーダーである」などと書いてあった。そこでは、教師も児童生徒も同じ人間として一体となって教育目標の実現にとりくむべきで、とりくむことができると考えられていたのだろう。しかし、本当にそうなのだろうか。

リーダーというのは、民主主義の建前からすれば、その能力や個性等を評価されて集団の構成員から選ばれた者をいう。その意味では、親も教師もリーダーではない。子どもは親を選べない。児童生徒は教師を選べない。毎年、新学期になると学級担任が誰になるかでどきどきし、あるときは喜んだり、あるときは舌打ちをした経験が誰にでもあるだろう。親は知らぬ間にそこにおり、教師はある日突然やってくる、他者である。

脱権威としての敬愛

日本では、教育者と学習者の間に奇妙な関係がある。親が自分のことを「お父さんは」とか「お母さんは」と呼び、教師が自分のことを「先生は」と呼ぶ。子どもは親を名前では呼ばない。「お父さん」「お母さん」と呼びかける。教師を呼ぶときは「〇〇先生」と呼ぶ。姉妹兄弟でも、年長者は自分を「姉ちゃんは」とか「兄ちゃんは」とか呼び、年少者も年長者を名前ではなく、「兄ちゃん」「姉ちゃん」と呼ぶ。国民的長寿アニメ番組「サザエさん」を見ればよい。カツオはサザエに「カツオ！」と呼び捨てにされ、カツオは「姉さん」と哀れみを請う。

英語では、年長者も年少者も自分をI、相手をYouと呼ぶのが普通である。目下の者が目上の者にYes, Sir. という場合があるが、軍隊など上下関係が明確な場合で使われる。日本語の会話習慣では、教育者は教育的立場で自分を呼称することで、人間関係が「教える者―教えられる者」に固定化され、ブーバーのいうような〈我―汝〉関係にならない傾向がある。この意味で、みずからの他者性を自覚する努力をしなければならないのは教育者の方だ。ドイツの社会哲学者ハーバーマス（Jürgen Habermas, 一九二九〜）は、こう記している。

「啓蒙する者がまだ啓蒙されていない者に優越していると自負することは避けがたいこ

とであるが、それは同時に擬制《ぎせい》なのであり、いつも自己訂正を必要とする。啓蒙の過程に居合わせている者は、敵味方のいずれか一方ではなく、ただ当事者のみなのである。」(『理論と実践』細谷貞雄訳、未來社、一九七五年、六二一頁)

啓蒙主義は、一八世紀ヨーロッパに芽生え、近代世界をリードしてきた。啓蒙は英語では **Enlightenment** だが、その語義は「光を当てること」である。知恵の光で無知を啓《ひら》くというのが啓蒙の理念だ。そこでは、啓蒙する側とされる側の落差があらかじめ固定されている。もちろん、教育者と学習者との間に知的身体的差があるのは事実だ。しかし、プロローグで記したように、その落差は固定的なのではなく暫定的であるにすぎない。その意味で、擬制(みせかけ)なのである。ゆえに、教育者は、無意識のうちに身についた権威的な姿勢を見直す必要がある。

しかし、注意しなければならないのは、単純に権威を放棄すれば他者性の承認につながるわけではないということである。自分はリベラリストで学習者の味方であると信じて疑わないタイプの教育者は、若者言葉を使ったり、服装や趣味も(時に過剰に)若ぶりにしたりする。それで、相互に理解し合えていると思っている(のかもしれない)。

善意で素朴なリベラリストには悲しいことだが、他者性とは「相手のことが本当のところは分からない」ということである。「どんなときに幸せを感じますか」という質問に、ごく素朴に「自分のことを分かってくれたとき」と答える学生が多い。記号的な曖昧さがない名前や所属などは、ほぼ確実に伝わるだろう。しかし、ちょっと考えればわかることだが、自分の奥深い思いを完全に伝える表現力をどれだけの人が持っているだろう。そして、かりに表現できたとして、周囲のどれだけの人が自分が意図したように理解してくれるだろう。人それぞれの人生があり、その過程で構成されてきたシェマがある。同じ情報でも、受けとめ方は千差万別だ。この意味

では、コミュニケーションというのは誤解の連鎖にすぎないかもしれないのだ。だから、教育者が「相手にあわせれば理解し合える」と思った時点で、すでにズレている。というのは、何かをしても、それが「相手にあっている」保証はどこにもないからである。

では、他者性という現実を前に私たちができることは何だろう。それは精一杯の想像力を働かせることしかない。何か言う前に、「相手がどう思うかは本当のところは分からないが、おそらくはこう思うのではないか」とシミュレートしてから言う。また、周囲から何か言われたとき、「こういう意味だ」と早合点しないで、「ひょっとしてこういう意味で言ったのか」と考える。こうした努力が残されているだけである。

現在、教育者にも学習者にもこの種の努力が欠けている。学習者は、お客様気分で「興味の出るような話をしろ」という顔で座っている。高校から大学に模擬授業の依頼がくると、「高校生が興味を持てそうな話をご検討ください」と書いてある。しかし、興味はごく最初の印象を除けば、情報の受け手（学習者）が常に想像力をかき立てる努力をしなければ持続できない。ルネサンス時代のフランスの文人モンテーニュ（Michel Eyquem de Montaigne, 一五三三～一五九二）は、こう書き残した。

「偉大で崇高なものを判断するには、それと同じ心が要る。そうでないとわれわれ自身の中にある欠陥をそれに付与してしまう。」（『随想録』第一巻、原二郎訳、岩波文庫、一九六五年、一一九頁）

これは、重要なことを言っている。聞く側が、頭から「つまらなそう」と決めつけてしまっては、何も入らない。「一生懸命話してくれているんだから、何かありそう」と思えば、少し違って聞こえる。「きっと何か意味があるんだ」と思えば、話し手の意図以外のことまで汲みとれ

るかもしれない。教育者も、「こいつらに何をいっても無駄」と思っていたら、何も生まれない。モンテーニュによれば、周囲への敬愛の念がないことが判断を狂わせるということになる。「きっと何か得るものがある」と思える敬愛の念が、本当の意味で権威的な態度の放棄を可能にする。敬愛の念が深いと、目の前にいない人の気持ちも想像できるようになる。もちろん、その想像が正しいかどうかは分からない。しかし、その努力が自然にできていると素晴らしい。

日本の名作アニメに「ドラえもん」がある。のび太をいつもいじめるジャイアンの妹はジャイ子で通っているが、その本名は明かされていない。一般的には、ジャイ子はあだ名で本名は別にあるが不明ということになっているようだ。しかし、本名が明かされなかったのには別の理由があった。アニメスタッフの一人によれば、本名を考えようという話に対して、作者の藤子・F・不二雄（一九三三〜一九九六）は、しばらく考えた末に、「やっぱりやめましょう」と答え、その理由をこう述べたという。

「もし、名前を決めて、今それが、幼稚園、小学校に行ってる女の子の誰かと同じ名前の子がいたらきっといじめられるだろう。ジャイ子とお前、同じ名前だなあ、といじめられるだろう。それは可哀そうだから、やめましょう。」（テレビ朝日系「ドラえもん誕生物語〜藤子・F・不二雄からの手紙〜」二〇〇六年二月一九日放送）

ここで、藤子が目の前にいない読者や視聴者をリアルに想像できているのは明らかだ。知識人は抵抗しない紙を相手にしているというマルセルの批判は藤子の場合にはあてはまらない。藤子にあっては、紙に向かう際に、子どもたちの反応を常に念頭におくことが習慣化されている。それは、子どもたちへの敬愛によって可能となっているのだろう。そして、その敬愛がおそらくは「ドラえもん」を不朽の名作にしたのだろう。

他者性の承認とは、「人間は理解し合える」という素朴な期待を断念することである。こう書くと、第一章で人間どうしは「理解」しあう関係であると書いたではないかという声が聞こえてきそうだ。その通りである。補足しなければならない。人間どうしは理解に向かって「努力しあう」関係である。こう補足することによって、「受け入れるかどうかを相手に委ねる」という相手への敬愛が可能になる。そこで、自信喪失気味の教職志望学生の文章は、次のようにリライトされるのが妥当と考えられる。

「教師と子どもの間に信頼関係が築かれていなければ、授業であれ、生活指導であれ、子ども達は受け入れようとしない、身につけようとしない、と私は考えています。」

受け入れるか、身につけるか、それは子どもたちの自由であり、子どもたちの内面は分からない。それは他者だからである。そういうと、素朴に「教育の仕事は理解だ」と信じている者は、寂しいとか、難しいとか思うかもしれない。しかし、どのような未知の反応がもたらされるかと期待して、たえず働きかけのあり方を模索するというのは楽しい作業ではないのだろうか。

不確実性の承認

他者性の承認は、言い換えれば、教育という営みの不確実性を承認することでもある。「どう受けとめられるか分からないから、出たとこ勝負だ」とか「計画は無意味だ」という人は、前章に返ってもらわなければならない。教育において、「理論と実践はセットメニューである」。無計画な教育実践は、最初は学習者に自由なように受けとめられるかもしれないが、いずれ見放される。人間どうしの理解を説いたディルタイでさえ、こう書き残した。

「教育とは、成長した者が成長しつつある者の心的生を形成しようとする計画的活動で

ある。」（『教育学論集』、日本ディルタイ協会訳、以文社、一九八七年、一七二頁）

教育には十分な計画が必要だ。それは教育的役回りを担おうとする者の義務である。しかし、相手は他者であるという理由以外でも、計画通りにいかないさまざまな要因がある。

第一に、教育は予測不能という意味で不確実である。予測不可能というのは、ある結果を構成する要因をあらかじめすべて予想することはできないということだ。うまくいったと思っていたことが、あとで意外な結果を生むことがある。失敗したと思っていたことが、あとで意外な意味をもつことがある。生徒を叱って、「叱りすぎたかな」と反省していると、その生徒はしっかり受けとめたようでちょっと安心することがある。ところが、叱られていない生徒たちが、「あの叱り方はおかしい」などと言いだす。

また、教育者は自分の意図をすべてコントロールできるわけではない。無意識のうちに身についた習慣がある。これが意外に大きな教育的影響を生んでいることが、一九七〇年代以降の学校教育の研究から明らかになってきた。学習者たちが、自分を取り囲む環境の中から無意識のうちに学んでいる部分を、計画的組織的に営なまれているカリキュラム（形式的カリキュラム）に対して、「潜在的カリキュラム」(hidden curriculum) という。

たとえば、教師の話すクセ、板書のクセ、成績の悪い者に接する態度、大学で内職を黙認する態度などは、授業計画そのものではなく、多くの場合は無意識にとられているが、生徒・学生に大きな影響を及ぼしている。成績の良し悪しで教師の児童生徒への対応に差があると、成績の悪い児童生徒は、「自分は期待されていない」と思うだけでなく、「自分はダメだ」と思いこみ、自己肯定感をもてないという。また、内職を一切注意しない大学教授は、その気はなくても「大学の授業は聴かなくてよい」ということを暗黙のうちに教えていることになる。

潜在的カリキュラムは、教育者が自分の実践を振り返ったり、研究成果に学んだり、同僚から指摘を受けることで、ある程度は意識できるようになる。学習者への声の掛け方、板書の仕方などは、かなりコントロールできる。しかし、眼のまばたきや瞬間的な表情までコントロールは無理だ。そんなことまでコントロールしようとしたらおかしくなってしまう。教育者にできることは、人知を尽くしてコントロールできる部分は努力し、それでも完璧にはならないという事実を受け入れることだ。

第二に、教育は再現不能という意味で不確実だ。教育も人間の生の一部である限り、やり直しがきかないその都度一回きりの行為である。うまくいったかに思えた授業をもう一回することはできない。相手が違えば、同じようにはできない。相手が同じでも、相手のコンディションは違うし、そもそも同じ話をするわけにはいかない。教育者の側もコンディションは変わる。教科担任などの場合、一コマの授業をする場合、たいてい一回目はあまりうまくいかない。そこで反省して、二回目、三回目はけっこううまくいく。しかし、それ以降になると、慣れてしまった油断か、話をはしょってしまったりして、思ったほどうまくいかないことがある。

第三に、学習者は複雑系であるという意味で、教育は不確実だ。これは教育者にはありがたいことである。相手がコンピュータだとしよう。コンピュータに間違った指令をすればそれが学習される。プログラムに誤りがあれば、電車も銀行のＡＴＭも止まる。しかし、人間の場合は必ずしもそうではない。

学級には、あまり成績はよくないのに、教師の言い間違いのチェックは厳しい児童生徒がいる。教師は、「人のことより自分のことをしろ」と思いながらも、誤りを修正できる。

人間の行動は、多数の因子、または未知の因子からなるシステムだと考えられている。これ

を複雑系という。人間の行動は複雑系であるために、常に意図したとおりの反応は得られない。ゆえに教育は不確実だ。しかし、複雑系であるおかげで、教育者の意図せざる過ちが、そのまま受け入れられない場合もある。不確実性は、完璧ではない教育者にとっては救いでもある。

開かれた問い

とはいっても、教育者が「うまくいかなくてもしょうがない」という態度をとることは許されない。そこで教育者に求められるのが、「開かれた問い」という姿勢である。それは、自分が直面している課題が常に未決定のものであると考え、常に問いつづける姿勢である。

熱心なのに「開かれた問い」の姿勢がとれない教育者は、理論に依存するタイプに多い。データで出せることで考察しようとするあまり、「うまくいかないのは他の原因があるのではないだろうか」と思えないのである。科学的な実験で得られるデータは、既知の特定の条件のもとで得られるにすぎない。こんなアメリカン・ジョークがある。

警官「お嬢さん、こんな夜更けに街灯の下で何をしているの。」

少女「落し物を探しているんです。」

警官「この辺りに落としたの。」

少女「あっちの暗い所です。」

警官「じゃ何でここで探しているの。」

少女「だって、ここの方が明るいから。」

見える範囲で探そうというとき、問いの範囲はあらかじめ限定されている。問う姿勢が閉じている。かりに、そこでデータが得られたとしても、それは他の原因や可能性を排除して得ら

教師は子どもの前で
まごまごする能力が
ないといけない・・・

れたものである。それをもとに判断して実行すると、前章であげたプロクルステスのベッドのような過ちを犯さないとも限らない。ゆえに、他の可能性を留保するという姿勢が必要だ。

「他の答えがあるかもしれない」と思いながら自分がとりあえず立てた計画に自信をもつのは難しい。常に不安がつきまとう。そこで示唆を与えてくれるのが、教育哲学者の林竹二（一九〇六〜一九八五）が灰谷健次郎との対談で述べた言葉である。

「教師は、子どもの前で、まごまごする能力がないといけない。」（『教えることと学ぶこと』小学館、一九八六年、二六頁）

林は、「まごまご」という。「どきどき」ではない。上がり症は、少しずつでも治す努力がいる。「おろおろ」でもない。うろたえていてはしょうがない。「まごまご」とは、どうしてよいか迷う様子であるが、それがなぜ能力なのだろうか。迷っている姿など学習者に見せるべきではないのではないだろうか。

言うまでもなく、林はまごまごしていればよいという意味で、この言葉を言っていない。ここまで考えてきたことに基づいて林の言葉に向き合うと、その深い意味が想像できる。教育者は、当然の義務として、計画どおりにはいかないことがわかっていても、最善の努力を払って立案・実行しなければならない。そして、やる以上は自信を持って教壇に立つ。しかし、相手は他者であり、教育は不確実である限り、必ず想定外の事態に出くわす。

たとえば、授業中、思ってもみなかった質問が出たとしよう。自分の授業計画に固執していたり自信過剰だと、思ってもみない質問は計画の遂行を妨害するアクシデントとしてとらえられる。そこで、教師はその質問を軽く受け流すか、ひどい場合は無視する。

こうした対応が望ましくないことは言うまでもない。そこで「まごまご」である。相手の他者性と教育という営みの不確実性を承認するゆえに、想定外の事態を受けとめ、その結果、当初の計画はいったん停止か、変更を余儀なくされる。そして「まごまご」するのである。「まごまご」は、教育者が自分を見つめることのできる能力の現れなのだ。価値判断から回避したり、決断しないでいることではない。それも教育者としては無能である。

林竹二は、東北大学で教育哲学を講じ、宮城教育大学の学長となってから、日本の教育の未来を考え、全国各地の小中高等学校で出前授業を行った。その授業は、事前の徹底した教材研究から生まれたものであったが、授業における想定外の事態に出くわし驚くことを、林は何よりの喜びとしていた。そこには、不信にも軽信にも過信にも陥らない信念があった。

そうしたわけで、教育的態度をとるための第三歩。それは、「自信は持て、されど傲らず」と知ることである。

次章に向けて

京都市立伏見工業高校に赴任した山口良治(一九四三〜)は、ラグビー部の監督となる。しかし、「荒れた高校」として名の通っていた伏見工業の生徒たちとは、葛藤の時期が続いた。あるとき、喫茶店で煙草を吸っていた部員を見つけた山口は、練習に誘い出し、「お前を信じている」とだけ言った。この言葉をあなたはどう評価しますか。

第四章　思いもかけぬ？——教育の可能性

教育者は教え子に対し常に具体的に教育可能なものとして出会うが、教え子の教育可能性は、その制約の中でのみ現れてくる。

ヴィルヘルム・フリットナー

一　教育必要な存在としての人間

直立二足歩行からの出発

大学で最初の教育学講義を行ったカントは、その講義の冒頭でこう述べた。

「人間は教育によってはじめて人間となることができます。人間とは、教育がその人から作り出したところのものにほかなりません。人間が人間によってのみ教育されるということ、しかも同じように教育を受けた人間によってのみ教育されるということは注目すべき事実です。」（『教育学講義』伊勢田耀子訳、明治図書出版、一九七二年、一五頁）

カントがここで述べようとしたことは、人間は教育必要な存在であり、その教育はほかなら

ぬ人間によってもたらされるということであった。現在、このことを正面切って否定する人はいないだろう。しかし、他の多くの動物に比べて、どうして人間にはかなりの教育が必要なのだろうか。ここでは基本的な知見をおさえておこう。

人間が教育必要な存在となった背景としては、動物としてのヒトが直立二足歩行をとるようになったことが非常に大きい。直立二足歩行によって、ヒトは移動を後ろ足に任せられるようになり、前足が自由になった。やがて前足は手となった。手は、固い地面から離れて発達しはじめ、ものをつかんだり投げたりと、細かい作業ができるようになった。手を動かすには脳が発達していなければならない。逆に言えば、手を動かすなかで脳は発達する。そうすると、脳は肥大化していく。しかし、四足歩行では、頭はあまり重くなると支えられない。キリンの頭が人間並みの比率の大きさだったら頸椎骨折である。その点、二足歩行は重くなった頭を支えるのに適していた。こうして、手と頭が補いあいながら発達し、ヒトは道具を発明し、火を使用するようになる。焼いた肉を食べるようになると、感染症による死亡率が低下するとともに、良質のタンパク質の摂取によって脳はさらに発達した。そして、生肉を噛み切らなくてよくなると、牙が必要なくなり、牙を支える顔の筋肉は退化した。このことがまた脳の発達を促した。また、顔の筋肉が柔らかくなることで、単調な叫び声から複雑な音声を発する身体的条件も整ってきた。数百万年前、南アフリカの大地で二本足で立ち上がったことが、ヒトの本格的な知的発達を可能にしたと考えられる（三井誠『人類進化の七〇〇万年——書き換えられる「ヒトの起源」』講談社現代新書、二〇〇五年）。

生理的早産

二足歩行するヒトが教育必要な存在であるのは、もうひとつ大きな理由がある。スイスの生物学者ポルトマン（Adolf Portmann, 一八九七〜一九八二）は、比較的高等な動物を就巣性（巣に座っているもの）と離巣性（巣立つもの）に分類した。就巣性とは、生後のしばらくの間は巣にとどまり親の養育を受ける動物で、鳥類やネズミなどの下等哺乳類が属する。これに対して、離巣性とは、生後ごく短い間に巣立つ動物をさし、牛や馬などの高等哺乳類が属する。

では、ヒトは就巣性なのか離巣性なのかといえば、高等哺乳類であるのに、明らかに就巣性である。馬などは、生まれてその日のうちには四本足でたち、親馬のあとをついていく。これに比べて、生まれたばかりの赤ちゃんはほとんど無力である。この大きな原因がまた二足歩行である。母体が二足歩行では、胎児が十分に成熟するまで胎内においてはおけないのである。母体への負担が大きすぎるからだ。したがって、他の高等哺乳類と異なり、ヒトは非常に未熟な状態で誕生しなければならない。ヒトが二足歩行するまでには約一年が必要で、言語の使用にはさらに時間がかかる。もっとも、生まれてすぐに走り出されたり、「しんどい」などと言われては困るが。

いずれにしても、ヒトは未熟な状態で誕生し、発達のスピードが遅いために、生後の一定期間は養育や教育が不可欠である。そしてこのことは、動物がほぼできあがった形で誕生するために生後の選択の余地が制限されているのに対して、人間の生後の選択に広い余地を与える。ポルトマンは、こう記している。

「発達の緩慢さは、ただたんに身体の基礎的な状況と考えられるだけでなく、人間の〈世界に開かれた〉存在様式にそったものと思われる。」（『人間はどこまで動物か』岩波新書、一九六一年、一五二〜一五三頁）

〈世界に開かれた〉存在様式は、世界開放性とも呼ばれる。他の動物は、環境からの働きかけに対してほとんどなすがままである。人間は、誕生した時点では無力である反面、与えられた環境と宿命をとらえ、それらに働きかけることができる存在である。これが人間の世界開放性であり、ゆえに、教育は、世界に働きかける能力を身につけるため、人間にとっての必須の課題となる。生後数年の間だけでも、直立二足歩行をし、言語を習得し、洞察力や道具を使う技術的思考を身につけることが課題となる。そして、この発達は、あとからやり直すことが困難である（不可逆性）。ゆえに、人間の発達にとっては、初期段階の環境がとくに重要である。

教育からの隔絶

道徳的には、生まれてきた子どもを教育しないでおくなどということは許されない。教育において、実験ということは基本的になじまない。ただし、現実には、何らかの理由で教育から隔絶された子どもが存在する。

一七九九年、フランスで野生児と思われる少年が発見された。一一～一二歳と見られたが、感覚機能も退化しており、感情も示さなかった。フランスの医師イタール（Jean Itard, 一七七五～一八三八）は、この少年に五年間の教育実験を行った。彼によれば、感覚には発達が見られ、命令を受けたり、保護を求めたり、愛着を示すといった点で進歩がみられたが、知的発達には至らなかったという。いわゆるアヴェロンの野生児である。

一八二八年には、ドイツのニュルンベルクで一人の青年カスパー・ハウザー（Kasper Hauser, 一八一二？～一八三三）が保護された。身体能力も発達しておらず、わずかに話せる言葉も意味を理解しているとはいえなかったが、自分の名前を書くことができた。その五年後に暗殺されるまでに、言語はもとより音楽や詩作など幅広い教養を身につけ、過去の回想を著したことで、一七年にわたって地下牢に幽閉されていたことも明らかとなった。しかし、彼は周囲の社会に適合できない悩みを抱え続けた。

一九二〇年、インドで狼の巣穴から二人の少女が発見された。生後数年経っていると考えられたが、うなり声をあげ、四つ足で行動するという状態であった。二人はカマラ（Kamala, ?〜一九二九）とアマラ（Amala, ?〜一九二一）と名づけられ、アマラが一年後に死んだ後、カマラは二足歩行ができるようになり、わずかながら言葉を使うことができるようになったが、それ以上の発達は見られなかった。これは狼に育てられた少女として有名である（いわゆる野生児については、福村書店による『野生児の記録』シリーズ（七巻）がある）。

こうした事例については、記録の信憑性や解釈の妥当性をめぐって議論がある。しかし、子どもが教育から隔絶されるという事例は過去のものではない。一九七〇年、アメリカのロサンゼルスで、ジーニー（仮名）という少女が保護された。二、三の語を発する以外は、固形物を飲み込むこともできず、常によだれを垂らしていた。その後の取調べで、ジーニーに障がいがあると思い込んだ父が、ジーニーを監禁・虐待したことが判明した。その後、里親に養育されるようになるが、進展がないとされて生家に戻り、再び別の里親のもとを転々とした。そうしたなかで心を閉ざし、発達も見られなかったと伝えられている（S・カーチス『ことばを知らなかった少女ジーニー――精神言語学研究の記録』久保田競・藤永安生訳、築地書館、一九九二年）。

どのような教育の内容や方法がよいかという議論は尽きない。しかし、人間が教育必要であることを疑うことはできない。「物心つく」という言葉がある。世間のことや人情が分かるようになるということだが、そうなったときには、私たちはすでにある程度の教育を受けている。

日本近代の文豪・芥川龍之介（一八九二〜一九二七）の短編小説に『河童』がある。誰彼となく同じ話をする精神病患者の話をまとめたという設定の話である。ここでは、人間界とは逆転しているという河童の世界が描かれる。そのなかに、出産を前にした河童が、胎児に生まれてきたいかどうかを尋ねるシーンがある。河童の世界は、胎児が誕生を望まなければ生まれてこないですむものとして描かれている。しかし、私たちは、『河童』での話のように、誕生直前の子どもに教育を受けるか否かの承認をとることはできない。私たちは皆、わけのわからないうちに生まれ落ちた世界に巻き込まれていく。受けてきた教育を疑うことができるのは、世界に巻き込まれたおかげである。そして、教育を疑うことができるのは、すでにかなり教育を受けた後のことである。皮肉なことに、教育を疑えるのは教育のおかげである。この意味で、いかなる人間も、自由な決断として、教育必要性から降りることはできない。

二　教育可能性をめぐる論争

教育的悲観主義

人間が教育必要な存在であるという限り、人間は教育可能でなければならない。しかし、どのくらい教育可能であるかについては、悲観的な立場と楽観的な立場の両論があった。人間の欲望を厳しく見つめ、それを抑制することに関心が払われてきた長い間、人類は教育の可能性については悲観的であった。超越的な神の存在や運命による支配を信じていればなおさらである。そこでは、人間の出来不出来は、なるようにしかならないことであり、その運命を潔く受け入れることが重要であるとされた。

時代が下った近代や現代にも教育可能性への悲観的立場は存在する。たとえば、ドイツ一九世紀の哲学者ショーペンハウアー（Arthur Schopenhauer, 一七八八～一八六〇）は、こう記した。

「人間はいっさいの認識に先立ってすでに自分で自分を作り上げている作品である。（中略）このような人になりたい、あのような人になりたい、と決心して人間にはできるものではなく、また、別人になるなどということが不可能なのもそのためである。」（『意志と表象としての世界』Ⅱ、西尾幹二訳、中公クラシックス、二〇〇四年、二九一頁）

人間の意志や行為に自由な余地はなく一定の法則によって決定されるという主張を決定論というが、ショーペンハウアーのような主張は、性格決定論などと呼ばれる。この考え方は、人間性に技術や教育が介在する余地を認めない。現代においては、ヒトの能力や行動なども含めてすべてが遺伝子によって決定されているという遺伝子決定論をとる研究者がいる。

ヒトの遺伝子は三〇億の塩基対からなるといわれるが、一九八八年にヒト・ゲノム機構が発足し、アメリカ・EU・日本が中心となり、遺伝情報を解析しようとするヒト・ゲノム解析計画が展開されてきた。遺伝科学者は、遺伝情報が解明されれば、遺伝病等の多くの疾病の治療に役だつと胸を張る。また、患者一人ひとりの遺伝情報に対応したオーダー・メイド医療が進むともいわれている。たしかに、そうなればありがたいことだ。

しかし、遺伝情報がすべて明らかになったとき、人間は大きな問題に直面するという指摘がある。受精卵の段階で、将来、発症する疾病や予想余命が分かってしまったら、その人間に自由はあるのだろうか。遺伝情報がＩＣカード化された保険証に書き込まれるようになったら、最適な治療が受けられるかもしれないが、知り合った男女は自己紹介で保険証を交換し、「五三でガンになるから、つき合えません」などと振られないとも限らない。さらに技術が進歩して、遺伝子を選ぶことができるようにでもなったら、好みの髪の色、身長、知的・身体的素質をもった子どもをオーダー・メイドできるようになるかもしれない。

このように、遺伝科学の発展によって、二一世紀は人間存在の意味が深刻に問われる時代といわれている。私たちが生きていかねばならないのはこうした時代であるがゆえに、遺伝科学の動向には無関心ではいられない。ただ、教育という営みについていえば、決定論的な考え方は、人間の先天的性質を重視するために、後天的に関わろうとする教育にそれほど大きな可能性は認めないということはおさえておく必要がある。

教育的楽観主義

教育の可能性に楽観的な態度が生み出されたのは、人類の歴史においては、そう古いことではない。すでに何度か触れているが、ヨーロッパ一八世紀に普及した啓蒙主義の影響は大きい。啓蒙主義は、人間を理性的な存在と見なし、それを拘束する伝統や慣習を取り除き、理性の光を当てさえすれば、人間社会には無限の進歩がもたらされるとした。ゆえに、啓蒙主義者たちは、社会改革の手段として教育を重視した。第二章で経験主義に触れた際にとりあげた啓蒙主義の先駆者ロックは、こう記した。

「われわれが出逢う万人の中で、十人の中九人までは、良くも悪くも、有用にも無用にも、教育によってなるものだと言って差し支えないと思われます。教育こそ、人間の間に大きな相違をもたらすものです。」（『教育に関する考察』服部知文訳、岩波文庫、一九六七年、一四頁）

ロックの考え方は一八世紀のフランスにもたらされ、教育は人間を改善するもっとも重要な手段と見なされた。たとえば、フランス一八世紀の哲学者エルヴェシウス（Claude Adrien

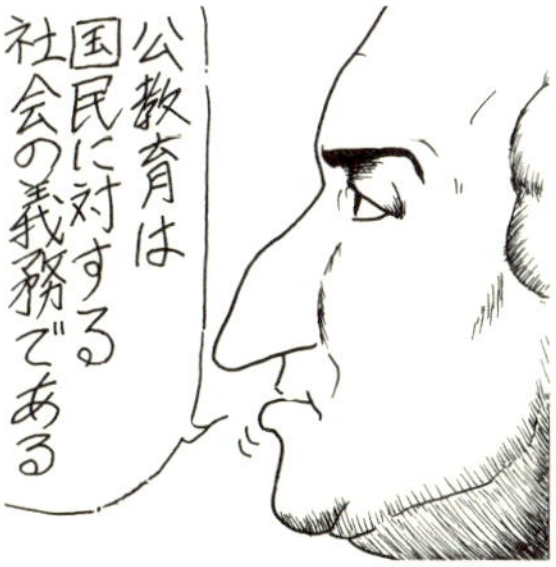

Helvetius, 一七一五～一七七一）は、「教育はすべてを行いうる」とまで述べた（『人間論』根岸国孝訳、明治図書出版、一九六六年、一五二頁）。

しかし、当時は教育機会が著しく制限されており、教育を普及することが社会的課題として認識されることになった。教育が普及しないために、迷信や圧政が社会を支配するのを許しているというわけである。一八世紀フランスの数学者・哲学者コンドルセ（Marie-Jean-Antoine Nicolas de Caritat, marquis de Condorcet, 一七四三～一七九四）は、フランス革命期の立法議会（のち、国民公会）に参加し、教育の歴史上もっとも重要な提案のひとつを示した。

「公教育は国民に対する社会の義務である。人間はすべて同じ権利を有すると宣言し、また法律が永遠の正義のこの第一原理を尊重して作られていても、もし精神的能力の不平等のために、大多数の人がこの権利を十分に享受できないとしたら、有名無実にすぎなかろう。」（「公教育に関する第一覚書」松島鈞訳、『公教育の原理』明治図書出版、一九六九年、九頁）

この提言に先だって、「フランス人権宣言」（人間と市民の権利の宣言）が発表され、人間の生まれながらの平等が宣言されていた。しかし、いくら平等であるとされたところで、個人が自己の権利を主張・実現する能力がなければ意味がない。ここに、教育は人権の条件として位置づけられることになった。さらに、コンドルセの提案は義務・無償・中立という近代公教育の三原則を先取りしたものだった。あらゆる人への教育の普及には義務教育が求められる。しかし、無償でなければ、経済格差によって教育の普及は妨げられる。また、教育内容が特定の思想や宗教に偏っていては、やはり教育の普及は困難である。

コンドルセの提案は提案に終わったが、一九世紀後半になると、ヨーロッパの強国で近代的な公教育制度が成立するようになった。第二章で触れたように、ここには、国民国家において

学問のすゝめ
学問を勤めて
物事をよく知る者は
貴人となり
富人となり
無学なる者は……

階層対立を越えた国民の一体性を実現しようとする政治的意図があった。しかし、建前としては、公教育制度の確立は人間の教育可能性を実現するための普遍的な目標とされた。イギリスでは一八七〇年に初等教育法が、フランスでは一八八三年に公教育法（フェリー法）が制定された。そうしてみると、江戸時代の鎖国にもかかわらず、近代日本が公教育制度の確立に着手したのは驚くほど早かった。一八七二年に太政官布告として示された「学事奨励に関する被仰《おおせ》出《いだされ》書《しょ》」（学制序文）には、

「人民　華士族卒農工商及婦女子必す邑《むら》に不学の戸なく家に不学の人なからしめん事を期す」

との文言がある。ここには身分・性別・地域を越えて教育を受けられるようにする、という国家としての決意が宣言されている。この国民皆学の理想は、役に立つ知識を身につけ、それによって身を立て豊かな生活を実現すればよいという立身出世主義をうたった限りで自由主義的であった。ただし、学校の設置や就学は民費負担であるとされた。

明治の代表的思想家・福澤諭吉（一八三五～一九〇一）が『学問のすゝめ』を著したのは、これとほぼ同時期である。冒頭の「天は人の上に人を造らず、人の下に人を造らず」が有名なために、福澤は平等主義を説いたと思われているが、ロックと同じように、人間に差を生み出すのは学問の有無であると明言して、こう記した。

「人は生まれながらにして貴賤貧富の別なし。ただ学問を勤めて物事をよく知る者は貴人となり富人となり、無学なる者は貧人となり下人となるなり。」（『学問のすゝめ』岩波文庫、一九七八年、一二頁）

「あらゆる人に教育を」という訴えは、教育的楽観主義の社会的表現といえる。二〇世紀後

半は教育爆発の時代と呼ばれ、量的にはグローバルなレベルで学校教育が普及し、質的にも初等教育ばかりでなく、中等教育や高等教育の普及が目標とされるようになった。二一世紀に入り、日本の四年制大学の進学率は四〇％を突破した。

二〇世紀において、学校制度の普及とともに、教育的楽観主義を促進したのは、前章でとりあげた行動主義である。これは、遺伝子決定論とは反対に環境からの刺激を調節することで行動を予測しコントロールできるという環境決定論であり、教育に無限ともいうべき可能性を認める。前章で引いたワトソンの言葉には、才能・性向・適性・能力・人種を問わず、どのような人間も教育可能であるという確信が示されている。

ワトソンのような立場は極端であるが、その後、行動主義を引き継いだスキナー（Burrhus Frederic Skinner, 一九〇四～一九九〇）が、学習のプロセスを刺激－反応－強化ととらえる立場からプログラム学習を提唱した。プログラム学習は、学習段階を細分化し、個人差に対応し、学習者の反応に積極的に応え、さらに学習結果に応じたプログラムを修正していくという原理から なり、教育方法の科学化に貢献した。また、こうした研究は、当時、アメリカで開発されていたティーチング・マシンの進歩にも影響を与え、コンピュータの発達によって、今日のようにコンピュータを導入した教育（CAI, Computer Assisted Instruction）が行われるようになった。こうした分野の研究に関わる教育工学は急成長を遂げている。

第一章で見たように、豊かな社会に移行すると教育依存が高まる。早期教育やお習い事の流行はとどまるところを知らない。現在では、〇歳から水泳を教えるスイミング・スクールや幼児に遊びを教える塾まである。子どもどうしが遊びのなかで身につけていたことまで教えられるようになっている。また、少子化と治安の不安で外遊びの機会も失われ、スポーツ教室は急増し、スポーツは「習うこと」となっている。早期教育に積極的な親は、それが子どもの可能性を引き出せると信じて疑わないが、子どもの意思も確かめられないうちにお習い事をさせることを戸惑う親もいる。教育依存は教育的楽観主義の行き着いた先ともいえる。

教育可能性のありか

「遺伝か環境か」「氏か育ちか」は、かつては教育学の論争点であった。しかし、今日では、そうした二者択一的な考え方ではなく、遺伝と環境の相互作用を重視する輻輳《ふくそう》説が一般的理解となっている。「遺伝か環境か」ではなく、「遺伝も環境も」ということだろう。ただし、逆に言えば、教育の可能性は、遺伝と環境によって制限されている。ヘルバルトは、すでに一九世紀にこう記していた。

「子どもの未規定性は彼の個性によって制限されている。そのうえ教育による規定可能性は境遇並びに時代の状況によって制限されている。成人の個性は内面的に次第に形成されるのであって、教育者によって達成され得るものではない。」(『教育学講義綱要』、四頁)

教育は遺伝等の学習者の個性・素質、他方では社会的・歴史的環境によって限定される。また、前章で見たように、他者としての学習者の発達は、教育者の意図とは必ずしも一致しない。教育の可能性を全面的に肯定するべきでもないし、逆に否定するべきでもない。ゆえに、ヘルバルトは、「宿命論か自由論が認められるような哲学体系は教育学から除外される」(同、三〜四頁)とした。宿命論は教育の可能性に懐疑的であり、自由論は教育は何でもできると主張する。教育の悲観論も楽観論もとらず、その中間の現実主義にこそ教育可能性はあるというのがヘルバルトの主張であろう。たしかに、こうした現実主義的な態度によって、「なるようにしかなら

ない」という放任も「なんでもできる」という引き回しもともに避けることができるだろう。

三　教育可能性の実践的意味

教育可能性論議の袋小路

教育可能性についての論議は、教育学の歴史において重要な位置を占めてきた。しかし、教育者が学習者と向き合う場面においては、いまひとつリアリティーがわかない話である。教育者は、多かれ少なかれ教育可能性を信じているから教育を実践している。教育可能性などというと、「改まっていうほどのことではないだろう」という話にもなりかねない。そこで、教育可能性の問題を実践的に考えてみる。

教育的な関わりの目標は学習者の発達である。「発達する」は英語で**develop**だが、これは「巻き込まれてあるものが外に出る」というのが元の意味である（原聡介他『教育と教育観』文教書院、一九九〇年、二五頁）。この対義語が**envelop**だが、これは「包む、覆う」を意味し、名詞形の**envelope**は「封筒」のことだ。昔の西洋の手紙は、文章を書いた紙を丸めてロウをたらしてスタンプを押して封をしたものだった。**envelop**は、書いたものを「巻き込む」という意味だ。こうした語義でいけば、教育者にとっての発達とは、個性や素質、つまり学習者の中に書き込んであることを見極めて、それが開化するように手助けするということになる。

桜は桜を咲かせる。それが桜にとっての発達だ。もし、害虫にやられたりして、花を咲かせられなければ発達不全ということになる。SMAPが歌った「世界に一つだけの花」ではないが、世界でただひとつの存在である自分という花を咲かせたいというのは、誰もが抱く願望だ。

しかし、本章で見てきたように、動植物に比べ、人間は幅広い選択肢が与えられた存在である。「こうなったら発達」という統一の基準はない。ある人間が何を咲かせることができるかは、教育者はもちろん学習者本人にすら本当のところは分からない。二〇世紀フランスの実存哲学者サルトル（Jean-Paul Sartre, 一九〇五〜一九八〇）が言ったように、「人間は自由の刑に処せられている」のである（『実存主義と何か』伊吹武彦他訳、人文書院、一九九六年、五一頁）。

たとえば、ある子どもに音楽の才能があるとする。しかし、才能（教育可能性）があるかどうかは見えない。ヴァイオリンやピアノは早期教育を受けないと十分に技術を習得することは難しい。この場合、子どもが音楽を始めるのは、多くの場合、教育者の好みや期待である。「この子は楽器を放さなかった」と言い、子どもの主体性を強調する親がいるが、子どもを楽器に触れさせること自体、親の意思である。

教育可能性の有無は、前もっては分からない。これは遺伝科学が相当進んでも事情はそう変わらないだろう。教育可能性の有無は、たとえば後になって音楽家として認められたら、「音楽の才能があった」と一応いえるということにすぎない。親は「自分の目に狂いはなかった」と喜び、子どもも「自分には音楽の才能があった」と思い、音楽の道に進ませてくれた親に感謝するだろう。しかし、それは音楽を選んだからで、ひょっとしてスポーツの才能もあったのかもしれない。しかし、スポーツを選ばなかった以上、それは分からない。教育可能性は、選択した課題の達成度に照らして、あとから意味づけることができるだけである。

そうしてみると、教育可能性は、家庭環境や社会環境に左右される面が大きいことが改めて実感される。可能性を見極めるといっても、まずは親の好みで子どもに何かをやらせ、嫌そうにしたら少し気を紛れさせてやり、よほど嫌がらなければ続けさせ、納得してやるようになったら応援する、というのが一般的だろう。

教育という営みに懐疑的な人は、そうした関わり自体を教育可能性への介入だと見なすかもしれない。しかし、それはあまりにナイーヴだ。では、生んでおいて放置しておいてよいのかということになる。ほとんど無力な状態で生まれてくるヒトの子どもは、他の動物の子とは違って、格段に教育必要な存在である。教育をしないという選択はない。

しかし、多くの子どもたちのなかには、どうもあまり向いていないと思われるにもかかわらず、教育者の思いこみでスポーツや音楽をさせられているように見える場合もある。教育者が原理主義者のような確信をもっていると、子どもが気の毒にもなってくる。何でもやればよいというわけではない。前章の議論で言えば、「教育の量と質とタイミングを考えるべきだ」「子どもは本当のところは分からない他者である」ということになる。

とはいえ、他者性をあまりに強調すると、学習者と深く関わることはできなくなってしまう。こうして、私たちは、教育可能性に関して、「どこまでしていいのか」という問題で堂々めぐりに陥ってしまう。

信念としての教育可能性

教育可能性に関する堂々めぐりは、教育可能性が種のように子どものうちに内在しているというシェマから生じていると考えられる。これは生得観念論といわれ、現在ではほとんど認められていない。では、子どもの精神を白紙と見なし、何でも書き込めると考える立場に問題がないかといえば、そうもいえない。というのは、教育者の刺激を受容できる可能性を一方的に子どものうちに認めているからである。

では、教育可能性の堂々めぐりから脱出するためにはどうすればよいのだろうか。ひとつの見方として、教育可能性を学習者の問題ではなく、教育者の側の信念としてとらえる立場がある。ただ、この信念が行きすぎれば、前章であつかった他者性の承認はできない。教育者の意図の内で、学習者は〈それ〉となってしまう。では、学習者が手段化されることなく、教育可能性の開化が教育者と学習者の双方に共有されるような可能性は、どこにあるだろうか。ここで、本章の冒頭にあげた二〇世紀ドイツの教育哲学者フリットナー（Wilhelm Flitner, 一八八九〜一九九〇）の言葉をみよう。

「教育者は教え子に対し常に具体的に教育可能なものとして出会うが、教え子の教育可能性は、その制約の中でのみ現れてくる。」（『一般教育学』島田四郎・石川道夫訳、玉川大学出版部、一九八八年、一二九頁）

フリットナーは、学習者の教育可能性は、教育者が学習者を教育可能であると信ずることのうちに現実化するきっかけを得るという。たしかにそうだろう。親が子どもに、「この子はサッカーができそうだ」と信じなければ、サッカー教室に入れたりしてお金をつぎ込んだりはしない。サッカーをまったくさせずに、サッカー選手の可能性が開化することはない。教育者が学習者を信じることは、学習者の可能性が開化する出発点である。

「荒れた高校」として知られた京都市立伏見工業高校に赴任しラグビー部の監督となった山口良治は、部員の生徒たちとの間で、練習試合をボイコットされるなど、激しい葛藤を経験した。しかし、自分の可能性を信じられず、さまざまな誘惑に負けてしまう部員たちに、彼は、「お前を信じている」というメッセージを送り続けた。そして、高校ラグビーの名門・花園高校との試合で一一二対〇で大敗した伏見工業は、そのわずか一年後、すさまじい練習の末に奇跡的な勝利を手にした。このエピソードは、「スクール・ウォーズ」としてテレビドラマ化されるなど、教育可能性の生きたドラマとして語り継がれている。

山口が生徒を信じたことと伏見工業が花園に勝ったことは、因果関係では説明できない。「教師が信じれば生徒は伸びる」というのはスローガンにはなるが、法則ではない。では、山口が信じたことには意味がないのだろうか。当然、意味はある。山口が生徒を信じるのをやめ指導を放棄したら、花園に勝つことができなかったのはまず間違いない。この意味で、山口の行為を単に「熱血」というだけでは十分な理解とはいえない。

学習者を信じるとき、学習者の可能性が開化するきっかけが生まれるが、その可能性は教育者の予想を良い意味でも悪い意味でも裏切る。それもまた、学習者が他者だからである。そもそも、ある刺激を与えたのに対して型通りの反応が返ってくるのを可能性と呼ぶだろうか。可能性は英語では potential だが、それは潜在していて目に見えないゆえに、顕在化したときは予想を超えるものであることが含意されている。可能性は教育者の意図を超える。

教育者が学習者を信じることは、学習者を教育者の意図に縛りつけるかのようにとらえられることが多いが、それは違う。学習者への信頼が深いとき、学習者は自由な決断として目前の課題に取り組むようになる。

可能性の見極め

しかし、山口のような実践に対して、「なかには部を去った者もいたのではないか」「指導は完璧で何の問題もなかったといえるのか」といった疑問を投げかける者がいるかもしれない。教育バッシングの時代である現在、感動的な教育のドラマも懐疑の目から免れることはできな

い。もちろん、事細かに見ていけば、どのような実践にも問題点を見つけることができる。しかし、そうしたあら捜しは「木を見て森を見ず」な評価に陥っていることが少なくない。たとえば、部を去った者がいたとして、それもまた基本的には自由な選択でそうしているのである。そして、部を去った者は、中途半端な練習では分からなかった「自分の見極め」ができたということを見過ごすべきではない。

登竜門という言葉がある。立身出世のための関門という意味で使われる。中国の黄河に竜門という急流があり、鯉が竜門を昇りきれば竜となることができるという言い伝えから、この言葉ができたと言われる。江戸時代に町人階級から生まれた端午の節句の鯉のぼりも、この故事に由来する。

竜門の鯉は、当然のことながら、すべてが昇りきることができるわけではない。中国唐代の詩人・白居易（白楽天、七七二〜八四六）は、そんな竜門を昇りきれずに額に傷を負った魚のことを思い、「点額魚」という詩を詠んだ。

「見説《きくなら》く天に在りて雨を行《や》るの苦、竜と為《な》るは未《いま》だ必ずしも魚と為るに勝らず、――聞けば、竜になれば、天に昇って、雨を降らせる苦しみがあるそうだ。そんな苦しみをするよりは、永く魚となって自由に泳ぎまわっている方が、或《ある》いは却ってましかも知れない。」

（『続国訳漢文大成』文学部第一一巻、東洋文化協会、一九五七年、六九一頁）

白居易は、民を思って為政者を諫《いさ》めたのが災いして左遷の憂き目にあい、栄誉栄達の人生を放棄した。「何も竜になるばかりが人生じゃない」「自分は鯉でいい」というわけだ。この詩は、一読すると、「出世コースから降りる人生もあり」というメッセージなわけで、仕事に疲れたサラリーマンや進路選択で迷う学生には、一種の癒しになるのかもしれない。ストレスの強い現在、世の中には、「無理しなくていい」「頑張らなくていい」というメッセージがあふれている。

しかし、白居易がなぜ「鯉でいい」という見極めをできたかを考えればよい。それは、政治の世界でできるだけのことをしたという実感があるからだろう。政界から離れた白居易は、文人として世界の文学史上に名を残した。政界で竜にはならなかったが、文学界では竜になり、後世の私たちにとって、彼は当時の政治家よりもはるかに重要な存在であり続けている。

竜門の鯉には竜門を昇る以外の選択肢はない。これに対して、人間には、ある道を断念しても無限といってよいほどの他の選択肢がある。スポーツをする者がすべてプロ選手になれるわけではない。多くの夢やぶれる者がいる。それは競争の世界なのだから仕方がない。それを不平等だというようであれば、そのような社会から卓越した者はまったく出なくなってしまう。活力も個性もない人間ばかりになってしまう。

判官贔屓《ほうがんびいき》という言葉がある。兄の源頼朝（一一四七～一一九九）によって死に追いやられる（九郎判官）義経（一一五九～一一八九）を哀れんでしまう素朴な人情から、弱者や敗者の方をひいきにする考え方をいう。判官贔屓は自分をヒューマニストだと思っているかもしれない。しかし、本当にやりきった末に見極めをした者は、判官贔屓な同情を快くは思わないだろう。日本人は判官贔屓的なメンタリティーが強いといわれる。このことは、教育可能性を開化させる風土としては感心したものではない。

一九九八年（平成一〇年）の学習指導要領の告示によって、教育内容が大幅に削減され、いわゆる「ゆとり教育」路線が展開された。そのなかで競争は避けるべきことと見なされ、それがひとつの要因となってか、運動会から徒競走が消えた。さらに、走るのが苦手な児童がつらい思いをせず、なおかつ競り合う喜びも体験できるようにと、ワープ・リレーが考案された。走るのが苦手と思う児童は、コースをショートカットできるのである。

ここには、ひとつの錯誤があるように思える。教育者は、すべての学習者の成長にとりくまなければならない。皆、平等に成長し課題を達成していったら、それほど嬉しいことはない。しかし、学習者の間に身体的・知的・道徳的差があるのは事実である。それにもかかわらず、学習者の間に差が出ないようにすることばかりを目的とするのでは本末転倒である。表面的な平等をいうあまり、個々の学習者が自分の素質や将来をリアルに見極める機会が奪われてしまう。これは悪平等である。

こういうと、エリート主義ではないかという反論があるだろう。しかし、向いている（可能性がある）か、向いていない（可能性がない）かの見極めは、何かをして、その結果を突きつけられないと分からない。見極めの機会が与えられなければ、可能性はいつまでも可能性のままである。着地点を考えない可能性はファンタジーである。

詳しくは第七章で考察するが、現在、可能性を保留することで自己肯定を図るという生き方が見られる。失敗や挫折の経験に乏しいことやそれによる失敗恐怖が強いためか、決断や実行を先延ばししてしまうのである。夢をあきらめる挫折感は受け入れたくない。しかし、実行してみて失敗するのはもっと怖い。こうして、不活発な時間が過ぎてしまう。かつて、学歴や専門職に現在よりも高い価値が認められていた時代には、医学部合格や司法試験合格をめざして何年も浪人するという、別なかたちの「見極めの先送り」があった。この場合は、現実的な価値判断、成熟した判断としての「妥協」が求められる。こうした問題がなくなったわけではないが、現在では、可能性を保留する宙吊り（サスペンド）的な生き方が問題といえる。

教育者の重要な役割のひとつは、学習者が可能性の見極めに悩んでいるとき、ひとつの方向

を提示することである。あるときは背中を押してやり、あるときは潔く諦めることを勧めなければならない。とくに後者は、学習者の恨みを買う場合が少なくない。そんなとき、ウィットに富んだ言葉が意味を持つ。「三年B組　金八先生」には、こんなシーンがある。学級の秀才・森山良隆が難関の開英高校の受験に失敗し、自暴自棄になってしまう。しかし、心のどこかで諦めきれずにいるのを見て、金八は良隆に「諦」という字を書かせ、こう語りかける。

「言に帝、王様にしかできない決断、それが諦めるということ、でも、この字、昔は明らかにするっていう意味があったんだ。良隆、開英をすっぱり諦めろ。そうすれば君の将来は明らかになる。」（第五シリーズ、二〇〇〇年二月二四日放送）

ところで、ある課題に向くとか向かないというのは、学習者がそこに巻き込まれていくか否かが大きく関わっている。学習者を取り巻く世界が自分を巻き込むこと（envelop）に対して学習者が肯定的であれば、学習はとりあえずは進み、あるレベルまでは到達する。逆に、学習者が環境に巻き込まれることに抵抗感が強いと、学習は成立しにくい。いちいち文句を言ったり、すぐに拗《す》ねたり、気が散ったりでは、何ものにもならない。社会のなかで人間が発達する（develop）のは、自分の中身を外に出す（develop）と同時に環境が自分を巻き込んでいく（envelope）かたちで進んでいく。

通常の学校教育よりも、お稽古ごとで学びが成立するのは、学びに入る時点で、その共同体に巻き込まれているからである。たとえば、剣道を習うとすると、道場にいった時点では、すでに習うための心の準備ができているようなものである。無意識のうちに巻き込まれることを学べるという点では、お稽古ごとの効用は大きい。

いったん物心がついてしまうと、何か新しいことを始め、そのことに巻き込まれていくのに、どうしても抵抗感が生じる。なかには、そうした抵抗感が小さい者もいるが、そんな「強い個人」はまれだ。だから、教育者の「信じている」というメッセージは力になる。このメッセージを深く受けとめた者たちは、自分の可能性にかけて歩き始めることができる。教育者の仕事は、学習者に可能性を見極める機会を提供し、助力することだ。

こうして、「後生《こうせい》畏るべし」という姿勢が、教育的態度をとるために求められよう。後発の世代には、先生にはもうあまり残されていない未来がある。後生の未来の実力は予測不能である。ゆえに、「このくらいでいい」とか「無理しなくていい」というのは、一見、優しいようだが、学習者の可能性を自分の尺度で測る蔑視的態度である。もちろん、期待するといっても、ぞんざいだったり乱暴だったりではいけない。それでは、学習者の「巻き込まれよう」とする思いを削いでしまう。教育者にできることは、予想外の可能性があるかもしれない学習者に対して、畏れと慎みをもって接することだけである。

教職に就いたらクラブ活動に力を……
ずっと陸上やってたんで！
NOWADY

次章に向けて

ある教職志望学生が、教職に就いたら何に力を入れたいですかという質問に対して、「小中高大と陸上をやって多くのことを学んだので、教職に就いたらクラブ活動に力を入れていきたいです」と答えました。これについて、どう考えますか？

第五章　かわいい子には？——保護と解放

生活は決して学校ではない。
オリヴィエ・ルブール

一　教育のありか

いたるところにある教育

高校に模擬授業に行き、「教育と聞いて何を連想しますか」と尋ねると、学校・先生・教科書など、条件反射といってよいような答えが返ってくる。しかし、言うまでもないことだが、教育は学校の専売特許ではない。

教育という営みは、狩りの技術や集団の慣習やタブーなどを親や集団を通して伝達するところから始まったと考えられている。人間以外の動物でも、親が餌の捕り方を教えるような例はあるが、道具と言語を用いる人間には、質量ともに比較にならないレベルの教育が必要である。デューイはこう記している。

「社会は、生物学的生命と全く同じ程度に、伝達の過程を通じて存続する。この伝達は年長者から年少者へ行為や思考や感情の習慣を伝えることによって行なわれる。集団生活から消え去って行こうとしている社会の成員から集団生活の中へ入って行こうとしている成員への、この理想や希望や期待や規範や意見の伝達なしには、社会の生命は、存続できないだろう。」(『民主主義と教育』上、松野安男訳、岩波文庫、一九七五年、一四頁)

こうした社会の存続(再生産)のために年長者から年少者に習慣の伝達がなされる過程を、デューイは「非形式的教育」(informal education)と名づけた。こうした広い視点に立つと、教育とは人間の生きるすべてだといってよい。

子どもへのしつけは、「三つ子の魂百まで」と言われるように、きわめて重要な教育だ。また、子どもどうしの遊びも重要だ。とくに、自分たちでルールを決めて行われる外遊びは、自発性や創造性の基盤になると考えられている。学校に通うようになっても、学ぶのは学校が公的に教えることだけではない。教師との関係だけでなく、友人関係、恋愛等、さまざまな人間関係の持ち方を学ぶ。アルバイトやボランティアをするようになると、その活動のなかでもさまざまなことを学ぶ。また、地域社会のお祭り等の行事やスポーツも重要な学びの場だ。そして、本格的に働き始めると、上司や先輩から叱られたりアドバイスを受けながら学ぶ。

人間は、ともに社会生活を営むなかで相互に影響を及ぼしあいながら形成されていくのであり、人間生活のいたるところに教育があるといえる。教育はいつでも・どこでも行われている人間社会の基本的な機能といえる。

学校の誕生と拡大

しかし、現在では、学校を抜きに教育を語ることはできない。学齢期の子どもたちは、睡眠時間を除いた活動可能な時間の多くを学校で過ごすように求められる。

そんな学校は、文明の歴史とともに古い。紀元前四千年頃の古代メソポタミア文明の時代には、すでに学校があったことが明らかになっている。イラクのウルク遺跡から出土した粘土に刻まれた楔形文字の文書から、学校が成立していたことが明らかになったのである。ある粘土板には、こう記されていたという。

「天のように基礎を固められた家、水がめのように亜麻布をかぶせられた家、鶩鳥のように広い場所に立つ家、目の見えない者として入り、目が見える者として出てくる家。その答えは『学校』。」（『メソポタミア・文明の誕生』吉川守編、日本放送出版協会、一九九〇年、三五頁）

なかなか意味深長ななぞなぞだ。ウルク期の集落は、口頭のコミュニケーションだけで社会を維持するのは難しい規模に達していた。そこで、文字文化が不可欠となり、読み書きを教える組織的な教育が必要となる。実際、この学校は、官吏の養成を目的としていたと考えられている。そして、すでに学校に進むか否かが、見える者と見えない者との分岐点だと考えられていた。デューイは、社会の制度化とともに成立した組織的な教育を「形式的教育」(formal education) と名づけ、こう記している。

「文明が進歩するにつれて、子どもたちの能力と大人たちの仕事の間のギャップは拡大する。大人たちの仕事に直接参加することによる学習は、あまり進歩していない仕事の場合のほかは、ますますむつかしくなる。（中略）こうして大人の活動に有効に参加する能力は、この目的を目ざして前もって与えられる訓練に依存することになるのである。」（『民主主義と教育』上、二二頁）

文字文化が発展すると、その習得には一定の時間を要するようになる。ゆえに、労働に就く以前の修学の期間が必要となり、大人と子どもの社会的役割が分離されていく。

とはいえ、形式的教育はごく一部の階層に限られた時代が長く続いた。日本の奈良時代、中央には大学、地方には国学がおかれた。江戸時代には中央に昌平坂学問所、各藩には藩校が設けられた。しかし、これらの学校は基本的に支配階層のためであり、公的な教育機会は独占されていた。民衆の教育は、基礎的なレベルに限られていた。

そうした状況に根本的な変化をもたらしたのは、すでに第二章で見たように、国民国家の成立であった。国民国家は、個々の家庭や地域社会の独自性を超えた国民としての共通性や一体性の実現を国民教育に期待した。すでに一八世紀にルソーは記していた。

「子どもの教育は、父親の知識や偏見に放置されるべきではなく、それは父親よりもむしろ国家にとってより重要なものである。（中略）公共の権威が、父親達の地位に代わって、この重要な役割を引き受け、父親達の義務を果たすことによってその権利を獲得するならば、彼等は多く不平を言うには当たらない。（中略）公教育は、合法的政府の基本原理の一つである。」（『政治経済論』河野健二訳、岩波文庫、一九五一年、三八～三九頁）

ここに、国家が親の代わり（in loco parentis）に教育を担うという考え方が示されている。教育は親権に属するとともに、親の義務である。しかし、産業革命によって社会構造が激変し、労働のために科学技術の習得が必要になると、もはや家庭のみでは子どもの社会的自立に必要な教育を提供できなくなった。ここで、親の側としては教育を国家に委ねることが必要になった。また逆に、国家の側としては、教育を引き受けることで国民の形成が図れるようになった。こうして、一九世紀後半以降、公教育が普及していった。しかし、公教育は、国民としての一体

性を実現することを目的としたため、教育内容は画一的であった。また、すべての国民を対象とするため、大人数教育となり、教育方法も一方的・注入的になりがちであった。

そこで、二〇世紀前後から、世界各国で、児童中心主義的な視点による教育改革運動が行われるようになった。いわゆる新教育である。新教育の主要な論者としては、すでに何度かとりあげたアメリカのデューイをはじめ、スウェーデンのケイ（Ellen Karolina Sofia Key, 一八四九～一九二六）、イタリアのモンテッソーリ（Maria Montessori, 一八七〇～一九五二）等がいる。ケイは母性と児童の尊重を訴え、日本の女性運動にも大きな影響を与え、「二〇世紀は児童の世紀である」との言葉で知られる。モンテッソーリは、女性としてはイタリアで初の医学博士号を取得し、知的障がいがあるとされる子どもに知的欲求があると考え、感覚を刺激するなかで知能の向上を図る独自の教育法を開発した。

日本でも、大正時代には絵本や童謡などの子ども向けの芸術運動が盛んになった。一九一八年（大正七年）、児童文学作家・鈴木三重吉（一八八二～一九三六）によって雑誌『赤い鳥』が創刊され、ここには芥川龍之介の『蜘蛛の糸』などの名作が掲載された。また、作詞家の北原白秋（一八八五～一九四二）や野口雨情（一八八二～一九四五）が作詞し、音楽家・山田耕筰（一八八六～一九六五）が作曲した童謡「ペチカ」「待ちぼうけ」などはこの時期の所産である。これによって、明治以来の教訓的な色彩が強かった児童文化は芸術性を高めていった。このほか、明治・大正期に教育官僚および教育者として活躍した沢柳政太郎（一八六五～一九二七）は一九一七年（大正六年）に成城小学校を設立し、日本で最初の女性ジャーナリスト羽仁もと子（一八七三～一九五七）は一九二一年（大正一〇年）に自由学園を創設するなど、自由主義教育の実践が試みられた。

新教育による学校教育の理想を象徴しているのは、イギリスやドイツで試みられた学校共同体（田園教育舎）であろう。これは都市を離れた自然豊かな環境で教師と青少年が共同生活する学校を設けるものであり、少人数教育をとり、座学よりも活動を重視するなど、公教育の問題点の克服が模索された。とはいっても、新教育の対象は比較的富裕な階層の子どもに限られた。

第二次世界大戦後の日本では、日本国憲法の精神に則り、一九四七年（昭和二二年）に教育基本法が制定され、教育機会の均等を図り、豊かな教育内容をバランスよく提供することが目標とされた。公教育には中立性の原則があり、「色のついた」教育は避けなければならない。そのため、教育機会の保障が図られた反面、教育内容が画一的・無個性的となったことは否定できない。教育基本法制定から五〇年の一九九七年、神戸連続児童殺傷事件という衝撃的な事件が起きたが、この事件の加害者はこのような犯行声明を新聞社に送った。

「ボクがわざわざ世間の注目を集めたのは、今までも、そしてこれからも透明な存在であり続けるボクを、せめてあなた達の空想の中でだけでも実在の人間として認めて頂きたいのである。それと同時に、透明な存在であるボクを造り出した義務教育と、義務教育を生み出した社会への復讐も忘れてはいない」（朝日新聞大阪社会部『暗い森』朝日新聞社、一九九八年、二三二頁）

あらゆる人への教育をめざした義務制の中立的な教育の結果が「透明な存在」であるとしたら、現在、学校制度はその存在意義を根本的に揺るがされていることになる。

二　学校化の弊害

学校知への批判

今日、学校を抜きに教育を語ることはできないが、学校教育には多くの問題がある。古くからある学校批判は、とくに学校知に向けられている。学校知とは学校で教え学ばれる知識だが、それはどうしても日常生活における知識（生活知）から分裂して権威化し、役に立たないものになってしまうとして批判される。

古今東西、学校教育に違和感を抱き、学校を離れて大成した人は少なくない。近代哲学の祖デカルト（René Descartes, 一五九六〜一六五〇）もその一人だ。彼の生きた一七世紀、ヨーロッパでは前世紀の宗教改革による宗派対立が激化していた。カトリックもプロテスタントも、学校教育を布教の重要な手段と見ていた。デカルトはカトリック陣営を支えるイエズス会の学院で学んだが、中世以来のスコラ哲学を中心とし、宗教的色彩の濃い学院の教育内容に満足せず、新たな知の体系の構築を志すようになった。著書『方法序説』には、このように記されている。

「わたしは教師たちへの従属から解放されるとすぐに、文字による学問をまったく放棄してしまった。そしてこれからは、わたし自身のうちに、あるいは世界という大きな書物のうちに見つかるかもしれない学問だけを探求しようと決心し、青春の残りを使った。」（谷川多佳子訳、岩波文庫、一九九七年、一七頁）

そして、青春時代を旅に送ったデカルトは、「我思う、ゆえに我あり」（Cogito ergo sum）を核とした哲学（形而上学）によって心身二元論を打ち立てた一方、世界を数学的・機械論的に把握する独自の自然学を提示した。デカルトの言葉をそのまま受けとれば、近代哲学は当時の学校教育を否定したところに成立したといえる。

一八世紀末、フランス革命の影響で戦乱が起きたスイスでは、多くの戦災孤児が出た。そのために設けられた孤児院の経営を引き受けたのがペスタロッチ（Johann Heinrich Pestalozzi, 一七四六

～一八二七）である。彼は、献身的な実践に基づき、初等教育や民衆教育のあり方を考察し、学校経営にあたった。そのペスタロッチが到達した理想が、「生活が陶冶《とうや》する」（「白鳥の歌」佐藤正夫訳、『ペスタロッチー全集』第一二巻、平凡社、一九五九年、四〇頁）であった。陶冶は日常では聞き慣れない語だが、ドイツ語のビルトゥンク（Bildung）の訳語である。陶は教え導く、冶は仕上げるの意味で、おおよそ「人間形成」と理解してよい。「いったい何が人間を形成するのか」という問いに対して、ペスタロッチは「生活だ」と答えたわけである。彼は、当時の学校教育が家庭のような基礎的な生活を忘れ、人間を矮小化していると批判した。

また、一九世紀末には、デューイが『学校と社会』を著し、この問題をとりあげた。

「子どもの立場から見て、学校における大きな浪費は、子どもが学校の外で得る経験を学校そのものの内部でじゅうぶんに、自由に利用することがさっぱりできないということから生ずる。しかも、他方において、子どもは学校で学んでいることがらを、日常の生活に応用することができないのである。これは学校の孤立——生活からの学校の孤立である。」（宮原誠一訳、岩波文庫、一九五七年、八一頁）

デューイは、経験主義の立場から、学校教育の内にさまざまな作業を導入し、生活からの学校の孤立という問題に対処しようとした。

他方、最初の共産主義政権が成立したソビエト連邦（現、ロシア）でも、この問題は重要であった。労働者が主体となる社会をめざすという理想のもとでは、生活（労働）と学校（思考）の分裂は、どうしても解決されるべき問題であった。ロシア革命を指導したレーニン（Vladimir Lenin, 一八七〇～一九二四）の妻クルプスカヤ（Nadezhda Konstantinovna Krupskaya, 一八三九～一九三九）は、「生産労働と知能の発達を結合しなくてはならない」（『国民教育と民主主義』勝田昌二訳、岩波文庫、

一九八二年、五頁）と主張し、革命後のロシアでは、「総合技術教育（ポリテフニズム）」が導入されていった。しかし、革命後の経済発展が思うにまかせないなかで、一九二〇、三〇年代には学校の社会的役割を否定する極論が登場するに至った。学校死滅論である。

現在においても、学校の生活からの孤立が解決されたと見る者はいないだろう。この問題は、教育の古くて新しいテーマであり続けている。

脱学校論のインパクト

第二次世界大戦後、学校教育の普及からとり残されていたアジアやアフリカの植民地が続々と独立した。また民族問題や階層間対立を抱えていた先進諸国でも、教育機会の均等化の要求が高まった。教育爆発の時代の到来である。そこでは、学校教育は無条件に善であるという前提があった。

しかし、一九六〇年代、学校教育の普及が逆に多くの問題を生んでいるとし、学校制度の解体を求める主張が提起されるようになった。脱学校論である。その代表的論者が、オーストリア生まれの思想家イリイチ（Ivan Illich, 一九二六～二〇〇二）であり、彼の著した『脱学校の社会』は、現代の教育を考える際に、必ずといってよいほど参照されている。

第一に、イリイチは、学校による教育機会の独占を批判した。すでに記したように、教育は学校の専売特許ではない。たとえば、英語を学ぶといっても、学校でしか学べないわけではない。テレビやインターネットという手段もあるし、英語を母国語とする人と恋にでも落ちれば、英語力は急上昇する。むしろ、学校での英語教育を何年も受けているわりに、さっぱり使えるようにならないことを、私たちは実感している。しかし、学校が制度化されていくと、学校に通わないと学ぶことができないという観念が支配的となる。学校に通わない者ははじかれてしまう。「学校制度はチャンスを平等にしたのではなく、チャンスの配分を独占してしまったのである。」(東洋・小澤周三訳、東京創元社、一九七七年、三二頁)

第二に、イリイチは学校制度が逆に学習意欲の喪失をもたらすと指摘した。学習とは、何かを習得して知的・身体的・道徳的に変化する過程である。簡単に言えば、学ぶとは変わることである。厳しく言えば、ビフォーとアフターが違っていなければ、学んだとはいえない。しかし、私たちには、学校生活を経てどれだけ「変わった」という実感があるだろうか。学生の間には、「単位さえ取れればよい」という考え方が蔓延している。イリイチはこう記している。

「「学校化」(schooled)されると、生徒は教授されることと学習することとを混同するようになり、同じように、進級することはそれだけ教育を受けたこと、免状をもらえばそれだけ能力があること、よどみなく話せれば何か新しいことを言う能力があることだと取り違えるようになる。」(同、一三頁)

学習の大前提は、学習者の主体性である。しかし、学校制度は、「学校に行っておけばよい」という錯覚を生じさせる。入学試験の終了した瞬間が学力の瞬間最大風速で、あとは下がる一方というのが、残念ながら大勢である。

第三に、これに関連して、イリイチは学校制度の普及による制度依存を問題にする。健康というのは、自然治癒力を高めることがもっとも重要である。しかし、病院が普及した社会では、人々は、わずかな症状でも病院に行き、医者の言葉に一喜一憂するようになる。人間関係のトラブルも、当事者が話し合うよりも弁護士に頼るようになる。イリイチはこう記す。

「医者から治療を受けさえすれば健康に注意しているかのように誤解し、同じようにして、社会福祉事業が社会生活の改善であるかのように、警察の保護が安全であるかのように、武力の均衡が国の安全であるかのように、あくせく働くこと自体が生産活動であるかのように誤解してしまう。」（同、一三頁）

さて、こうした学校制度の弊害があるにしても、皆が同じ教育を受けることで平等が実現されるならよい。しかし、イリイチは、学校制度が逆に社会的不平等を拡大するとして批判する。これが第四の論点である。

「学校の質が同じでも、貧困家庭の児童は裕福な家庭の児童に教育の面でほとんど追いつけないということがはっきりしている。」（同、二二頁）

入学式などで、教師が「今日、皆は同じスタート・ラインに立っています」と言うのを聞いたことがあるだろう。しかし、イリイチによれば、この言葉にはウソがある。裕福な家では子どもには個室が与えられ、書物・ピアノ・スポーツ用品と、教育的資源が豊富に提供されている。何より、家族の会話の質が知的である。こうなると、学校生活のスタートの時点で富裕層の子どもと貧困層の子どもにはすでにかなりの差がついている。フランスの社会学者ブルデュー（Pierre Bourdieu, 一九三〇〜二〇〇二）も、学校制度には社会階層間の格差をむしろ再生産する機能があり、それを隠蔽しているとした（『再生産』宮島喬訳、藤原書店、一九九一年）。

イリイチは、学校のほかに病院などにも人間の制度依存を強める問題があることを指摘し、近代化という歴史の流れそのものの見直しを訴えた。ただし、彼の批判は、他の多くの知識人とは異なり、オルタナティヴ（代案）を伴うものであった。学校に代わる制度として彼が提案したのがネットワークである。たとえば、スペイン語を学びたい者がいたらリストに登録し、教えたい者のリストから紹介するシステムを、彼は提案した。これは、ＩＣＴ（情報通信技術）の普及した現在では、グローバルな規模で実現している。

学びの伝統と生涯学習論

教育の場は学校に限られるものではない。教育がもっぱら学校制度の問題として語られるようになったのは、一九世紀末以降のことにすぎない。世界の教育文化には、公的な学校制度の外部に豊かな学びの伝統が見出される。

ことに、江戸時代の日本は学びの文化が豊かであった。江戸時代には儒教が広く学ばれたが、「教え有りて類なし」と説き、「あるのは教えであって、人間に違いがあるわけではなく、誰しも教育の可能性がある」とする儒教にとって、教育はそれ自体が目的ともいえた。

江戸時代末期には、寺子屋や私塾等の私的な教育機関によって、高い識字率が実現されただけではなく、学問や思想も豊かな発展を遂げた。寺子屋は、最盛期には一村に一つか二つはあったというから、寺子屋の普及率は驚くほど高かったことになる（高橋敏『江戸の教育力』ちくま学芸文庫、二〇〇七年、二〇頁）。また、私塾の存在も重要である。広瀬淡窓《たんそう》（一七八二～一八五六）が開いた大分県日田の咸宜《かんぎ》園の入門者は四千人を超えたという。また、幕末に緒方洪庵（一八一〇～一八六三）が大坂に開いた蘭学の適塾、吉田松陰が開いた山口県萩の松下村塾からは、明治維新やその後の近代化を支えた多くの人材が輩出した。

こうした教育施設とともに、地域社会や労働の世界でも、特有の教育システムがあった。近世の村落共同体には若者組という年齢集団があり、村内の警備や祭礼の運営等を担っていた。このほか、商店主育成の制度として丁稚《でっち》制度が知られる。これは、一〇歳前後から無報酬で商店に住み込み、礼儀作法から仕事のすべてが実地で教えられるもので、労働法が整備された第

二次世界大戦後まで存続した。

近代以降、こうした家庭や学校以外で行われる教育は、社会教育（または、成人教育 adult education）として位置づけられていたが、現在では、生涯学習（life-long learning）という名称で括《くく》られることが多い。

二〇世紀後半になると、先進諸国は、あらゆる活動が高度な知識や情報を基盤とする知識基盤社会の時代を迎えた。かつては家庭教育では労働の準備に不十分となったために学校制度が求められた。しかし、知識基盤社会においては、学齢期における修学だけでは社会的要求には十分に応えられなくなった。また、先進諸国を中心に社会の高齢化が進んだ。日本では、第二次世界大戦後には男女の平均寿命が五〇歳前後であったものが、二〇〇一年には女性が八四・九歳、男性は七八・一歳に達し、二〇〇七年には六五歳以上が人口の二〇パーセントを超える超高齢社会となっている。こうした社会では、労働の期間から一応退いた「第三の人生」をどう生きるかが、人々の重要な関心事となる。

こうして、学習機会を学校のみではなく、空間的には家庭・地域社会・企業等にわたって遍在させ、時間的にも生涯のあらゆる時期に分散させることが提唱されるようになった。これが生涯学習の考え方である。一九六五年、ユネスコ（国連教育科学文化機関）の成人教育推進国際会議の席上、フランスのラングラン（Paul Lengrand，一九一〇～二〇〇三）が、教育とは学齢期を越えて生涯を通して続くものであると述べたことをきっかけに、生涯学習の理論化が進んできた。

日本では、一九七〇年代以降、生涯学習の考え方が導入され、スポーツ、文化、趣味、レクリエーション活動などを包括した学習活動が推進され、公民館や生涯学習センターの拡充が図られてきた。一九九〇年（平成二年）には生涯学習振興法が制定され、二〇〇六年（平成一八年）、さまざ

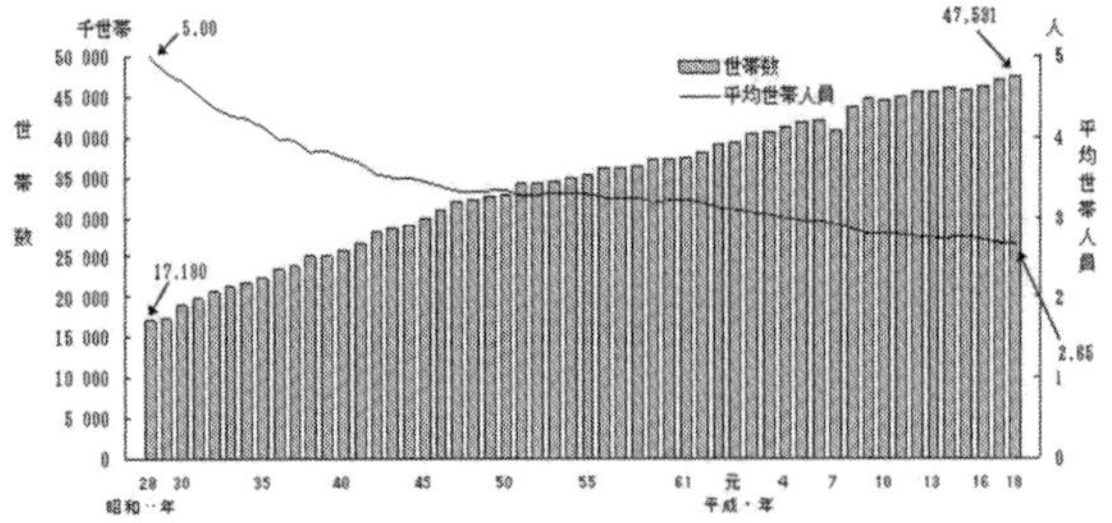

注：平成7年の数値は、兵庫県を除いたもの

世帯数と平均世帯人員の推移

（厚生労働省ホームページより）

まな議論のなかで、教育基本法が改定された際、第三条に「国民一人一人が、自己の人格を磨き、豊かな人生を送ることができるよう、その生涯にわたって、あらゆる機会に、あらゆる場所において学習することができ、その成果を適切に生かすことのできる社会の実現が図られなければならない」として生涯学習の理念が定められた。

生涯学習の形態はさまざまであるが、ＯＥＣＤ（経済協力開発機構）が提唱したリカレント教育などがよく知られている。リカレントとは「循環する」という意味であり、リカレント教育は、教育と労働の相互作用を高めることを目的としている。たとえば、学校教育をいったん終了し仕事に就いた後、一定の労働期間のあとで再び教育期間をもち、また仕事に戻るという形態をとる。これもまた、学校と社会の分裂を乗り越えようとする試みといえる。

三　生活と学校の変容のなかで

生活形態の変容

教育依存が強まるなかで、学校への要求は多様化し、それが満たされない苛立ちから学校批判は激化する。イリイチのいうネットワーク型の学習はＩＣＴの普及によって一部は実用化されているが、全面的に学校にとって代わるとは思われない。むしろ、広い意味での教育（非形式的教育）を担ってきた家庭や地域社会の変容が大きな問題をはらんでいる。

第二次世界大戦後、日本では家族形態の小規模化と多様化が進んだ。都市化にともなって村落から流入して構成された世帯は核家族が中心であり、多世代同居世帯は減少の一途をたどってきた。さらに、少子化によって家族の小規模化が進んだ。また、離婚率の上昇等によっ

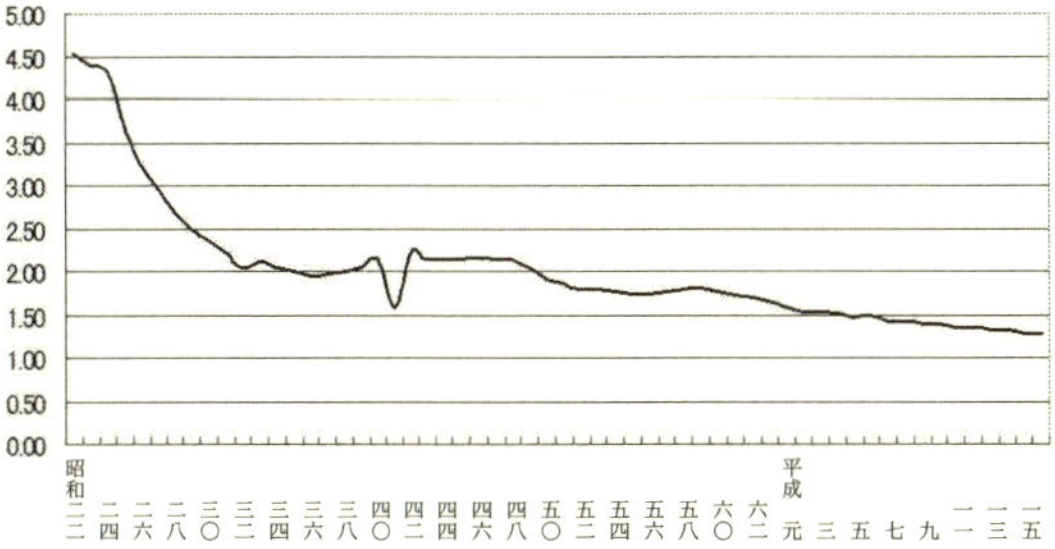

昭和41年は丙午（ひのえうま）、平成7年は兵庫県の統計を含んでいない。
国立社会保障・人口問題研究所ホームページより作成

合計特殊出生率の推移

て単独世帯も増加している。一九五三年、日本の平均世帯人員は五・〇〇人だったものが、二〇〇六年には二・六五人に低下した。核家族においても共稼ぎ世帯の割合が高くなり、さらに単身赴任も増加し、家族が実際に共に暮らす時間は減少している。

かつて、家は社会制度の基礎であり、多くの社会的機能を担っていた。たとえば農家の夫婦は、米を作り、それを売りに出して、生活の糧を得るとともに、子どもを育て、病気の両親がいれば介護し、ときには一家団欒《だんらん》の時間をもった。家は、労働・消費・教育・福祉・余暇にわたる機能を担っていた。そこには、その家なりの家風があった。

現在では、仕事は外でするのが大勢だ。食事もコンビニエンス・ストアで二四時間入手できる。教育は、乳幼児段階から保育所が見てくれる。十分ではないが、年老いた両親をみてくれる福祉施設もある。家族は、伝統的に維持してきた機能の多くを手放し、その形骸化が指摘されている。

地域社会の変容にもっとも大きな影響を与えたのは都市化であろう。日本では、一九五〇年代後半に都市人口と農村人口が逆転したが、二一世紀に入ると、東京・名古屋・大阪の三大都市圏に人口の五割近くが集中している。こうしたなかで、空き地や広場が減少し、子どもが自然と触れあう機会が奪われた(空間の剥奪)。また、村落共同体では伝統的に維持されてきた祭礼等の習俗が廃れ、子どもたちは異年齢・異業種の人々との関係からも隔絶された。子どもが、学校以外のさまざまな価値と出会う機会が奪われてきた。

そして、ここに少子化が加わる。日本では、一九七五年に合計特殊出生率(一人の女性が一生に生む子ども数)が二を下回り、総人口の減少が始まった二〇〇五年には一・二六に低下した。少子化は社会的な活力を失わせるとして懸念されているが、子どもがともに遊ぶ仲間がいなくなっているのは深刻である。学校化に加えて、早期教育やお習い事によって、子どもたちには自由な時間もない。これは、よく三間（時間・空間・仲間）の欠如として問題視されている。

このほか、一九九〇年代以降、インターネットや携帯電話の普及によって本格的な情報化社会が到来したことも、私たちの生活形態を大きく変化させている。情報化社会はユビキタス社会とも言われる。ubique とはラテン語で「いつでも、どこでも」という意味であり、ユビキタス社会とは、難しい技術を習得しなくても、いつでも、どこでも、だれでも情報にアクセスできる社会のことである。たしかに、九〇年代後半以降のサイバー環境の普及によって、私たちの生活の利便性は格段に高くなった。

しかし、情報化社会の問題点は少なくない。たとえば、実際に身体を動かす体験やフェイス・トゥ・フェイスのコミュニケーションが欠如したり、流れてくる情報を鵜呑みにしてしまったりという懸念が指摘されている。人間の生きる構えが受動的になるのである。また、静止画や動画へのアクセスが増え、活字によって想像力を働かせる思考が剥奪されるともいわれる。抽象的思考力の低下である。さらに、電子的なイメージの世界が増大することで、何らかの行動を起こすに際して、理解よりも気分が優先されるという指摘もある。

学校の存在意義

学校はさまざまな批判にさらされている。とはいえ、既存の知識が技術革新によってすぐに通用しなくなり、家庭と地域社会の教育力が低下している事実を前に、子どもを放り出すことはできない。「かわいい子には旅をさせろ」というには、社会の変化はあまりに激しく不確実である。学習者を有害な情報や劣悪な環境から遮断する保護空間としての学校の意義を見過ごすべきではない。

そもそも、近代的な学校制度の成立と児童労働の禁止は並行して進んだ。産業革命が進んだ一九世紀のイギリスでは、安価な労働力として子どもが酷使されていた。そのため、一八三三年制定の工場法によって児童労働の禁止と労働時間の制限が定められ、その後、さまざまな議論を経て、一八七〇年に初等教育法が制定された。子どもは「働かないで学校に行くもの」とされたのである。

しかし、すでに見たように、学校教育の画一性が指摘され、デューイのとりくみに見られるように「学校の生活化」が図られるようになった。学校は「萌芽《ほうが》的な社会」(embryonic society) であるべきだというのが、彼の主張であった。脱学校論も生涯学習論も、社会的な経験を学校に導入することによって、学校と社会のバリアフリー化を図ろうという意味では、広い意味では同じ方向にある。現在では、大学教育でも実社会での体験を単位として認定するインターンシップが積極的に導入されている。こうした学校教育と社会の各領域との連携を学社融合という。

とはいえ、家庭や地域社会の教育力の低下を考えると、学校と家庭にしても、学校と地域社会の連携にしても、学校のリーダーシップが必要であることは明らかである。

学校制度には社会階層を再生産する機能が隠蔽されているというイリイチやブルデューの批判は鋭いものであった。そこで、人種間の教育格差が大きいことが明らかとなったアメリカの学校では、一九七〇年代、有色人種の子どもたちに就学前の補習的な教育を行い、学力差をできるだけなくした上で学校生活に引き入れていく方策がとられた。ヘッド・スタート計画である。ただし、有色人種の家庭や地域社会では、子どもが学校教育での向上心 (aspiration) を形成しにくい実態があった。たとえば、せっかく家で勉強していても親から評価されず、友人から

学校が存在するのは、まさしく生活が学校とは違うから

も疎外されるといったことが起こる。このため、必ずしも十分な成果をあげなかったといわれる。しかし、親権の建前上、行政が個々の家庭での教育にまで介入することはできない。子どもに対して組織的な対策をとったのは、やはり学校だったのである。

また、開かれた学校作りのために「学校の生活化」が重要と考えられているが、そこには、ともすれば「やれば分かる」といった経験主義の行き過ぎがうかがわれる。すでに第二章で見たように、教育において経験が重要であることは論を待たない。しかし、経験の教訓化は、経験と結びつきながらも、それとは別個の学びによって可能になる。また、経験は吟味と反省を経なければ有効な知識とはならない。吟味と反省を可能にするのは思考である。現在の社会にあって、そうした思考を組織的に提供する場は、やはり学校である。ここで、本章の冒頭に掲げた二〇世紀フランスの教育学者ルブール(Olivier Reboul, 一九二五～一九九二)の言葉を見よう。

「生活は決して学校ではないのである。『生活のなかの』学校を提唱するのは、何の準備もさせずに生徒をいきなり路上にほうりだすような自動車教習所があればよいと思うのと同様に、馬鹿げたことなのである。学校が存在するのは、まさしく生活が学校とは違うからである。」(『学ぶとは何か』石堂常世・梅本洋訳、勁草書房、一九八四年、一二頁)

私たちが生きなければならない限り、現実の生活が重要であることは言うまでもない。しかし、激しく不確実な人生を生きるためには、十分な準備が必要だ。教育の生活化を言うあまり、生活への準備という側面を見過ごしてはならない。

前節に自分の受けた学校教育を痛烈に批判したデカルトの例をあげた。しかし、彼は子どもにどのような哲学教育を受けさせたらよいかを友人から尋ねられた返答で、イエズス会学院の教育を絶賛したのである(『デカルト選集』第五巻、創元社、一九四一年、二〇九～二一一頁)。彼は、学院には各地から学生が集まっているために旅をしたように見聞を広めることができるとともに、通説をひととおり学ぶことは重要であり、何より学院の教師たちが熱心かつ平等に学生に接したと記した。これは、一見すると矛盾している。しかし、デカルトが記したことは、両方とも本意だったと考えられる。イエズス会学院は、当時の学問の水準を自分たちなりの視点から整理し、体系的な教授を行っていた。デカルトは、真理の探究に十分ではないとして、自分の受けた学校教育と決別した。しかし、彼が近代哲学の祖といわれる業績を残した背景として、彼の受けた学校教育を無視することはできない。

学校には保護空間としての意義がある。しかし、どうしても閉鎖的になり、硬直化してしまう。それにもかかわらず、生活に立ち向かう身体的・知的・道徳的準備にとって学校は独自の役割を負っている。

肥大化する校務のなかで

こうして、学校を軽視する風潮のなかで、家庭には家庭の、地域社会には地域社会の独自の機能があるのと同じように、「学校には学校独自の仕事がある」と知ることが求められる。「改まっていうようなことではない」という声が返ってきそうだ。しかし、ここに意外と頑固な思い込みがある。

教育依存のなかで学校への期待は増大し、学校は多くの機能を引き受けてきた。授業の準備・運営・成績処理などに関する教務事項、入学式・卒業式・始業式などの企画や保護者との連絡といった庶務事項、生徒指導・生活指導、生徒会・児童会や部活動の指導、進学・就職等に関する進路指導、児童生徒の健康のための保健事項、図書館・図書室の管理運営、さらには、学

教職に就いたらクラブ活動に力を……
ずっと陸上やってたんで！

校ホームページの作成等々、学校の仕事（校務）は、実に多岐にわたる。これらの校務は、すべて昔からあったわけではない。学校に教育機能が集中するなかで、次第に分化してきたのである。その結果、教師の仕事の焦点がぼやけている面は否定できない。

そこで前章の最後の課題、ある教職志望学生が、「教職に就いたら何に力を入れたいですか」という質問に対して、「小中高大と陸上をやってきて多くのことを学んだので、教職に就いたらクラブ活動に力を入れていきたいです」と答えました、である。

この学生のクラブ活動を愛する気持は純粋なものだろう。また、クラブ活動に大きな教育力が認められているのも事実である。高校野球や吹奏楽コンクールなど、児童生徒が共通の目標に向かって努力する姿は単に美しいだけでなく、人間形成に大きな影響を与えていると考えられる。しかし、現在、クラブ活動は転換点に立っている。

クラブ活動が学習指導要領に位置づけられたのは、高等学校で一九五六年（昭和三一年）、中学校で一九五八年（昭和三三年）告示からである。ここでホームルーム活動、生徒会活動、クラブ活動などの教科以外の活動は特別教育活動という枠のもとにおかれた。

しかし、学校完全週五日制が導入された一九九八年（平成一〇年）の学習指導要領では、クラブ活動は中等教育の特別教育活動からはずれ、各学校の実態に応じて課外活動の一環として行われるようになった。ここには、ゆとり教育のもとで授業時間数の削減が必要であったという事情があった。また、学校があらゆる教育機能を引き受けすぎている状態を是正すべきであるという学校スリム化論の立場からも、クラブ活動等は地域社会での活動に移行すべきだという主張がなされた。こうして、現在、クラブ活動は、教育課程上は曖昧な位置におかれている。

クラブ活動の教育力を考えると、こうした現状に対しては多くの異論もある。しかし、少子化による学校規模の縮小等、クラブ活動を学校単独で維持するのが困難な事情もある。いずれにしても、クラブ活動は現在の学校の教育活動の中心に位置しているとはいえない。そうしてみると、「クラブ活動に力を入れていきたい」という教職志望学生の声は、素朴で純粋なものであったとしても、意地悪に言えば、「教育活動の外枠のほうにこだわりたい」と言っていることになる。

また、教職志望学生には、児童生徒の関係作りに関心が強い者が多い。すでに第三章で触れたように、「もつこと」よりも「あること」に関心をおく豊かな社会にあっては、人間関係が何よりの関心事となる。一九八〇年代以降のいじめ・不登校・引きこもり・学級崩壊といった学校問題は、一貫して心理的な問題として語られてきた。そうした流れのなかで、教師には臨床的態度を身につけることが求められてきた。

第二次世界大戦後、教育職員免許法（教免法）が定められ、日本では、教員免許を取得するためには、希望する科目の教職課程の認定を受けた大学・短期大学で所定の単位を修得することが求められるようになった。この法律は、一九四九年（昭和二四年）の制定以来、何度も改定されてきたが、一九九八年（平成一〇年）の改定の際、生徒指導や教育相談及び進路指導等に関する科目が二単位必修から四単位必修へと増加した。教育行政の側も、人間関係づくりを教育の重要な課題と見なしたわけである。

仲のよい学級を作ろうというのを悪いという人はいないだろう。学級の人間関係が改善されれば、いじめや不登校への対処もできるだろう。しかし、詳しくは次章で扱うが、単に関係志向を追認していくだけでは、教育としては十分ではない。現在、「学校に何しに来ているの」と尋ねると、もっとも多い答えは「友だちを作るため」である。たしかに、子どもは活動的な

Like a friend♡
生徒の目線に立った友だちのような先生になりたいです

時間の多くを学校で過ごしている上に、少子化や都市化の進展のもとで、学校は友だち作りのかけがえのない場であるだろう。しかし、「勉強をするため」というのが、古代メソポタミア時代からの学校の存在意義なのではないだろうか。現在、学校は勉強の場として必ずしも認知されなくなってきている。

学校は、教育依存のなかで多くの教育的機能を引き受けてきた。社会的な経験を学校に導入することで学校の抱える問題を克服しようとするのは、間違いではないだろう。しかし、そうしたなかで学校本来の課題が曖昧になるのでは本末転倒である。学級作りや人間関係づくりといっても、毎日の授業と離れたところにあるわけではない。むしろ逆なのであって、授業を行うところに学級や人間関係も成立してくるのである。ゆえに、授業という活動を教師と児童生徒にとって魅力あるものとすることが重要である。

というわけで、「教職に就いたら何に力を入れたいですか」という質問に対しては、たとえば、「私は算数で苦労したので、子どもがわくわくするような算数の授業ができるようになりたいです」と、受験技術ではなく心底そう言えるようになりたいものだ。

次章に向けて

教職志望学生に「どんな先生になりたいですか」と尋ねたところ、「生徒の目線にたった友だちのような先生」という答えが返ってきました。これについてどう評価しますか？

第六章　子どもの目線で?——教育的関係

教育の基礎は、成熟した人間の成長しつつある人間との情熱的な関係である。
ヘルマン・ノール

一　関係志向とその問題

関係志向の伝統

「仲良きことは　美しき哉《かな》」

明治末期から昭和にかけて『友情』や『人間万歳』等の名作を残した白樺派の文学者・武者小路実篤（一八八五〜一九七六）は、この言葉を好んで色紙に書いた。ジャガイモ、カボチャ、キュウリなどの野菜の絵とこの言葉（賛という）が記された色紙を見たことのある人もいるだろう。日本人は、伝統的に人間関係を重視してきたといわれる。聖徳太子（五七四〜六二二）の十七条憲法第一条の「和を以《もっ》て貴しと為《な》す」はよく引かれる。また、聖徳太子が積極的に導入した仏教の根本思想には縁起《えんぎ》論がある。あらゆる事象は縁（関係）によって起こるというとらえ方である。「袖触れあうも多生《たしょう》の縁」（道で行きあって袖が触れあうだけでも前世からの関係がある）という言葉は、関係を重視する思考の浸透ぶりが示されていよう。

明治以降の西洋文化の摂取のなかで倫理学者の和辻哲郎（一八八九～一九六〇）は、人間とは個人であると同時に「人の間」であり、人間は「間柄的存在」であるとした（『人間の学としての倫理学』岩波文庫、二〇〇七年）。彼の倫理学は、日本文化の伝統を反映しているといわれる。また、歴史学者の阿部謹也（一九三五～二〇〇六）は、日本文化を理解する鍵として、「世間」を重視した。彼によれば、世間とは顔見知りの人と人との具体的なつながりであり、個人の自由や利害に優先するとされる（『「世間」とは何か』講談社現代新書、一九九五年）。

こうした社会は、高文脈文化に支えられているといわれる。文脈（context）とは、狭義では文章中の文と文とのつながり具合をいい、それが転じてさまざまな事象の筋道や背景をさす。高文脈文化とは、コミュニケーションの際に、目や耳で認知できる映像や音声に依存する度合いが低く、それまでの当事者間の関係に依存する文化をいう。たとえば、「サザエさん」の波平とフネの会話のパターンなどは高文脈文化の典型だろう。

「かあさん、あれはどこにある」

「そこにおきましたよ」

「ああ、ここか」

これは長年連れ添った夫婦だから成り立つ会話だ。細々とした説明をしなくても意思疎通が図れている。第三者が声を聞いただけでは、何を話しているのかまったく理解できない。これに対して、海外に行くと、、日本での会話では落としている言葉をひとつ一つ言語化しないとまったく通じない。一日過ごすと、どっと疲れる。

「言わなくても分かりあえる」関係は、お互いに相手を理解する態度が身についていてこそ成り立つ。それを表すのが、「察する」「一を聞いて十を知る」「阿うんの呼吸」「行間を読む」といった言葉だろう。現在でも、こうした文化がまったく死滅してしまったわけではない。

関係志向の弊害

周囲との関係を大切にするのは悪いことではない。仲が良いにこしたことはない。しかし、仲さえ良ければよいということだと、いろいろと弊害が出てくる。それを象徴するのが、「長いものには巻かれろ」だろう。とにかく事を荒立てないためには多数派に合わせるという大勢順応主義だ。問題があっても見て見ぬふり。心中ではおかしいと思っても作り笑顔で沈黙を通す。気がつけば、仲間関係のもたれ合いで悪事がまかり通っている。

そして、大勢順応主義で本当に誰とでも仲良くできるのならよいのだが、そう簡単にはいかない。大勢順応主義をとるとき、そこではもっぱら関係の維持が目的になっている。ゆえに、関係に変化をもたらしそうな個人や意見は邪魔な存在である。そこで「出る杭《くい》は打たれる」といったことが起こる。「仲良く」というのは、個人や狭い集団のしがらみを超えた関係には発展しにくい。江戸時代の日本では、村の掟からはずれた家が出たとき、村民の申し合わせによって、その家との交際を断つ村八分と呼ばれる制裁があった。周囲に影響が及ぶ葬式(死体の処理)と火事の二つのこと以外は助けないというわけである。ムラ的な人間関係は全面的な関わりであり、互いが深く理解しあえた一方で、意見のあわない個人や集団を排除する論理があった。

一九八〇年代後半に漫才ブームが起きた頃、現在は映画監督として著名になっている北野武(一九四七〜)が、庶民のライフスタイルを皮肉った川柳で笑いをとっていた。そのなかの傑作が、もう定着してしまった観のある「赤信号　みんなで渡れば　こわくない」である。大勢順応主義の問題点を見事についている。ちょうど漫才ブームの頃、いじめが社会問題化したが、なかでも一九八六年（昭和六一年）に東京都中野区の中学校二年生（当時）が、度重なるいじめの末に「このままじゃ生きジゴク」と記した遺書を残して自殺した事件は社会に衝撃を与えた。捜査が進むにつれて、学級では「葬式ごっこ」が行われていた事実が明らかになった。黒板の前の中学生の机にはミカンや飴がおかれ、花や線香が添えられ、色紙の寄せ書きにはクラスメイトばかりか教師までもが加わり、「やすらかに」などと書いたという。教師は諭旨退職となったが、これは関係志向の歪みが生んだ悲劇といえる。

アメリカの社会学者リースマン（David Riesman，一九〇九～二〇〇二）は、関係志向が高度産業化社会において一般化する傾向があるという。彼は人間の社会的性格を①伝統指向型、②内部指向型、③他人指向型に分類した（『孤独な群衆』加藤秀俊訳、みすず書房、一九六四年）。これらは、行動をとる際に何を判断基準にするかという分類である。たとえば、結婚にあたって、結婚を家と家との結びつきととらえ、家族の意向を重視するのは伝統指向的行為といえる。逆に、自分の気持ちを何よりも重視して決めるなら、それは内部指向的行為といえる。そして、他人指向というのは、「周囲が結婚し出したから私もしなくちゃ」と、周囲の人々と同調することを行動原理とするような性格をいう。

すでに第一章で見たように、日本では、一九六〇年代以降の消費社会化によって、人々は同じようにもつことを方向づけられてきた。そのもとで、伝統的に他人指向型であった日本人の社会的性格は、いっそう強められたと考えられる。「もつこと」が一段落した豊かな社会の到来によって分衆の誕生が期待されたものの、個性化が進んでいるようには見えない。「人と同

じように」という指向性はむしろ強まっているように見える。

二〇世紀の精神分析学者フロム（Erich Fromm, 一九〇〇〜一九八〇）は、消費社会のいきづまりを乗り越える方向性として、「もつこと」(to have) から「あること」(to be) への転換を説いた。このためには、「もつこと」に必然的にともなう欲望のコントロールが求められる。フロムは、松尾芭蕉（一六四四〜一六九四）の俳句をとりあげて、対象を「もつこと」に関心をおく西洋文明に対して、対象とともに「あること」を重視する東洋文明の可能性を強調した（『生きるということ』佐野哲郎訳、紀伊國屋書店、一九七七年）。

しかし、大勢においては、「もつこと」から「あること」へという価値観の変化が消費の枠のなかにとどまったという観がある。つまり、モノの消費に代わって、関係の消費に関心が移ったということである。一九八〇年代以降の情報化の進展も、これに拍車をかけた。八〇年代末のポケット・ベルから始まって、携帯電話の普及とEメール機能の搭載、インターネットの普及、そしてミクシィ等と、劇的に変化したメディアに依存せざるを得ない時代を、私たちは生きている。一九八〇年代まで、若者の支出に電話代等の通信費が占める割合は限られていた。現在の状況を少し想像するだけでも、私たちが関係の消費にどれだけ時間と金銭を費やしているか分かる。そこでは、「誰かとつながっている」ことが関係の豊かさの指標になっている。携帯電話を忘れると一日中落ち着かない。授業や企業説明会で携帯電話の電源を落とすことにも抵抗がある。電源を落としている間にメールが来て、すぐに返事ができないで冷淡なヤツと思われるのが怖い。「即レス」は関係を維持していることを示すマナーであるという（土井隆義『友だち地獄』ちくま新書、二〇〇八年、一四三〜一四四頁）。携帯電話にしてもネットにしても、まるで生命維持装置のようである。

さて、「他人指向」というと、個人が自発的な意志で他者に配慮しているように聞こえるが、逆に見れば、個人が周囲に同調するように強いられているということでもある。この点でよくとりあげられるのが、ピア・プレッシャー(peer pressure)である。ピアとは仲間という意味だから、ピア・プレッシャーは「仲間からの圧力」ということになる。「同調圧力」と訳されたりもするが、私たちは周囲に気兼ねして、仲間に迷惑をかけないように、集団の中で自分を目立たせないように行為をしていることが多い。

たとえば、小学校時代を思い出してみるとよい。国語の授業などで朗読があると、低学年の頃には情感たっぷりに大きな声で読んでいた子どもが各学級にいたはずだ。自分を出すことに何の照れもなかった。ところが、そんな子どもを冷やかす子どもたちがいる。冷やかされていくうちに抑揚豊かな朗読を一人やめ二人やめし、高学年にもなると朗読といえばほとんど棒読みになる。ジェンダー(性的役割)が形成されるのもこの頃だ。とくに、女子児童は仲間と合わせ目立たないでいることに気を遣うようになる傾向があるとされる。

こうした行為のパターンを身につけて成長した末に就職すると、「仲間が残業しているのに、自分だけ帰れない」と思い、意に添わないサービス残業を延々とするようになる。もっとも、ピア・プレッシャーは目的が共有されていると高い成果をもたらすという一面もある。上からうるさく言わなくても同僚の間で気を遣いあって目標を達成していくという関係は、個人主義が優先される欧米では想像もつかないことと映るようで、日本が急激な高度経済成長を達成した頃には、「日本的経営」などと持てはやされもした。

しかし、ピア・プレッシャーは、互いが監視し合うという体制を生み、過剰労働やストレスの温床になるという問題もある。労働法制が整備されても、過労死は一向になくならない。ま

チョット！いくら寒いからって思い切りくっついたらトゲが痛いでしョ！
じゃどのくらいならイイのサ…

た、企業のように組織の目的が明確な場合はともかく、目的が曖昧だったり関係の維持が目的と化すと、そうした人間関係はむしろ足を引っ張り合う関係に堕していく。

二　関係志向のなかの関係不信

部分的な関係志向

ところで、関係志向が高まるなかで、充足感が得られているのならまだよい。第一章で教育依存が高まると同時に教育不信も高まっている状況を見たが、同じことは関係志向についてもいえそうだ。ＮＨＫ放送文化研究所の調査によると、二〇世紀末から、日本人の人間関係の持ち方に関する態度はかなり変化している。親戚・職場・地域社会での人間関係は、全面的な関わりよりも「部分的」関わりを好むようになっているという（『現代日本人の意識構造』第六版、二〇〇四年、一九三～一九六頁）。ここには、関係からの断絶は避けたいが、関係に全面的に依存することにもためらいがあるという矛盾した感情がうかがえる。

これをよく説明するのが、ショーペンハウアーの寓話「ヤマアラシのジレンマ」だ。寒空に二匹のヤマアラシがいた。互いに身を寄せて暖め合おうとするが、相手の体に付いている針が刺さり、それに苦痛を感じて離れた。しかし、寒さに耐えられない。そこで、ヤマアラシたちは、何度か試行錯誤を繰り返し、ついにお互いが傷つかない距離を探りあてる。

私たちは、実際、関係からの自立の欲求と関係からの共感の欲求の間で板ばさみ（ジレンマ）に陥る。ジレンマは長く続くとストレスになる。そこで、部分的な関わりが習慣化していく。

ところで、部分的な関わりで済む背景には、第一章で見た価値相対主義の浸透がある。価値相対主義のもとでは、価値判断は個人に委ねられ、価値観の相違を認め合うことが重視される。こうなると、相手の価値判断の是非に踏み込むことがスマートでないことと見なされ、関わりが部分的になるのは自然の成り行きだ。

こうして互いが傷つかない部分的な関わりを求めるわけだが、そこには別の問題がある。何を決めるにも異様に時間がかかり、その割に皆が気疲れするだけで終わることが多い。学生たちが食事に行くと、こんな会話が延々と続く。

「何にする?」

「あわせるよ。」

「何でもいいよ。」

以下、異口同音の会話がリピート。そして、一〇分くらいして、こんな一言が。

「イタリアンがいいかなあ、と思ったりして。」

ここには、「互いの立場を尊重する」という価値相対主義の原則が絶対的な原則になってしまい、お互いが身動きできなくなっている様が現れている。ここでは、とにかく自分の価値判断を出さないこと、目立たないことが大事なのである。「イタリアンがいい」とは言ってはならないのである。「かなあ」とぼかし、「と思ったりして」でさらにぼかし、自分は価値判断しているわけではなく、事態を収拾するための提案をしているだけだという姿勢を強調する。

これは、まさに豊かな社会を象徴する光景だ。メニューに選択肢がなければ、こんな会話は成立しない。お腹がすいていたら、メニューを決めるのに時間はかけない。世は飽食の時代。多分それほど食べたくもなく、とくに食べたいものもないのだろう。

ところが、周囲への配慮に気疲れしているうちに衰えていく能力がある。それは価値判断力である。価値観というのは他者と共有される部分もあるにはあるが、やはり個人としてどう感じるかということが主である。「自分はこれが好きだ」「あれは嫌いだ」というのは好悪の価値判断だ。絵画や音楽の好みは美的価値判断による。周囲への同調に気を遣うとき、自身の価値判断は抑圧されている。これが習慣化すると、次第に意見を言わない人間になり、それが昂じると本当に意見のない人間が出来あがる。価値相対主義は、相互に尊重しあう寛容の原理のようでありながら、実は価値判断力を奪い、いわゆる個性をも剥奪していく。

自己愛の昂進《こうしん》

そういうわけで、部分的な関係を志向しても、そこで得られるのは、極端な場合「自分は仲間はずれではない」ということの確認にとどまる。というより、仲間関係の確認が関係を志向する目的そのものなのだ。だから、先ほどのメニューが決まらない状況では、「私、イタリアンがいい」と言うのこそが「空気が読めない」ということになる。日本古来の「行間を読む」というのは対象を理解しようとする精神的努力であったが、二一世紀日本の「空気読めや」は精神的努力を対象に向けることではなく、自己を抑圧することに向けられている。

ところで、矛盾しているように思われるが、そうまでして自己を抑えるのは、自己を傷つくことから守ろうとする自己愛（ナルシシズム）のゆえであると考えられる。自己に愛着を感じるのは、誰にでも見られることだ。とくに、幼児期や児童期においては、自己愛は恐怖から自己を守るための不可欠の防衛機構である。しかし、部分的な関係志向が一般化している状況は、思春期や成年期において、自己愛がむしろ強まっていることと無縁ではない。

価値判断が個人に委ねられた社会では、個人は共同体に拘束された状況に比べて、高い自己有能感を抱く。「自分は、その気になれば何でもできる」と思うことができる。自立の欲求の高まりである。しかし、ピア・プレッシャーは強い。そこで、具体的な人との関わりにおいては、ほどほどで当たり障りのない関係を維持する努力が重ねられる。しかし、その目的は、他者を理解するためでも受容するためでもなく、自己保存なのである。この自己愛は、他者の排除にまでは至らないとしても、相対的には自己への関心と他者への無関心によって構成されている。ゆえに、部分的な関わりおいては、私たちは関係に対して開けているとはいえない。

一九八〇年代以降、主にアニメや漫画などサブカルチャーに没頭する人間を指すために、「おたく」という言葉が使われるようになった。「おたく」と呼ばれるようになったのは、趣味について話をする者どうしが、相手の名前を尋ねないで「お宅」と呼び合っていたことに由来するといわれる。ここには、関心が共有できる部分だけでつきあい、名前や住所といった関心外のことはどうでもいいという態度がよく現れている。ゆえに、関わりにおいて他者に見せている部分は、ごく限られることになる。

これは、心理学でいう自己開示（self-disclosure）が著しく限られた状態である。自己開示とは、感情・経験・価値観などの自分についての情報を言葉で伝えることをいう。人間関係は自己開示の応酬によって深まる。私たちは、初対面のときは互いに知っている人のことなど差し障りのない話しかできない。初対面であまり自己開示してしまうと、相手は引いてしまう。何度か会うなかで、次第にプライベートなことを話題にしていく。

自己開示を自己規制してしまうと、人間関係が発展しないばかりでなく、自己理解も深まらない。この点を理解するヒントとして有効なのが、「ジョハリの窓」である。アメリカの心理学者ルフト（Joseph Luft）とインガム（Harry Ingham）は、「対人関係における気づきのグラフモデル」

ジョハリの窓

を提示し、後にこれが、二人の名前を組み合わせて「ジョハリの窓」と呼ばれるようになった。彼らは、自己には四つの局面があるとする。それらは、自分が知っており、相手も知っている「公開された自己」(open self)、自分は知っているが相手には見せていない「隠された自己」(hidden self)、自分は気がついていないが相手には見えている「目隠しされた自己」(blind self)、自分も相手もまだ気づいていない「未知の自己」(unknown self)である。

自己開示とは、上の図でいえば、「公開された自己」が広がっていく過程である。初対面では出身地や趣味などの限定された話題で終わっていたのが、関係が深まるにつれて、プライベートなことにまで話題が広がっていく。

この図は個人の内面を説明しているが、自己開示の過程では、相手にも同じことが起きている。それが、「自己開示の返報性」である。たとえば、誰かと食事に行った際にお酒を注いでもらったら、注いで返さないと悪いと感じる。それと同じように、相手が自己開示をしてきたら、それに応じてこちらも自己開示をする。つまり、こちらが自己開示をする分だけ、相手の自己開示も進み、他者理解の可能性が高まる。また、他者と接して自己開示することで、こちらも感情を出せてすっきりしたり自分の意見が明確になるといったように、自己理解も深まる。

しかし、関係は「部分的で」ということであれば、「隠された自己」の領域が圧倒的に大きいため、「公開された自己」として相手に伝わる情報は限られている。返報性の原理でいけば、相手から得られる情報も限定される。また、接触が限られれば、「目隠しされた自己」、つまり自分が気づいていない癖などを周囲から指摘してもらえる機会にも恵まれない。

部分的な関係は、関係からの自立の欲求の現れであり、それ自体は否定すべきではない。他者の共感を得たいという欲求が強いあまり、ごく私的なことまで誰彼となく話し、常に話して

いないと気が済まないようなタイプがいるが、その割に自己理解や他者理解が進んでいない場合もある。サラリーマンなどでお酒が入ると人生を語り出す人がいるが、語るほどには仕事のできないタイプがいる。世の中には人の揚げ足をとろうと虎視眈々《こしたんたん》と構えている者もいる。もっとも重要なことを開示する相手は、ごく少数いればよい。

しかし、部分的な関係には、やはり問題がある。それは自己の変化を拒む自己愛の現れと見なされるということだ。自己の感情や経験や価値観を隠し、仲間関係の確認にとどまっている間は、外部から得られる情報が限られるだけでなく、自己の知らなかった一面に気づくこともない。ゆえに、自分が変化していく機会をみずから避けていることになる。

このことは、教育という営みに大きな困難をもたらす。というのは、教育とは、それに関わる当事者どうしが何らかの価値的な変化を遂げる過程であるからだ。自己の変化をためらったり変化を拒む者にとっては、変化をもたらそうという意図と意欲をもって現れる教育者という他者は忌むべき存在である。教育者たちは自己愛を否定し、隠している自己に介入してこようとするからである。部分的な関係で済ませようとする時代の風潮のなかで、教育的な関わりはお節介に映り、ウザがられてしまう。

三　教育を可能にする関係

意味ある他者との関係

教育的な人間関係は、とくに教育の対象が子どもである場合、一般的な人間関係とは大きく異なる。子どもは、白紙といってよい状態でこの世に生まれ落ち、大人の築いている世界に

否応なく巻き込まれていく。ここで、本章の冒頭に掲げた二〇世紀ドイツの教育学者ノール（**Herman Nohl**, 一八七九〜一九六〇）の言葉を見よう。

「教育の基礎は、成熟した人間の成長しつつある人間との情熱的な関係である。しかも、それは成長しつつある人間自身のための、彼がその生とその形式とを獲得するための関係である。」（*Die pädagogische Bewegung in Deutschland und ihre Theorie*, 7.Aufl., Frankfurt / Mein, 1970, S.134.）

教育的関係は、成熟度格差に由来する非対称性を前提としている。非対称といえば、君主と臣下のような政治的な従属関係や、神の存在を背景とした聖職者と信徒の関係もあげられるだろう。しかし、教育的関係は、政治的・宗教的関係がどちらかといえば非対称性を固定化しようとする傾向が強いのに対して、少なくとも建前の上では、非対称性の解消を目的としている点で異なっている。子どもは大人になることを望まれ、弟子は師匠を超えることが望まれている。教育的関係の目的は学習者の自立であり、ゆえに教育的関係とは、悲しいことにいずれは解消に向かう関係なのである。

さて、非対称性の克服に向かうといっても、何の経験もない子どもはどうしてよいか分からない。自分が生まれた社会に共有されている知識・言語・習慣・技能等を習得しなければならないが、その際、「意味ある他者」（significant others）はかけがえのない存在である。意味ある他者とは、文字通り、個人の人生に多大な影響を与える人物をいい、具体的には、父母・祖父母・兄弟姉妹等の縁者、遊び友だち、教師等があげられる。意味ある他者は、あるときは、子どもが身につけようとしていることを賞賛して学習を促進する。逆に、子どもが好ましくない状況にあると見れば、懲戒によって悪しき習慣を消去する。

しかし、強化や消去は、子どもが受け入れなければ無意味である。ゆえに、重要なのが愛着

関係である。生後まもない子どもが母親かそれに代わる特定の人物との間に築く関係を第一次愛着関係という。この関係によって、子どもは母親的存在から愛されていることを感じ、情緒的にも安定し、自分を取り巻く世界に一種の信頼を持って関わっていくことができると考えられている。そして、愛着関係が成立すると、子どもは意味ある他者の言動を模倣し始める。とくに幼児期においては、愛着の対象となる人間と健全な絆をもつことが重要である。

母性的態度と父性的態度

こうした教育的な人間関係の根本的な問題を、まだ心理学等が発達していない時代に鋭く洞察したのがペスタロッチであった。彼の生きた一八世紀ヨーロッパでは、父に家庭の支配権を認める家父長制が前提とされていた。ゆえに、ペスタロッチの洞察も、そうした時代の制約からは自由ではなく、彼の記述をそのまま受け入れるべきではない。とはいっても、彼の洞察に見るべきものがないということにはならない。彼が孤児院を経営した記録である『シュタンツ便り』には、このような記述がある。

「よい人間教育というものは、日々刻々、子どもの心の状態のどんな些細な変化でも、その眼や口や額から読みとる母の目を必要といたします。」(長尾十三二他訳、明治図書出版、一九八〇年、一五頁)

ここでいう「母の目」は、第一次愛着関係があって可能である。赤ん坊にしっかり接していくと、泣くという同じシグナルに対しても、お乳がほしいのか、おむつを換えてほしいのか、眠いのか、具合が悪いのかを弁別することができるようになる。これは、外部の世界から自分たちを遮断し、子ども固有の生活を保護しようとして関わるがゆえに身につく能力といえる。

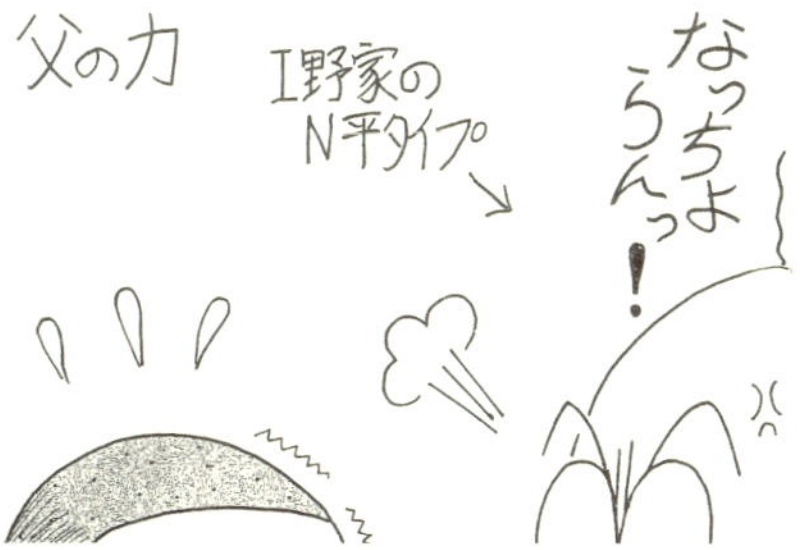

ノールは、ペスタロッチ研究に基づいて、教育的関係の一方の極を母性的態度として位置づけた。彼によれば、母性的態度とは、「現実における子どもに対する愛」である。それは、子どもを「こうしよう」「ああしよう」というのではなく、まず子どもの存在を受け入れ、慈しむ態度である。ただし、ここには、子どもを受け入れようとするあまり、子どもの傾向と妥協してしまうという面がある。いわゆる偏愛とか母子癒着といった問題は、第一次愛着関係が固定化するところで起きている。

そこで、新たな関係への発展が必要となる。ペスタロッチが「母の目」とともに必要であるとしたのが、「父の力」であった。

「よい人間教育は、教育者の力が、純粋な、そして家庭環境のすみずみまで行きわたっていることによって家庭全体に活気を与えている、父親の力であることを、本質的に必要としています。」(同、一五頁)

ノールは、父性的態度としての「父の力」を教育的態度のもう一方の極である「子どもの目標、理想に対する愛」であるとした。歴史的には、父が社会で働き母は家を守る時代が長く続いた。「男は敷居をまたげば七人の敵が有る」といわれ、家に入った女性は「家内」「奥様」「内儀」などと呼ばれた。そこで父には、社会を動かしている秩序や法の代理者として、子どもの自立を促す役割が求められた。「サザエさん」の波平を想像すれば大体あたっているだろう。

しかし、第二次産業中心から第三次産業中心のポスト工業社会が到来すると、労働形態は大きく変わった。定時退社は少なくなり、都市化で通勤時間も延び、単身赴任も増加、女性の社会進出も積極化した。すでに第五章で見たように、家庭の多様化も進んでいる。父と母と子どもが食卓を囲むような場面は確実に少なくなっている。そうなると、父に代表される他の大人と子どもの関係は成立しづらい。

さらに、一九七〇年代以降、フェミニズム（女性解放思想）の研究と運動が進展し、近代社会が男性優位の制度であることの問題がさまざまな角度から論じられてきた。現在では、生物的性としての女性が担ってきた役割の多くが、女性にしかできず、女性がしなければならないわけではないことが受け入れられるようになってきている。育児は決して母だけの仕事ではない。ノールが提示した母性的態度や父性的態度は、生物的性と直結するものとしてとらえられるべきではない。

しかし、子どもの発達が第一次愛着関係の確立を経て二次的関係へと発展するということも、ほぼ受け入れられた見解である。母にせよ父にせよ、「目」をかけ「力」で導く存在が子どもには必要である。二つの役割は相反する性格を帯びており、明確に二分することはできないにしても、ひとりの人間が両立するのは容易ではない。親の教育的役割をめぐる論議は拡散しており、選択肢が豊かになった反面、当の親自身は選択に迷うようになっている。

教師生徒関係の困難

問題はそればかりではない。母性的態度や父性的態度は、非対称的なタテの関係を構成するが、子どもの発達にとっては、姉妹兄弟や子どもどうしのヨコの関係も重要である。とくに、子どもどうしの遊びは自発的に行われるために、創造力が育つ源とされている。また、親には言えないことを話せる関係は、自己開示と他者理解を促進させるかけがえのない場である。ところが、このヨコの関係の発達も妨げられているのが現状である。

少子化によって平均世帯人員は減り、都市でも子どもはいなくなり、学校規模は縮小した。

治安の不安が報道され、遠くにいる友人のところまで遊びには行かなくなる。さらに、すでに見たように、ヨコの関係ではごく早い段階からピア・プレッシャーが働いている。

一九七〇年代頃までは、子どもが友だちの家に押しかけていって、外から大きな声で「〇〇くん、あーそぼう！」と呼びかける光景が見られた。押しかける子どもは、まず自分が遊びたかった。自分の感情や欲望が優先していたのである。しかし、関係志向の強まった現在、子どもたちは、ごくごく控えめに、時には申し訳なさそうに、小さな声で「〇〇くん、遊べる？」と言う。ここでは、相手の都合が優先している。自分の遊びたいという気持ちは抑圧されている。これではヨコの関係はなかなか発達しない。

こうして見ると、家庭でも友だち関係でも十分に自己開示をしあわないままに大きくなっているケースがかなり多いと考えられる。また、自己開示しているとしても、その真正性も疑わしい。人格を英語でパーソナリティ（personality）というが、これはラテン語のペルソナ（persona）から来ている。ペルソナとは仮面を意味する。実際、私たちは、向き合う相手や、果たすべき役割によって、少しずつ違う自己を演じている。しかし、その場その場で使い分ければよいというのでは、日和見《ひよりみ》主義者（opportunist）になってしまう。何が真正かというと難しいが、自己開示は、自分についての情報をありのままに伝えることでなくてはならない。悪意ではなくても、この段階で偽りがあれば、やはり関係は発達しない。関係からの圧力のなかで、私たちは差し障りのない印象を与えるように振舞うことが習慣化している。

現在の教師は、一次的な教育関係を十分に通過してこなかった児童生徒を相手にしなければならない。すでに、自己の変化を促すような関わりに強い抵抗感がある児童生徒が目の前にいる。加えて、教師の重要な仕事のひとつは悲しいことに評価である。学校場面と生活場面に分

Like a friend♡
生徒の目線に立った友だちのような先生になりたいでぇす

けて想像してみよう。「今何時?」と尋ねて、相手が正しく「二時半」と答えたら、教師であるあなたと友人であるあなたは、それぞれどのように返すだろうか。

相手が友だちなら、「ありがとう」と言うだろう。しかし、自分が教師で相手が児童なら、「はい、そのとおり」と言うだろう。教師は、時計の見方を教えていたのである。教育者は、学習者の反応の真偽・善悪・美醜・利害・得失を評価する権力的な関係の上位にある（佐藤学「教室という政治空間」森田尚人他編『教育学年報』三、世織書房、一九九四年、一一頁参照）。これに対して、関係の対等性に価値を認める児童生徒は、評価されること自体に抵抗する。

教育的関係の条件

そうしたわけで、前章の末尾にあげたように、教職志望学生に「どんな先生になりたいですか」と尋ねると、「生徒の目線にたった友だちのような先生」という答えが返ってくることになる。しかし、この学生の目論見は挫折せざるを得ない。第三章で見たように、教育において出会うのは互いに他者であり、理解しようと努力することはできても、その理解が正しい保証はない。それに、生徒が三〇人いれば三〇の目線があることになる。それに合わせることは不可能だ。教師と生徒が水平的な関係に立つことができるという幻想は早く放棄した方がよい。

それに代わって必要なことは、否応なく非対称的な関係を、いかにして学習者の発達にとって意味あるものにしていくかを考えることである。ここでは、①脱権威的態度、②開放的態度、③情熱的態度の三点をあげておきたい。

先ほどの教職志望学生の意見を一刀両断にしたが、教師が陥りがちな権威的な態度を問題にしようとしていたのなら、それは間違っていない。第三章で見たように、教育者は暗黙の内に

自己の権威づけを図る傾向がある。教育的関係が成熟度格差を前提とする限り、完全に権威から解放されることはあり得ない。権威とは知識や技術などを所有する者への自発的な服従という側面があるからである。では、脱権威的態度とはどういうことかといえば、評価を職務とする教育者が、評価されることに対して開けているということであろう。小学校の学級担任制は、かつて「学級王国」と揶揄《やゆ》された。教師と児童の年齢差も大きく、一人の担任教諭が自己の教育観のままに君臨しうる危険性をさしたものである。もちろん、教師は専門職として位置づけられており、教育にあたって高度な自由を付与されている。しかし、第二章で見たように、教育的な営みは理論的思考のワナに陥りやすい。ゆえに、自己のありようを積極的に第三者の評価に委ねることが必要である。

この点については、教師には教育権があり、外部からの評価はなじまないといった主張がある。しかし、教師に教育権がある以上に、児童生徒には学習権がある。教師の側がある程度は学習が有効に遂行されていることを説明する努力を怠り、単に教育権を主張するだけでは、独善と見なされても仕方がない。保護者による学校行事の参観、ＰＴＡでの学校の取り組みの説明、学校公開、授業アンケートなどを意味あるものにすることは、教師の権威化を防ぐために重要である。また、教育実践が閉鎖的にならない方法上の工夫も必要だ。二人以上の教師がそれぞれ役割分担して同一の生徒集団の教育にあたるティーム・ティーチング（ＴＴ）は、「学級王国」を「学級共和国」にする試みとして評価されている。

そして、忘れてはならないのは、教師は児童生徒に伝達する知識や技術への関心を高める努力を払わなければならないということだ。教師生徒関係は人と人とが向き合う相互人格的関係だが、実は関係を媒介する要素がある三角関係である。それが知識や技術にほかならない。その知識や技術が教師を権威づけている。エピローグで触れるが、現在は人への関心が強いあまり、自分が他者とともにとりくむコトが置き去りになっているという問題がある。教師というヒトではなく、教育の課題となっている知識や技術といったコトへの関心を高めることができれば、教師は背景に退き、学習が前面に出てくる。

第二にあげた開放的態度も、脱権威的態度と結びついている。さまざまな調査が明らかにしているが、学生がもっとも自己開示する相手は同性の友人であり、自己開示のもっとも低い相手は父親であるという（宮原哲『コミュニケーション最前線』松柏社、二〇〇〇年、一四〇頁）。そして、教師も自己開示の相手とは見なされていない。悩み事の相談相手としての順位も低い。そこで、「生徒の目線に立とう」ということになるわけだが、自己開示の返報性で見たように、こちらが自己開示するのに応じて相手の開示も進むものである。教師が自己開示の相手として認識されていないのは、教師の側の自己開示が十分でないことによる。教師には、日常の教育活動のなかで、自分の感情や経験や価値判断を伝える努力が求められる。また、教師の失敗経験が率直に語られると親しみが沸くものである。そして、言うまでもないことだが、自己開示は率直で偽りのないものでなくてはならない。

最後にあげておきたいのが、ノールが教育的関係の特質としてあげた情熱的態度である。情熱などという言葉は、何とも非科学的に映る。しかし、ここまで見てきたように、部分的な関係のなかで自己愛を維持し、自己に変化を促そうとする関わりを拒もうとする学習者と向き合うとき、価値への変化を本当にもたらそうとするならば、ブレーク・スルー（突破）を可能にするのは、やはり情熱という以外にはない。

一七年の小学校教師生活を送った灰谷健次郎が、忘れ得ない経験として書き残したエピソー

ドがある。ある放課後、教室で仕事をしていた灰谷のもとに泣きはらした女子児童とその母が訪ねてきた。児童が差し出した紙切れには、「わたしはドロボーをしました。もうしません。せんせいゆるしてください」と記してあった。児童は、出来心で年下の子どもとチューインガムを万引きしてしまったのだった。若き教師であった灰谷は、母親を帰し、ただ一言「ほんとのことを書かなあかんな」とだけ言って、児童と向かい合った。児童は一行書いては泣き、灰谷はみずからの関わりの厳しさ、あるいは残酷さに苛まれながらも、つらい時間をともにした。その結果、一つの詩が生まれた。

チューインガム一つ

三年　村井　安子

せんせい　おこらんとってね
せんせい　おこらんとって
わたし　ものすごくわるいことした

わたし　おみせやさんの
チューインガムとってん
一年生の子とふたりで
チューインガムとってしもてん
すぐみつかってしもた
きっとかみさん（神様）が
おばさんにしらせたんや
わたし　ものもいわれへん
からだが　おもちゃみたいに
カタカタふるえるねん

わたしが一年生の子に　「とり」いうてん
一年生の子が　「あんたもとり」いうたけど
わたしはみつかったらいややから　いややいうた

一年生の子がとった　でも　わたしがわるい
その子の百ばいも千ばいもわるい　わるい
わるい　わるい
わたしがわるい　おかあちゃんに
みつからへんとおもとったのに　やっぱり　すぐ　みつかった
あんなこわいおかあちゃんのかお　見たことない
あんなかなしそうなおかあちゃんのかお見たことない
しぬくらいたたかれて　「こんな子　うちの子とちがう　出ていき」
おかあちゃんはなきながら　そないいうねん

わたし　ひとりで出ていってん　いつでもいくこうえんにいったら
よその国へいったみたいな気がしたよ　せんせい
どこかへ　いってしまお　とおもた　でも　なんぼあるいても
どこへもいくとこあらへん　なんぼ　かんがえても
あしばっかりふるえて　なんにも　かんがえられへん

おそうに　うちへかえって　さかなみたいにおかあちゃんにあやまってん
けど　おかあちゃんは　わたしのかおを見て　ないてばかりいる
わたしは　どうして　あんなわるいことしてんやろ

もう二日もたっているのに　おかあちゃんは
まだ　さみしそうにないている　せんせいどないしょう

（『子どもに教わったこと』ＮＨＫライブラリー、一九九八年、一二三〜一二七頁）

児童は、この詩を書くことをとおして、自己の犯した罪と対峙し、再生のきっかけをつかんだ。ここで児童は、ジョハリの窓で言えば、未知の自己の一端を開示したのである。

なぜ、児童の自己開示は可能になったのだろうか。そこに技術的・知識的なものは何もなかった。ここには、三つのポイントが見いだされる。第一に、二人は一対一の人間として向き合った。そこでは、教師と生徒という非対称的な関係は克服されていた。第二に、「ほんとのことを書かなあかんな」という言葉に示されるように、灰谷の言葉には率直な開放性があった。そして、第三に、残酷ともいえる時間を耐え抜いた情熱があった。灰谷の情熱は、児童の精神に強い印象（impression）を与えた。それに応じて、「チューインガム一つ」という表現（expression）が現れた。

英語の impress は、im（中に）＋ press（押す）という意味であり、express は ex（外に）＋ press（押す）という意味である。表現は印象があってこそ現れる。当たり障りのない関わりでは印象には残らない。印象が印象であるためには情熱が必要なのである。

教育（education）はラテン語の educare に由来する。語義的には、e（外へ）＋ duct（導く）＋ tion（名

詞形）であり、本来は「引き出す、取り出す」という意味である。教育が成り立つには信頼関係が欠かせない。しかし、それだけでは、学習者が隠したり、まだ開化していない部分を開示することはできない。そこで、教育者が対象として現れることが必要である。

ドイツ語で「客体」や「対象」を表す言葉は、ゲーゲンシュタント(Gegenstand)である。**gegen** は、英語の **against** にあたる前置詞であり、**stand** は英語の **stand** と同じで、「立っている状態」を表す。対象とは、自分に向き合う存在である。灰谷は、児童に「対抗して **gegen**」、「立ちはだかった **stand**」存在であった。ゆえに、強い印象を与え、深い表現が生まれた。

ところで、灰谷は、教育的な関わりにおいて「添う」ことを重視した。「添う」は、相手の横にいて接することである。「添う」は、「引っ張る」でも「押す」でもない。精一杯、相手の主体性を尊重した関わりだ。「添う」ことに教育の基本を見た灰谷ではあったが、児童が危機に陥ったとき、彼は児童の前に対象として現れたのである。

こうして、教育的態度をとるためには、「情熱なくしては成しえず」と知ることが求められる。あるときは添い、見守ることが必要なこともある。しかし、突き放すことや向き合うことが必要な時もある。部分的な関わりで済まない状況にあって、壁を越えさせるのは情熱である。

次章に向けて

井上靖（一九〇七～一九九一）の小説『あすなろ物語』に「あすは檜《ひのき》になろう、あすは檜になろうと一生懸命考えている木よ。でも、永久に檜にはなれないんだって！　それであすなろうと言うのよ。」（新潮文庫、二〇〇二年、四七頁）という台詞があります。このアスナロの名前の由来は俗説なのですが、これについてどう思いますか？

第七章　個性を育む？——社会化と個性化

人間は自らを特定の環境に適応させるにつれて、以前とは異なる個人になる。
しかし、異なった個人になるなかで、彼は自分が生活している共同体に影響を与える。
ジョージ・ハーバート・ミード

一　負荷なき個人はいるのか？

個性重視の教育観

学生があるべき教育について書くと、必ず用いる言葉が「個性」である。いったい、個性とは何で、どこにあり、個性的な教育とは何なのだろうか。こうした問題を考える際に必ずとりあげられるのが、ルソーである。彼は『社会契約論』の著者として政治思想史において名高いが、彼が著した教育小説『エミール』も教育思想の古典と見なされている。この小説は架空の孤児エミールをルソーが育てるという筋書きだが、当時の身分制社会を批判し自由で自律的な人間の形成を訴えたことで、彼は個性重視の教育観の先駆者として位置づけられている。ただ

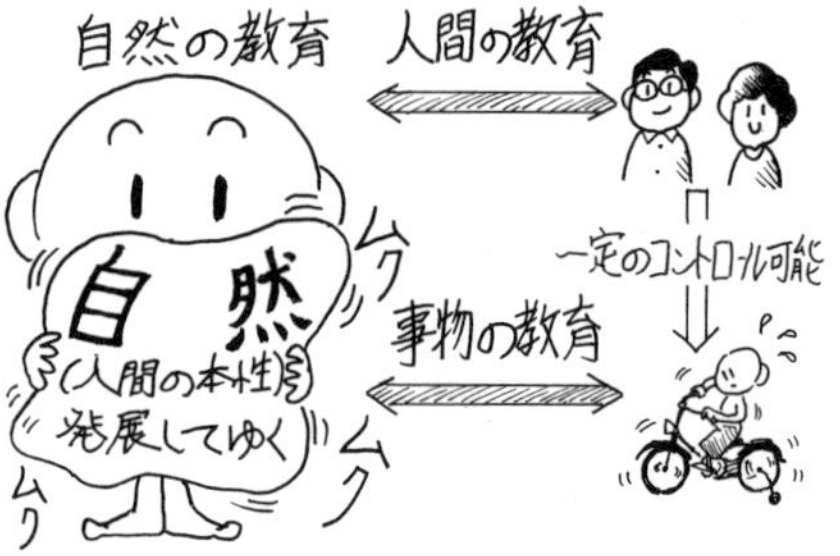

し、彼は五人の子をすべて孤児院に送り、それを暴露されたというエピソードの持ち主である。にもかかわらず、『エミール』に見られる教育分析は鋭い。

「教育は、自然か人間か事物によってあたえられる。わたしたちの能力と器官の内部的発展は自然の教育である。この発展をいかに利用すべきかを教えるのは人間の教育である。わたしたちを刺激する事物についてわたしたち自身の経験が獲得するのは事物の教育である。（中略）完全な教育には三つの教育の一致が必要なのだから、わたしたちの力でどうすることもできないものにほかの二つを一致させなければならない。」（『エミール』上、二四～二五頁）

ここでルソーは、教育を、自然の教育、事物の教育、人間の教育に分類した。これら三つの教育の関係を図式化する練習をすると、教育的思考のよいトレーニングになる。問題は自然の教育である。「わたしたちの能力と器官の内部的発展」とあることから分かるように、これはもちろん環境教育のことではない。ここでいう自然とは、人間の本性（自然 nature）のことである。人間の教育は私たちが普通に想像する家庭や学校における教育であり、事物の教育とは人間生活で出会うさまざまな出来事をさす。そして、教育が関係として現れるということからすれば、三つの教育の関係は、だいたい図のように示されるだろう。

さて、ルソーの言うとおり、これら三つが一致していないと、子どもは混乱するだろう。しかし、三つの教育のうちで人為的にコントロールできないものがある。人間の教育を人間がコントロールできないでは話にならない。事物の教育は、たとえばインターネットの有害サイトを子どもに見られなくするようにブロックするなどといった方法で一定のコントロールが可能である。それに対して、自然の教育は子どもの内部の話であり、手を突っ込んで何とかすると

いうわけにはいかない。彼は自然の教育に事物と人間による教育をいかに適合させるかを問題とした。次章で見るように、彼は、人為的な介入をできるだけ控えることによって、自然の発展を待つことを重視した。

ルソーの自然主義的な教育観は、一八世紀ヨーロッパにあって大きな反響を呼んだ。反宗教的・反王権的という理由で、『エミール』は焚書《ふんしょ》となった。公開の場に本が集められ、見せしめのために焼かれたのである。さらには逮捕令まで出て、彼は一〇年近い放浪生活を余儀なくされた。しかし、『エミール』は、英語やドイツ語に翻訳されて普及し、富裕階級には『エミール』に倣って子育てを試みた者もいた。しかし、国民教育が成立する過程では、子どもの内面の自然なるものは、その根拠が曖昧であるうえに、国民の形成という明確で外的な目標とそぐわないこともあって、十分に省みられることはなかった。

しかし、第五章で見たように、国民教育はどうしても画一的・一方的となってしまう。それを象徴するのが一斉教授法である。これは、学年と学級を厳密に定め、一人の教師が多数の児童生徒に同一の教材を同時に教える方法である。私たちが授業をイメージすると、まず一斉教授の場面を思い起こす。しかし、教育の歴史においては、一斉教授はそれほど一般的ではない。たとえば、江戸時代の寺子屋は学年学級制ではない。いつでも入門が可能で、進度が異なる学習者が混在していた。一斉教授は教育の効率がよく、同じ教育内容を与えるという平等主義的要素もあるが、子どもの個人差に対応しておらず、常に子どもを受動的な状態においていることは問題である。『学問のすゝめ』を著した福澤諭吉は、明治の近代化の早い段階で、国民教育の問題点を意識していた節がある。

「学校は人に物を教ふるところにあらず。唯《ただ》その天資の発達を妨げずして能《よ》く之を発育

するための具たり。教育の文字甚《はなは》だ穏当ならず、宜《よろ》しく之を発育と称すべきなり。」（「文明教育論」『福沢諭吉教育論集』明治図書出版、一九八一年、八二頁）

「教育」という語は、すでに中国・春秋時代の孟子に見ることができるが、教育的な営みを言い表す言葉としては、日本においては必ずしも一般的ではなかった。ちなみに、「教」の字は、左側は学び舎にいる子どもたちを表し、右側の「のぶん」は鞭を表す。全体としては、年長者が子どもを鞭で打って励ますという作りになっている（白川静『常用字解』平凡社、二〇〇三年、一二七頁）。「育」の字が、子どもをお腹から取り出すのを表しているのとは対照的である。福澤が、教の字を嫌って、先天的な資質の発達を妨げないで発達させるところに教育の意義を見ていたことは注目される。彼の意見が取り入れられていたら、教育学は発育学と呼ばれていたかもしれない。その方が、西洋の education の原義には近い。

さて、一九世紀末から二〇世紀にかけて世界でとりくまれた新教育のなかで、一方的・画一的な教育を克服する試みがなされた。たとえば、アメリカの教育者パーカスト（Helen Parkhurst, 一八八七〜一九七三）が創案し、アメリカ・マサチューセッツ州ダルトンで一九二〇年から実施された教育方法（ダルトン・プラン）はよく知られている。これは、教師が学習課題（アサインメント、assignment）を子どもに課し、子どもはそれを契約として引き受け、それぞれの個性や能力に応じた学習計画に基づいて自学自習を進めていくものであった。

第二次世界大戦後、日本では、個性重視の原則が法的にも明示された。教育基本法の第一条には、こう記された。

「教育は、人格の完成をめざし、平和的な国家及び社会の形成者として、真理と正義を愛し、個人の価値をたっとび、勤労と責任を重んじ、自主的精神に充ちた心身ともに健康な国民の育成を期して行われなければならない。」

以後、個性重視の原則は、各種の答申で繰り返し触れられた。一九八〇年代、イギリスやアメリカでは市場経済の徹底と個人の自由の拡大と自己責任を強調する新自由主義（new liberalism）が台頭した。イギリス初の女性首相サッチャー（Margaret Hilda Thatcher, 一九二五〜）の大胆な改革は有名である。日本では、中曽根政権のもとで国鉄からＪＲへの民営化が断行され、教育分野においても臨時教育審議会が設置された。その第一次答申では、個性重視が強調された。

「教育改革において最も重要なことは、これまでの我が国の教育の根深い病弊である画一性、硬直性、閉鎖性、非国際性を打破して、個人の尊厳、個性の尊重、自由・自律、自己責任の原則、すなわち個性重視の原則を確立することである。」（「臨時教育審議会第一次答申」一九八五年）

基本的には、二一世紀に至るまで、この考え方は一貫している。日本の教育政策のありかたを文部科学大臣に答申する政府の審議会に中央教育審議会（中教審）があるが、一九九七年の「二一世紀を展望した我が国の教育の在り方について（第二次答申）」では、個性の伸長はもっとも重要な原則と見なされた。

「教育は、『自分さがしの旅』を扶《たす》ける営みと言える。子どもたちは、教育を通じて、社会の中で生きていくための基礎・基本を身に付けるとともに、個性を見出し、自らにふさわしい生き方を選択していく。子どもたちは、こうした一連の過程で、試行錯誤を経ながら様々な体験を積み重ね、自己実現を目指していくのであり、それを的確に支援することが、教育の最も重要な使命である。このような教育本来の在り方からすれば、一人一人の個性をかけがえのないものとして尊重し、その伸長を図ることを、教育改革の基本的な考え方としていくべきである。」

ただし、臨教審答申と一九九七年の中教審答申の間には相違もある。そこには第一章で見た臨床的態度の浸透があるだろう。中教審答申には、「自分さがし」「生き方の選択」といった文言に見られるように、個人の内面的な過程を強調し、それを支援することが教育であるという助成的な教育観が現れている。

「自分らしく」の落とし穴

個性重視は、言うまでもなく、行政だけの主張ではない。むしろ、一九八〇年代以降、官民あげて個性化が訴えられてきたといえる。一九六〇年代、大人の支配的文化に対抗するカウンター・カルチャー（対抗文化）が大きな力を持った。ロック音楽がもてはやされ、大人の側はそれらを風紀を乱すとして批判した。ビートルズ（The Beatles）が来日した際、コンサートに日本武道館を使用させるか否かで大論争になったなどという話は、時代の風潮をよく表している。

これに対して、とくに一九八〇年代以降、価値観の多様化と相対化が進んだなかで、支配的文化は曖昧な存在になった。そして、大人の文化と若者文化の対立も鮮明ではなくなった。現在の若者文化は、サブカルチャーとして位置づけられることが多い。サブカルチャーとは、支配的な文化と共通しながらも、性別・年齢・階層・地域等による独自性を有する文化である。漫画やアニメーションなどが、その典型と言えるだろう。サブカルチャーは支配的文化と融和的な傾向がある。というのは、サブカルチャーは個性的であるということが自己主張のすべてであるような面があり、その点さえ認められれば支配的文化に積極的に対抗しようという意図は持たないからだ。基本的に私生活主義なのである。また、大人の側は、自分たちの存在を揺るがさない限りはサブカルチャーを上手に取り込んで商品化するようになった。

こうしてサブカルチャーの消費が進んできたが、そこでスローガンとなったのは、「自分らしく」「自分なりに」という言葉であった。一九六八年に始まったオリコン株式会社のチャートにのぼった年間ヒット曲の歌詞を見ていくと、一九九〇年代からある傾向が見られる。「自分らしく」「自分なりに」「ありのままの自分」というメッセージを盛り込んだ「自分ソング」ともいうべき歌が大ヒットしているのである。一九八九年第三位の長渕剛の「とんぼ」の「俺は俺であり続けたい　そう願った」あたりから変化が見られ始め、九〇年代に入ると、槇原敬之の「どんなときも」の「僕が僕らしくあるために」(九一年第四位)、CHAGE & ASKA の「YHA YHA YHA」の「自分を失くさぬために」(九三年第一位)、Mr. Children の「Innocent world」の「僕は僕のまま」(九四年第一位)、岡本真夜の「TOMORROW」の「自分をそのまま信じていてね」(九五年第八位)、Mr. Children「名もなき詩」の「あるがままの心で生きられぬ弱さ」(九六年第一位)、三木道三の「Lifetime Respect」の「ありのまんまの俺」(二〇〇一年第九位)と、「自分らしさ」を歌わなければヒットしないような状況となった。そして、二〇〇三年第一位の槇原敬之がSMAPに提供した「世界に一つだけの花」で、自分ソングのメッセージは頂点に達した観がある。人間は、一人ひとり違う種を持つ Only one な存在であるというメッセージは、広く受け入れられた。

個性の尊重はたしかに大切である。しかし、「Ｎｏ１にならなくていい」と言い切ってしまうと、現状肯定になってしまいかねない。教師と児童生徒の間では、こんなやりとりがよく見られる。勉強が進んでいない生徒に、教師は遠慮がちに尋ねる。

「どう、勉強の方、進んでるかな。」

「勉強は進んでる？」とはきかない。相手の気分を害さないように「勉強の方」とぼかす。に

もかかわらず、口をとがらした生徒から、こんな答えが返ってくる。

「自分なりに頑張ってます。」

こう答えられたら万事休すである。「自分なり」なままでは困るからきいているのである。自分を基準にしていては、学びは促進しない。学びとは、自分と世界の落差を埋めようとする営みであるからだ。

単位がとれずに留年した学生から「これからもマイペースで行くだろうと思いますが、よろしくお願いします」と言われたら、どうするだろうか。マイペースに問題があって卒業できなかったわけであり、マイペースのままでは永久に卒業できない。

こうしたわけで、行き過ぎた個性重視は批判される。とくに二〇世紀後半から、個性重視を支える自由主義を批判しているのが共同体主義（communitarianism）である。これは、共同体の価値を重視する政治思想であり、自由主義が共同体の伝統や慣習から切り離された「負荷なき自我」（unencumbered self）を想定していることを問題視する。共同体主義の主張は、性別や人種や家庭環境を前提とするがゆえに、人間を共同体の拘束のもとにおいてしまうとして批判されている。しかし、ルソーが、「人間は自由なものとして生まれた、しかもいたるところで鎖につながれている」（『社会契約論』桑原武夫・前川貞次郎訳、岩波文庫、一九五四年、一五頁）と記したように、人間がさまざまな拘束のもとにあるのは事実である。あたかもそうした拘束がないように生きることができるというメッセージは、人生に甘い幻想を与えてしまいかねない。

二　社会化と教育

社会化としての教育

個性化の対極にあると見なされるのが社会化である。社会化とは、個人が所属する社会に適応できるように、その社会で一般的に共有されている知識・言語・習慣・技能等を習得することをいう。教育を社会化として位置づけたのは、一九世紀から二〇世紀初頭にかけて社会学の体系化にとりくんだフランスのデュルケーム（Émile Durkheim, 一八五八～一九一七）である。彼はすぐれた社会学者であるとともに、ボルドー大学やソルボンヌ大学で教育学を講じた。その講義で、彼はこう述べた。

「教育は集合生活が要求する本質的類似性を子どもの心に予め固定せしめることによってこの同質性を永続せしめ、かつ強化するのである。しかし他面では一定の多様性なくしてはすべての協同は不可能である。教育はそれ自体を分化させ、専門化させることによってこの必要な多様性の永続を確保する。（中略）教育はそれゆえ、未成年者の体系的社会化であるということが結果する。」（『教育と社会学』佐々木交賢訳、誠信書房、一九七六年、五八～五九頁）

個性重視の教育観の持ち主は、この定義にかなりの抵抗を示すだろう。とくに、「本質的類似性を固定させる」というのを一種の洗脳のように感じるかもしれない。しかし、第四章で見たように、人間は教育必要な存在である。生まれたまま放置しておくわけにはいかない。

また、デュルケームが、本質的類似性と多様性という言葉を用いていることに注意が必要だ。言葉を交わすことひとつにしても、まったく別の言語では、お互いの言語を学習していないと意思疎通は困難だ。また、日本人どうしだからといって、完全に同じ日本語を話しているわけではない。同じ日本語でも方言があり、性別・年齢・職業などによって語彙も表現法も微妙に異なっている。では、話が通じないかといえば、互いが努力しあえば何とか通じる。これは、均一ではないが一定の理解が可能な範囲で類似しているからである。実際、コミュニケーションは相手が違う人間だから面白い。もし、常に同じことを考えているなら、わざわざ話す必要もない。また、社会規模が拡大すれば、必然的に分業化が進む。そこで、知識や言語ばかりでなく、習慣や技能も多様化する。この多様性の存続によって社会は発展する。

ただし、デュルケームのように、個人の外にあって個人を拘束する思考や行動の様式としての「社会的事実」(fait social)を分析の対象とする立場では、個人の心理的な過程は度外視される。個人の意識が社会を動かすのではなく、それとは独立した社会の意識(集合表象)が人間を拘束するというのが、彼の主張であった。個人の意識に対して社会の優越性を認め、その観点から人間や社会を理解しようとする立場を社会学主義という。社会学主義の視点においては、ルソーが強調したような人間の内的な自然は認められない。

そうしてみると、社会化の視点には、第三章でとりあげた行動主義との親近性が認められる。個人の意識といった取り出すことのできないレベルを扱わないことで、科学的な考察が可能になるのは強みである。

社会目標と教育

とはいっても、社会化は、教育を社会への適応と見なす限り、教育による社会目標の実現という政治的課題と結びつくという宿命から免れない。郷土愛や愛国心が教育においてどうしても問題となるのには、こうした背景がある。

一九世紀後半以降に成立した国民教育のもとでは、社会化は具体的には国家主義的な教育によって実現されることになった。国家どうしが競いあう状況においては、社会化、つまり教育は、国家の発展に寄与するものが求められることになった。第二次世界大戦下の国家主義による教育統制は厳しいものであった。戦争の遂行のために、学業を中断して戦地に赴いた学生の多くが若い命を散らせた。そうした戦没学生の手記が収められた『きけわだつみのこえ』には、軍隊生活のなかで、無感動になっていく自分を嘆く青年の思いが綴られている。

「軍隊生活に於《お》て私が苦痛としましたことの内で、私の感情——繊細な鋭敏な——が段々とすりへらされて、何物をも恐れないかはりに何物にも反応しない様な状態に堕ちて行くのではないかといふ疑念程、私を憂鬱にしたものはありません。私はそうやって段々動物になり下って了《しま》ふよりは、いつまでも鋭敏な感情に生きつつ、しかも果敢な戦闘を遂行したい衝動にかられてゐます。」（日本戦没学生記念会編、岩波文庫、一九八二年、二四頁）

「たとえ黒でも、上官が白といえば白」という環境で、受動的に命令に服従することばかり要求されると、価値判断力は急速に衰えていく。「これは美しい」「あれが好きだ」といった思いを抑圧しなければならない。学生は、感情を失うくらいなら人間として死ぬことを願った。

第二次世界大戦後、軍国主義の反省に立って、日本が選択したのは経済大国への道であった。とくに、池田内閣の所得倍増計画のもとで、経済界は高度な知識や技術を有したハイタレントの養成を教育界に求めた。一九六三年の経済審議会答申「経済発展における人的能力開発の課題と対策」には、このような言及がある。

「教育における能力主義徹底の一つの側面として、ハイタレント・マンパワーの養成の問題がある。ここでハイタレント・マンパワーとは、経済に関連する各方面で主導的な役割を果たし、経済発展をリードする人的能力のことである。（中略）学校教育を含めて社会全体がハイタレントを尊重する意識をもつべきである。」

ここで、学校は社会的な人材の供給機関と見なされ、教育は個人の人間形成よりも経済発展の手段としてとらえられた。もっとも、「衣食足りて礼節を知る」といわれるように、生活基盤が安定して、はじめて人格形成もうまくいくということがある。「貧すれば鈍する」で、生活に追われてばかりいると誰もが浅ましい考えをもつようにもなる。経済界の教育要求はきわめて現実的であり、教育基本法の個性重視の原則はありながらも、実際の教育政策は経済界のイニシアティヴのもとにあったといってよい。そして、学校が送り出したマンパワーによって、日本が二〇世紀の奇跡といわれる経済発展を成し遂げたのは事実であった。

しかし、一方的・注入的な教育が、多くの問題をもたらすことは言うまでもない。一九六八年（昭和四三年）告示の学習指導要領では、ハイタレント・マンパワーの養成という経済界の要求に応え、「教育内容の現代化」が図られた。これは第二次世界大戦後のもっとも濃密なカリキュラムであり、とくに算数や理科は高度な内容が盛り込まれた。授業時間数も増やされたが、授業内容をこなすのには時間が足りず、「新幹線授業」などと言われ、授業についていけない多くの「落ちこぼれ」を生んだ。授業についていけるのは、小学校で七割、中学校で五割、高等学校で三割の「七五三」などとも言われた。

ブラジルの教育家フレイレ（Paulo Freire, 一九二一～一九九七）は、社会目標が先行した教育を「銀行型教育概念」（'the banking' concept of education）と呼んで批判した。

「一方的語りかけは、生徒を語りかけられる内容の機械的な暗記者にする。さらに悪いことに、彼らはそれによって容器、つまり、教師によって満たされるべき入れ物に変えら

れてしまう。入れ物をいっぱいに満たせば満たすほど、それだけ彼はよい教師である。入れ物の方は従順に満たされていればいるほど、それだけ彼らはよい生徒である。教育はこうして、預金行為となる。そこでは、生徒が金庫で教師が預金者である。」（『被抑圧者の教育学』小沢有作他訳、亜紀書房、一九七九年、六六頁）

生徒に蓄えられた知識は、社会によって引き出される。そこで人間は、経済発展のための資源（resource）としての人材（human resource）となる。社会化は個人と社会の存続のためには不可欠のプロセスである。しかし、社会的要求が過剰になると、多くの問題が生じる。

三　個人と社会の相互作用

アスナロのジレンマ

個性化でも社会化でも、どちらか一方に偏ると、いろいろな問題がある。ではどうすればよいのか。ここでは前章の末尾に掲げた井上靖の『あすなろ物語』を通して考えたい。この作品には、彼の幼少期から青年期の経験が反映されている。

主人公の鮎太は、親元を離れ、小さな村で祖母と二人でひっそりと暮らしていた。そこにちょっと小悪魔的な冴子という少女がやってきた。冴子は、この村にときおりやってくる加島という学生に恋しており、鮎太はたびたびラブレターをもって行かされた。ところが、冴子と加島は冬山に入って心中してしまう。鮎太は、二人の死体を見てしまうが、そのそばにアスナロの木が立っていた。鮎太は、かつて冴子が、アスナロの木を指して、

「あすは檜になろう、あすは檜になろうと一生懸命考えている木よ。でも、永久に檜に

はなれないんだって！　それであすなろうと言うのよ。」

と話していたのを思い起こす。鮎太は、二人の死を乗り越え、自己の弱さに打ち克って生きていかなくてはならないと決心する。その後、中学校に進んだ鮎太は寺に住み込むが、おおらかな性格の雪枝という女性と出会い、そのひ弱さを徹底してたたき直される。自分が、学業に向いているのか、運動に向いているのか、その頃始めた詩作に向いているのか、鮎太は、アスナロの木の謂《いわ》れを思い出す。

鮎太は、高等学校卒業後、九州の大学に進む。しかし、学業には意味を見出せず、高等学校時代にあこがれた信子のいる東京までたびたび足を運ぶ。信子は、多くの人間はアスナロだが、なかには檜の子も混じっていると言う。信子をあこがれる男たちを前に、信子は「誰が檜の子かしら」とそそのかす。学業に意味を見出せないままに過ごす鮎太の周辺には、戦争で華々しく死んだり、画家をめざしたり、檜の子であろうとする者たちがいた。鮎太が、アスナロは自分だけかと信子に話すと、こんな言葉が返ってきた。

「『だって、貴方は翌檜《あすなろ》でさえもないじゃありませんか。翌檜は、一生懸命に明日は檜になろうと思っているでしょう。貴方は何になろうとも思っていらっしゃらない』。

いわれて見れば、その通りであった。鮎太は何になろうとも思っていなかった。親からの仕送りで、毎日毎日を、のんべんだらりと、怠惰に送り暮らしているに過ぎなかった。哲学書を耽読《たんどく》していると言っても、それで学者になれるわけでも、それに依《よ》って生活の質が得られるわけでもなかった。一生何をやろうと言う当てもなかった。そろそろ卒業論文にとりかからなければならぬ時期だったが、それさえも億劫《おっくう》になっていた。」（新潮文庫版、一二七～一二八頁）

鮎太には、信子の言葉は劣等感をかばってくれるねぎらいの言葉に響いた。その後、新聞社に入った鮎太の周りには、特ダネをとろうとする大勢のアスナロたちがいた。しかし、戦争が激化するなかで、人々は絶望のなかで生きざるを得なかった。井上靖はこう記している。

「明日は何ものかになろうというアスナロたちが、日本の都市という都市から全く姿を消してしまったのは、B二九の爆撃が漸《ようや》く熾烈を極め出した終戦の年の冬頃からである。日本人の誰もがもう明日と言う日を信じなくなっていた。」（同、一九六頁）

そのなかで鮎太の目にアスナロと映ったのは、興味を抱いた研究に没頭し、空襲から逃れるために疎開しようともしない高等学校時代の同級生の犬塚であった。また、空襲で焼かれた街でもたくましく生きている熊井という男の姿にアスナロを見た。戦争が終わり、必死に生きようとする人々の姿に、鮎太は、再びアスナロが現れているのに気づいた。

さて、個性化と社会化の関わりについて考えてみよう。明日は檜になろうと思い焦がれても、アスナロは結局アスナロでしかない。不可能なことを思うのはナンセンスにも思える。また、アスナロに「あすなろう」と思わせているのは、他者をうらやむ劣等感である。自分が劣等感を抱いていることは、他人に感じられるのも、自分で認めるのもいやなことだ。劣等感をコンプレックスというが、コンプレックスとは複雑性である。「なりたい」という思いと「なれない」という諦めが入り混じっている複雑な思いである。何にしても、相反した思いを抱え続けるのはしんどいことである。

そこで、「いっそのこと、『檜になろう』などと思わなければ楽になれるに違いない」と思う。「檜になろう」という目標から降りる。コース・オフする。すると、一時は自由が享受できる。しかし、それが逃避に過ぎなければ、コース・オフした先は別なコースなのではない。「あすなろう」と思うことをやめれば、アスナロはアスナロですらなくなるのである。その意味で、信子の言葉は厳しい。

ここには、成長を動機づけるシステムが現れている。「あすなろう」、つまり成長しようという思いは、檜という外的目標があって成立する。しかし、アスナロは絶対に檜にはなれない。人間も互いに他者であり、どんなに努力しても目標にする人物にはなれない。アスナロはどこまでもアスナロでしかない。私たちも私たちでしかない。しかし、外的目標をもつとき、目標を持たなくてはなれなかった何かになることが可能になる。たとえば、野球少年がイチローのようなプレーヤーになりたいと思っても、イチローには絶対になれない。しかし、そのように思って練習するのと、そんなことを思うのはバカらしいと思って練習するのとでは、振り返ったときの差は大きいに違いない。イチローにはなれない。しかし、イチローをめざせば、自分は今の自分とは別な自分になるきっかけが得られる。

そう考えると、「自分なりに」「自分らしく」という信念には大きな問題があると言わざるを得ない。というのは、こうした信念に固執すると、成長の動機づけのシステムをみずから放棄してしまうからである。自分は何の努力もいらず、すでに自分であるわけで、目標(ターゲット)を自分の内部におくのは、もう完成しているということである。それでは変化は起きない。

変化が起きないだけならよいが、そこには新たな問題が生まれる。目標を内部に持つとき、私たちは外部に対して閉じている。そうした閉じた自我で自己完結すると、自分はそのなかに幽閉されてしまう。その点、**Mr. Children** が「名もなき詩」で「自分らしさの檻《おり》」と歌ったのは天才的である。「自分らしさ」とは、実は自分を閉じ込める「檻」にもなる。外的目標を放棄して「自分らしさ」をめざすのは、外的目標に拘束されるのを嫌い、自由を求めるからである。

しかし、自分らしさだけに囚われると、今とは別な自分になる可能性を放棄することになる。そして、それは可能性の放棄にとどまらず、現状維持も困難になる場合がほとんどだ（三浦展『下流社会』光文社新書、二〇〇五年、一六七頁）。外部からの変化を促す関わりを拒否し、「自分なりにやっています」とはねかえしているが、実は行動には結びつかない曖昧な思考を繰り返しているだけの自分がいる。社会化という側面を排除した個性化は幻想である。たとえしんどくても、社会化と個性化という相反した要求を抱えこむところで、変化は可能になる。

「世界に一つだけの花」も、実は単なる自分らしさの擁護には終わっていない。一人ひとりの花を「咲かせることだけに　一生懸命になればいい」と歌っている。桜は蕾で終わっては未完である。咲き薫り、実をつけてこそ意味を持つ。

自我構築の過程

さて、個性重視といっても、人里離れた山奥や無人島で暮らすというのでもない限り、社会との接触は避けられないし、一定の社会的役割を担わなければならない。その際、社会の近代化によって、大人になるには一種の断絶の克服が必要になった。二〇世紀フランスの社会史家アリエス（Philippe Ariès, 一九一四～一九八四）の研究によれば、子ども期が大人とは別個の人生の固有の時期と見なされるようになったのは、ヨーロッパでは近代初頭のことであったという（『〈子供〉の誕生』杉山光信他訳、みすず書房、一九八〇年）。また、その後の学校化は、一定期間、子どもを社会から隔離することになった。さらに、産業革命以降の絶えざる技術革新によって、職業に就くには固有の知識や技術が求められるようになった。

こうして、近代社会においては、自己発見と社会的成長が青年期の課題とみなされることに

なった。二〇世紀アメリカの心理学者エリクソン（Erik Homburger Erikson, 一九〇二〜一九九四）は、そのための準備期間を大人社会に出るまでの猶予期間という意味でモラトリアム（moratorium）と名づけた。『あすなろ物語』での大学入学後の鮎太の生活は、まさしくモラトリアムである。

次章で見るように、青年期は自立の欲求と不安が交錯する危機の時期であり、その葛藤のために社会的目標からコース・オフしたり非行等の逸脱行動に陥ることがある。また、進路選択を先送りし、モラトリアムの期間がずるずると延長する場合もある。イギリス政府が、「教育を受けておらず、就業しておらず、職業訓練も受けていない（Not in Education, Employment or Training）」人々をさしてニート（NEET）という略語をあてたのは、一九九九年のことである。当時、国際的な経済の停滞と若年労働者の失業率上昇が問題視されており、日本では世紀転換期を境に、ニート問題がクローズアップされてきた。ニートは、一五〜三四歳までの主婦と学生を除く非労働力人口をさすとされたが、二〇〇四年度では推計六四万人がニートとされた。ここには、新卒者求人数の低下が背景にあり、若者だけを責めるのは問題であるという主張もある（本田由紀他『「ニート」って言うな！』光文社新書、二〇〇六年）。しかし、一九九〇年代の個性尊重の風潮が、まったく無縁とはいえないようにも思われる。

青年期の課題として、よくアイデンティティ（identity）の確立がいわれる。アイデンティティ（自己同一性）とは、「自分は〜である」という認識であり、エリクソンが、青年期の発達課題を考察した際に用いたことから普及した。アイデンティティの確立は生涯を通じての課題であるが、とくに青年期は社会との葛藤を抱きやすい時期であるため、重要な課題となる。さて、このアイデンティティとは、アスナロのジレンマで考えたように、自己と自己の外部との応答によって成立する。このことを、二〇世紀アメリカの社会学者ミード（George Herbert Mead, 一八六三

～一九三一）が、こう記している。

「社会的行動のなかで他者に影響を及ぼし、次にその刺激によって引き起こされた他者の態度を取得し、次に今度はこの反応に反作用するという社会過程こそが、自我を構築するのである。」（『精神・自我・社会』河村望訳、人間の科学社、一九九五年、二一一頁）

『あすなろ物語』の鮎太は、中学校に入って秀才で通り、シンドウ（神童）と呼ばれる。あるとき、英語のリーダーを一時間も暗誦してみせたが、生意気だということで上級生から暴行を受ける。行動が他者に影響を与え、その反応が手厳しく返ってきたわけである。雪江は、臆病な鮎太がはがゆくてたまらず、身体を鍛えるように勧め、鮎太は鉄棒を始める。そして、丈夫になった鮎太は激しい喧嘩もするようになっていく。反応に対する反作用である。「自分は～である」という問いへの答えはまだ見つからない。しかし、環境と自己との相互作用のなかで、自己像の変化が続いていく。アイデンティティは、こうした相互作用の過程で次第に構成されていく。そして、いったん構成されたと感じても、進学・就職・転職・結婚・出産・病気・離婚等の人生のさまざまな転機において、アイデンティティを再構成する必要に迫られる。こうして新たな社会的役割を獲得していく過程を二次的社会化という。

ところでアイデンティティの構成を妨げるのが、「自分らしく」「自分なりに」に固執する自愛心なのである。他者や社会との適度な葛藤や参照（reference）なくしては、アイデンティティは構成されない。他者を参照できるためには、感受性が必要だ。「あの人はいいなあ」とか「この人はいやだなあ」という価値判断が生まれないと参照できない。感受性が育ってくると、人間以外の物事にも意味を見出すことができる。

『あすなろ物語』の鮎太は、きわめて感受性の強い少年として描かれている。アスナロの木に参照して、自分を変化させようとする。自然界に教育的意味を見出しているのである。そして、他者の言葉の受け止めも敏感である。アスナロの木の名前の謂れを教えてくれたのは冴子だが、彼女は学生と心中してしまう。どうみても、あまり褒められた人生とはいえない。冴子は親でも教師でもない。しかし、鮎太は、二人の死からも学んでいるのである。冴子と結ばれたいという淡い欲求と結ばれないだろうという諦めが、冴子の何気ない言葉を「教え」として受けとらせていると見なせるだろう。こうしたフィーリングは、現在の若者の多くには、想像すらむずかしいだろう。「男女七歳にして席を同じうせず」という男女を分離する思想が支配していた時代には、男女の間には距離の故の憧れがあり、それは互いが自己の外部に出るきっかけになっていた。

社会と自我の柔軟性

しかし、自我の確立が青年期の避けがたい課題であるのは、現在でも変わりはない。ロック・ミュージシャン尾崎豊（一九六五〜一九九二）の名曲「卒業」は、社会（この歌の場合は学校）との葛藤のなかで、自由を模索する若者の思いを歌っている。彼が中学校時代を過ごした一九八〇年代は校内暴力等に対処するために学校管理が強化されており、彼がとりあげた教師や学校への疑問は広く受け入れられる素地があった。彼は、進路を模索した末に進学した高校でたびたび校則を破り、ついには卒業まで二ヶ月を残して退学した。そうした経験から生まれた「卒業」は、若者の圧倒的な支持を受け、彼は「一〇代の教祖」とさえ呼ばれた。

一見すると、この歌は管理教育を押しつける学校や教師への反感が歌われているように思われるが、決してそこにとどまってはいない。若者を拘束する大人たちもそれぞれの生活を負い、社会での支配のもとにある「かよわき子羊」のような弱い存在であることを冷静にとらえている。そして、自由とは「仕組まれた自由」でしかなく、「支配からの卒業」の果てに「本当の自分」と出会うことはできるのかと問いかけている。

この作品への評価は賛否両論であろう。教育者との格別の葛藤を経験しなかった優等生タイプには、「夜の校舎　窓ガラス壊してまわった」などは何のことか理解できないだろう。「本当の自分」など改まって考えず、教育者が良かれと思って提示してくる課題を着々とこなして社会化していけばよいと思うかもしれない。また逆に、学校教育から逸脱気味の者は尾崎のメッセージを受けとめ、その遺志を継いだ気持で学校批判をしていくかもしれない。

学校教育に絶えざる改善が必要なのは、そのとおりだろう。しかし、ここで重要なのは、大人の支配的文化との接触が尾崎豊の創作を可能にしたということだ。具体的に見ても、尾崎の親は尾崎の音楽活動には終始協力的であったし、進路選択にも寛大だった。また、結局は退学した高校も自由な校風で、彼の音楽活動には理解を示していた。彼は、そうした環境を単に享受するのではなく、その背後に「仕組まれた自由」を感じ、抵抗を続けていった。もし彼が何の疑問も持ち得ないような思い通りの環境に恵まれていたら、また、彼が満たされない環境に立ち向かわず、背を向けてしまったら、「卒業」は生まれなかっただろう。

人間は社会のなかでしか生きられないが、常に社会の目標に適合することが個人にとって望ましい発達とは限らない。社会を通過するなかで、自身が受け入れられる課題を選択することが重要である。そして、その選択は、他者や環境に対する何らかの参照によって可能になる。純粋な個性化も存在しないし、純粋な社会化も存在しない。両極端のどこかを揺れ動きながら、人間は変化し続ける。

そして、人間の変化を支えるのが社会の柔軟性である。尾崎は学校教育に絶えがたい違和感を抱いていた。それは悲痛なことであった。しかし、学校批判を自由に表明でき、それが大ヒット曲になるという程度においては、社会は自由であった。一九九〇年代になると「卒業」の歌詞は大学入試でとりあげられ、二一世紀になると尾崎のエピソードは高等学校の教科書で扱われるようになった。先に引いたように、井上靖は、戦争の激化によって、「あすなろたちが、日本の都市という都市から全く姿を消してしまった」と記した。それは、人々が「明日と言う日を信じなくなっていた」からである。希望とは字義的には「かすかな望み」である。未来にわずかな望みも見出せない社会では、人間は変化する動機づけを失ってしまう。第二次世界大戦下では、国民精神総動員のスローガンのもと、言論の自由が抑圧され、人々は理性と感情を押し殺して生きなければならなかった。アスナロが姿を消すのも無理はない。それに対して、尾崎は支配を感じてはいたが、歌う自由はあり、そのメッセージの一部は支配的文化にも受け入れられたのである。

政治の最低限の仕事は、社会に希望の余地を残すことであろう。生涯学習社会の実現が叫ばれているが、それは、いつでも、どこでも、誰でも学べる社会であるだけでは十分ではない。社会の側に、個人や集団の経験や知見から学ぶことのできる柔軟性が必要なのである。教育の条件は民主主義であるというのは、この意味においてとらえられなければならない。

それにもかかわらず、社会的条件の不備や制度の手ごわさを問題にしているばかりでは何も変わらない。たしかに、個人ができることは限られている。何人かで力を合わせても、まだ限られている。しかし、たとえ小さな一歩でも、何かを発言したり行動を起こすことは、環境に何かを加えることによって環境を変えている。このことをミードは、こう述べている。

「人間は自らを特定の環境に適応させるにつれて、以前とは異なる個人になる。しかし、異なった個人になるなかで、彼は自分が生活している共同体に影響を与える。それは、ごく僅かな影響かもしれないが、彼が自らを適応させた限りで、この適応は、彼が反応できる環境の型を変えていき、したがって世界は異なった世界となる。」(『精神・自我・社会』、二六六頁)

こうして教育的態度をとるために必要なのは、「自分が変われば環境も変わる」と知ることだということが理解されよう。私たちは、社会の制度化が極限にまで進んだ社会を生きている。すでに二〇世紀初頭、ウェーバーは、制度化が進んだ社会を「鉄の檻」にたとえた(『プロテスタンティズムの倫理と資本主義の精神』大塚久雄訳、岩波文庫、一九八九年、五一、三六五頁)。巨大な社会制度を前にして、私たちは、「自分ひとりがどうこうしても」と思いがちである。そして、うまくいかないことを環境のせいにしてしまう。さらには、外的目標を拒否し、自己が変化する可能性を封印してしまうことがある。

しかし、ウェーバーは、社会のがんじがらめの状況をリアルにとらえながらも、それを乗り越えるのは、「どんな事態に直面しても『それにもかかわらず!』と言い切る自信」であると記した(『職業としての政治』脇圭平訳、岩波文庫、一九八〇年、一〇六頁)。「それにもかかわらず」を、ドイツ語でデン・ノッホ(denn noch)という。デン・ノッホは、環境の手強さを認識しつつも、自分の環境への発信が環境に影響を与えるという希望に支えられている。

この希望を持つことは、学習者の課題であると同時に教育者の課題でもある。いじめに遭っている児童がいじめを告発しようとするとき、その告発を誰かが受けとめるという希望があるかないかは大きい。そして、いじめを告発できたとき、その児童はもう変化している。教育者は「周囲も変わる準備がある」というシグナルを学習者に伝え続けなければならない。そのためにも、相手の出方を待つのではなく、こちらから発信をしなければならない。ミードの言葉に従えば、わずかでも発信ができたとき、自己も環境もすでに変わり始めているからである。

次章に向けて

近年、若者が成人式の進行を妨害し、逮捕されるような事件が起きていますが、このことをどう考えますか？

第八章　段階的に？——連続と非連続

危機を回避したり危機を無害のものたらしめることは、人間の決定的な発展可能性をさまたげることになろう。
オットー・フリードリヒ・ボルノー

一　発達の諸相

発達の視点

発達は人間固有の課題であり、教育の目的は、発達を助成したり導いたりすることであるとされる。ゆえに、発達について理解を深めることは、教育的思考にとって不可欠である。

ところで、発達の定義は、研究の視点によってさまざまであり、それらを概観するだけでも一冊の書物となるほどだ。ロシアの心理学者ヴィゴツキー（Lev Semenovich Vygotsky, 一八九六～一九三四）は、発達を三つの側面からとらえた。第一は、地球に生物が出現してから人類に至るまでの系統発生的発達であり、第二は人類が出現して以降の歴史的・社会的発達であり、第三はある環境に生まれた個人が歴史的・社会的な文化を獲得していく個体発生的発達である。一般に、教育における発達は個体発生的レベルをさす。このレベルにおいても発達のとらえ方はさまざまだが、ここでは、四つのポイントをあげておく。

第一に、発達とは歴史的・社会的文化を選択的に習得することである。人間は、ある特定の歴史的・社会的状況に生まれるのであり、世界中のあらゆることがらを満遍なく習得することはできない。教育者の選択であれ、学習者自身の選択であれ、選択的な習得にならざるを得ない。それによって、個性的であるとともに、家庭・地域・民族等の特性を反映した発達を遂げる。

第二に、発達とは、文化の習得をとおして身体的・知的・道徳的・美的に変化する過程である。習得の結果として何らかの変化、それも基本的には何らかの善さへの変化がもたらされないと、発達したとは見なせない。以前にはできたことが何らかの原因でできなくなってしまうことがある。そこには変化が生じているが、発達とはいわない。

第三に、発達とは不可逆の現象である。これは、人生が一回きりの経験であり、やり直しがきかないという運命によっている。古来、「三つ子の魂百まで」という諺に示されるように、人生の初期の経験は非常に根強く、あとから軌道修正するのは容易ではない。

第四に、発達とは行動の分化と統合化である。子どもが歌を歌い出すとき、最初は音程もリズムもとれない。しかし、次第に音程がとれるようになる。これは行動の分化である。しかし、音程がとれるだけでは美しく歌うことはできない。リズムもとれるようにならないといけない。そして、両方の能力を統合できるようになると、立派な歌になる。さらに、和音を聴けるようになると、他人のメロディーとも合わせて歌えるようになる。

発達の尺度とその問題

さて、教育者が無関心でいられないのは、学習者が発達のどのレベルにいるのかということである。一日も早く他人よりも発達して欲しいと願うのは親心だが、あまりせっかちだと子どもに嫌われてしまう。「いくつくらいで、このくらい」という目安を知りたいと願うことになる。

こうした願望を科学的に実現しようとした試みが知能検査である。フランスの心理学者ビネー（Alfred Binet, 一八五七〜一九一一）らは、子どもの知能は年齢とともに発達し、それぞれの年齢段階で獲得する知的能力には共通性があるという仮説に基づいたサンプル調査を行い、各年齢段階の知能を測定するテストを開発した。そして、ある子どもがある年齢の問題まで解答できたら、それをその子どもの精神年齢であるとした。その後、知能指数（IQ: Intelligence Quotient）が開発された。

知能検査は考案されて以降、急速に普及していった。ビネーが知能検査を考案した意図のひとつは、精神発達遅滞児を識別することによって、個人差に応じた教育の可能性を探ることであった。しかし、こうした発達保障のためという意図とは離れて、知能検査はしばしば社会的選別のために用いられてきた。具体的には、①知的障がい者を選別し、社会的に隔離する優生政策、②移民を制限し、民族的同一性を維持しようとする人種政策、③軍隊内での人材の適正配置を図ろうとする軍事政策のために用いられた。

このように、あるアイディアが考案者の意図を越えて使用されることは、教育の世界においてもよくある。日本の学校教育における代表例は偏差値であろう。一九五〇年代後半、人口が急増した東京では多くの中学生が高校受験に失敗して浪人した。人口増に学校増設が追いつかなかった上に、いわゆる進学校の競争倍率が教育熱のために非常に高かったのである。

ある中学校の理科教諭は、一五歳になったばかりの生徒に浪人の悲哀をなめさせたくないと考えた。当時の進路指導の問題点は、試験による難易度差のために生徒の学力がつかめないことにあり、彼は、統計学や心理学で用いられていた偏差値を導入することを考えついた。このアイディアは、生徒の得意科目や苦手科目を把握でき、成績の変化も一目瞭然となるため、進路指導の客観性と確実性を高めるものとしてもてはやされた。受験産業は学校の枠を越えた業者テストに偏差値を導入し、受験指導の確実性はさらに向上した。しかし、偏差値は次第に彼の意図から離れて一人歩きを始めた。学校間格差を固定し、生徒を輪切りにし、生徒の人間関係にも微妙なきしみを生じさせる原因となった。

さて、知能検査にしても、学力偏差値にしても、本当に妥当な発達の尺度かというと、大きな疑問がある。第一に、知的操作能力は人間の脳の働きの一部でしかない。これだけで発達の尺度と見なしてよいのかという問題がある。第二に、知能検査は事前に練習していると高いポイントをとれる。規則正しい生活習慣で育てられ、予習の習慣がついている子どもは高得点がとれる。大学生が就職活動する際に、企業が用いるＳＰＩ（総合適性検査、Synthetic Personality Inventory）も練習による差が大きい。第三に、知能検査の内容は社会階層に依存している。第五章で見たように、学校文化は、中上流階級の文化と親和的であり、学校は階層間格差を再生産している面がある。知能検査は、知的な会話にさらされて育った子どもに有利にできている。

知能偏重の発達観を克服するため、さまざまな試みも重ねられている。一九八〇年代後半から本格的な研究が進められている情動指数（EI; emotional intelligence, EQ; Emotional Intelligence Quotient）などはそのひとつだ。これは、自己と他者の感情を知覚し、感情をコントロールし、他者とコミュニケーションできる能力の指標として研究されている。ただし、こうした能力を客観的に評価できる尺度を開発するのは容易なことではない。

発達の尺度を探求することに意味がないとはいえない。身長や体重の増加、乳歯の発生の時期等の生物学的側面は、一応の発達の目安が示されている。しかし、歴史的・社会的文化の習得の段階を確定するのは困難である。そして、一応の段階があるにしても、それは歴史的・社会的環境によって変化すると考えられている。

前章で触れたように、アリエスの研究によれば、ヨーロッパでは、近代社会が成立しつつあった一七世紀をおよその境として、生活の時間・空間、服装・遊びなどで子どもと大人の分離が進んだという。子ども期（childhood）は、生得的に埋め込まれているというよりも、大人が子どもを見つめるまなざしが歴史的に変化したことによって形成されたというのである。

また、青年期の危機は文化的現象であるという主張もある。発達の過程で、それまで用いてきた手法が通用しなくなり混乱に陥ることを危機（crisis）と呼ぶ。前章で尾崎豊の「卒業」を例に挙げたが、青年期は一般にアイデンティティ危機の時代とされる。しかし、近年、青年期が延長したことによって危機が緩慢化しているという。以前は、学齢期を終えて定職に就かなかったり、いつまでも独立した生計を営まないことは世間体の悪いこととととらえられていた。しかし、正規雇用の減少や労働形態の多様化などによって次第に幅広いライフスタイルが認められるようになった。一九九〇年代後半には、学校を卒業しても親と同居し、基本的な生活条件を親に依存する未婚者たちが増え、パラサイト・シングル（寄生する独身者）という造語が生まれた（山田昌弘『パラサイト・シングルの時代』ちくま新書、一九九九年）。発達は、歴史的・社会的状況によって変化する面が大きいのであり、固定的にとらえられるべきではない。

二　発達への関わり

連続的教育形式

教育は、広い意味で発達への関わりと見なすことができる。二〇世紀ドイツの哲学者ボルノー(Otto Friedrich Bollnow, 一九〇三～一九九一)は、そこには、「連続的な発展をふんで、いずれにせよ漸次的な改造によって、人間を教育することができるという前提」があるという(『実存哲学と教育学』峰島旭雄訳、理想社、一九六六年、二三頁)。たしかに、私たちは、何気なく、昨日学んだことに新しい学習内容を積み上げ、明日はまた新しい課題にとりくめば、発達が達成されると考えている。ボルノーは、こうした一般的な教育観を連続的教育形式と呼んだ。この教育形式においては、発達への関わりは、ミクロなレベルとマクロなレベルに大別される。

前者は日常的に教育者が知識や技術を習得させていくレベルである。そこで、発達の目安として重視されるのがレディネス(readiness)である。これは、学習者が学習できるための身体的・精神的準備態勢をいう。準備態勢が整っていないのに教えても、教育効果はあがらない。学習者がある課題に関してどのくらい成熟し、過去の経験がどのくらい定着し、その課題に興味をもっているかは、学習が成立するための重要な前提となる。ミクロなレベルにおいては、レディネスの見極めは教育者の重要な仕事である。

後者は、青年期に代表される二次的社会化の際に直面する危機を緩和するための関わりである。この点でよくとりあげられるのが、フランスの民俗学者ファン・ヘネップ(Arnold Van Gennep, 一八七三～一九五七)がいう通過儀礼(initiation)である。これは、古来、出生・成人・結婚・死などといった人生の転機における危機を緩和するために行われてきたさまざまな社会的儀礼

をいう。子どもの七五三や六〇歳を迎えた還暦祝いも通過儀礼のひとつであるが、とくに重要なのは、成人を迎えるにあたっての通過儀礼である。具体例としては、割礼《かつれい》・抜歯・刺青《いれずみ》等の身体的苦痛をともなう儀式や南太平洋のバヌアツのバンジージャンプのような恐怖をともなう儀式があげられる。近世日本では、武士階級の子どもが成人にあたって髪型や名前を変える元《げん》服《ぷく》という儀式があり、村落共同体では米一俵を持ち上げられたら一人前として認めるという風習もあった。

レディネスをめぐる議論

人間は教育必要な存在であり、誰もが学習者としての経験を有している。ゆえに、誰もが「このように教育してほしい」という願望を抱く。この意味で、教育観は人の数だけあるといえる。さまざまな教育観を分類する視点があるが、そのひとつに二〇世紀ドイツの教育哲学者リット(Theodor Litt，一八八〇〜一九六二)がとりあげた「指導か放任か」という論点がある(『教育の根本問題』石原鉄雄訳、明治図書出版、一九七一年)。ごく簡単にいうと、指導(Fühlen)とは、教育者が先に立ち、学習者に目的や課題を与えてとりくませることであり、放任(Wachsenlassen)とは、学習者の欲するままにさせることである。この論点は、レディネスをめぐる対応を二分する。つまり、放任の極ではレディネスは消極的に「待つ」べきであるという対応がとられるし、指導の極ではレディネスは積極的に「創る」べきだと見なされることになる。

教育の歴史を振り返ると、指導的態度が圧倒的に優勢だった。その極端な例が、近世日本の儒教主義教育で行われた「素読《そどく》」などであろう。意味が分かろうが分かるまいが、とにかく音読する。間違いがあれば師匠が正し、暗誦できるようになるまで読み続ける。ここにはレディネスの見極めすらない。教材をかみ砕いて簡単にする工夫もない。そんな工夫は、子どもを本物から隔てるものとして否定される。

似たような教育は、イスラム圏では現在も健在である。イスラム圏の子どもたちは、物心のついた頃から聖典クルアーン（コーラン）を暗誦する教育を受ける。イスラムにおいては、母語に翻訳されたものはもはや聖典ではない。ゆえに、地域によっては、子どもたちは古代の外国語を暗誦することになる。ただ暗唱には、一種の修行のような経験によって、難解な課題からも逃げない学習態度が身につく面もある。

しかし、こうした教育は、民主主義の視点からは、教化と見なされることになる。たしかに、無意味な知識主義に陥り、学習者を受動的にしてしまう面は否定できない。個性重視の教育観の代表的論者であるルソーは、子どもの自然を発展させるにはできるだけ意図的に教育しないのがよいとして、消極教育を主張した。彼は『エミール』にこう記した。

「理性の時期とともに社会による束縛が始まるというのに、なぜその前に個人的な束縛を加える必要があるのか。自然が私たちに与えていない束縛を、せめて生涯のある時期にはまぬがれさせてやろうではないか。（中略）初期の教育は純粋に消極的でなければならない。」（『エミール』上、一二二、一三二頁）

束縛のない教育というと、ルソーが放任すればよいと考えたように思える。しかし、彼は単純に放任すればよいと考えたわけではない。『エミール』の冒頭に「万物をつくる者の手をはなれるときはすべてはよいものであるが、人間の手に移るとすべてが悪くなる」（同、二三頁）と記したように、彼は環境の影響から子どもを保護することを重視した。これは、子どもを積極的に指導するものではないが、子どもの生活への人為的な介入である。

ルソーの教育観は啓蒙主義や国家主義のもとでは受け入れられることはなかった。しかし、一九世紀末以降の新教育の実践のなかで、彼の教育観は新たなかたちをとって再生したといえる。デューイは、『学校と社会』で、このように記した。

「旧教育は、重力の中心が子どもたち以外にあるという一言につきる。重力の中心が、教師・教科書、その他どこであろうとよいが、とにかく子ども自身の直接の本能と活動以外のところにある。（中略）このたびは子どもが太陽となり、その周囲を教育の諸々の営みが回転する。子どもが中心であり、この中心のまわり諸々の営みが組織される。」（『学校と社会』、四五頁）

これは、児童中心主義の宣言である。ここでデューイは、大人や教科中心の教育から子ども中心の教育への転換を、天動説の克服と地動説の樹立になぞらえている。こうした教育観においては、基本的に「待つレディネス」の立場がとられることは容易に理解されよう。外部からの働きかけは、「能力と器官の内部的発展」を待って行われるからである。

ルソーやデューイのような教育観は、個性を重視する自由主義者には魅力的に映る。また、民主主義的な社会制度は個人主義を前提とするため、基本的にこうした教育観と親和的である。日本は、第二次世界大戦の敗戦後、軍国主義を支えたと見なされたそれまでの教育体制の改革が迫られた。このため戦後しばらくの間は、デューイの教育思想が積極的に導入され、戦前・戦中とは一転して児童生徒の自主性が強調された。

しかし、経済復興のために科学・技術の振興を図ろうとする経済界は、「待つ」教育による学力低下に懸念を抱いた。児童生徒の自主性を尊重することは大切だが、何事も迫られないと始めないというのも人間の性《さが》である。一九五六年からは学力テストが実施され、一九五八年には

学習指導要領も大幅に改訂され、「待つ」教育にはブレーキがかかった。

当時は、アメリカとソビエト連邦（現ロシア）の対立による冷戦が深刻化し、デューイを生んだアメリカの教育も大きく転換した。一九五七年、ソ連が史上初の人工衛星スプートニク一号の打ち上げに成功した。これは、資本主義陣営のアメリカには大きな衝撃を与えた（スプートニク・ショック）。アメリカ政府は、ただちに国防教育法を制定し、教育の現代化運動が推進された。

その指導的役割を果たしたのが、心理学者ブルーナー（Jerome Seymour Bruner, 一九一五〜）である。彼は、児童生徒を結論を導く過程に参加させることによって、知識や概念を獲得し、問題解決の方法を学びとらせる学習法としての発見学習を提唱した。発見学習は、①学習課題を把握させ、②問題がどこにあるか予想させ、③仮説を設定させ、④仮説を検証させたうえで、⑤結論の応用につなげるという段階からなる。彼は、こう記している。

「どの教科でも、知的性格をそのままにたもって発達のどの段階のどの子どもにも効果的に教えることができる。」（『教育の過程』鈴木祥蔵・佐藤三郎訳、岩波書店、一九六三年、四二頁）

非常に自信にあふれた言い回しである。こうした考え方は、レディネスの形成を「待つ」のではなく、積極的に「創る」という立場をとる。ゆえに、ルソーとは正反対で、早期教育や英才教育にも積極的である。

これとは異なった視点からレディネスを創ろうとする立場が、ヴィゴツキーの「発達の最近接領域」という考え方である。彼は、子どもの発達を二つの水準からとらえた。ひとつは子どもが独力で問題を解決できる現在の発達水準であり、いまひとつは子どもが教師の指導や仲間の援助によって問題を解決できる可能的発達水準である。彼は、これら二つの水準の間の領域を発達の最近接領域と呼んだ。彼によれば、発達の最近接領域は、子どもをとりまく集団の力

学によって積極的に創造される。

「教育学は、子どもの発達の昨日にではなく明日に目を向けなければならない。（中略）教育は、それが発達の前を進むときにのみよい教育である。」（『思考と言語』下、柴田義松訳、明治図書出版、一九六九年、九四、九五頁）

という言葉は、ヴィゴツキーの教育観をよく表している。発達を待つとか、発達に合わせるのではなく、発達の前を進むことによって発達を引き出そうというのである。たとえば、ある授業で、ひとりの児童が手を挙げ、見事な意見を言ったとする。すると、仲間の努力している姿勢が刺激になり、学級全体が活気づくような場合がある。

そう考えると、画一的な教育の悪い例のようにいわれがちな一斉教授法をいかすことも可能になる。一斉教授法は平等に知識を提供するが、当然できる子とできない子がいる。しかし、できる子がいれば、他の子どもは潜在的な可能性を引き出されるきっかけを得る。もっとも、学級その他の集団内の関係がうまくいっていないと、教育効果は期待できない。第六章で指摘したような、ピア・プレッシャーを感じ、部分的な関係で互いに自分を出そうとしない生徒集団では発達を引き出すのは困難だ。いじめなどが教師の目に見えないところで進行していれば、授業をとおした発達など望みようがない。

レディネスを待つのか創るのかというのは、教育観の大きな分かれ目である。教育を意図的な関わりとしてとらえる立場は、概して創るレディネスの立場をとる。しかし、それがともすれば教育過剰に陥る傾向があることはおさえておく必要がある。

通過儀礼の形骸化

青年期が二次的社会化における危機の時代であることは、早くから認識されていた。ルソーは、「わたしたちは、いわば、二回この世に生まれる。一回目は存在するために。二回目は生きるために。」と記し、青年期は第二の誕生であるとした（『エミール』中、五頁）。一八世紀ドイツの文学運動のスローガンとして用いられた言葉に、疾風《しっぷう》怒濤《どとう》（Strum und Drang）がある。この時代の文豪ゲーテ（Johann Wolfgang von Goethe, 一七四九～一八三二）やシラー（Johann Christoph Friedrich von Schiller, 一七五九～一八〇五）等は社会や自己のあり方を問い直す若々しい思想運動を展開したが、この言葉は不安に苛まれる青年期をあらわす言葉として用いられるようになった。また、ドイツの心理学者レヴィン（Kurt Lewin, 一八九〇～一九四七）は、人間が一つの集団から他の集団に移行する際、強い緊張を強いられることを指摘し、移行の過渡期にある人間をマージナルマン（marginal man, 境界人間）と呼んだ。青年期はマージナルマンの典型である。

伝統的な社会では、青年期に代表される危機の緩和のために、さまざまな通過儀礼が行われていた。しかし、通過儀礼は、近代化にともなう社会の変化によって急速に衰退していった。都市化によって地域共同体が崩壊すれば、通過儀礼を維持するのは困難になる。人口が流入した都市のライフスタイルは基本的に自由主義と個人主義であり、通過儀礼は伝統による拘束ととらえられる。また、通過儀礼には宗教的な祭礼や儀式と結びついているものがあるが、科学的な知識の普及によって世俗化（宗教の衰退）が進むと、やはり通過儀礼はありがたみを失って衰退する。さらに、学校化の進展が通過儀礼の衰退に拍車をかける。入学式、入学試験、受験勉強、そして入社式などは、現代における広い意味での通過儀礼となっているといえる。

とはいえ、学校は社会から画された保護の空間であり、また、発達の段階が細分化されることで、逆に大人と子どもの境界は曖昧になった。こうして、別の社会集団に移行するという緊張や不安をあまり強いられないまま、一定の年齢に達すれば成人として認められることになる。前章の末尾で触れた成人式の混乱は、通過儀礼の衰退の当然の帰結といえる。

現在の多くの成人式では、大人の側には若者を大人社会のメンバーに迎えるという意識も希薄で、若者の側にも緊張感はない。通過儀礼というからには、通過には一種の苦痛がなければならない。そして、通過した後には、わずかでも他の社会集団に属するようになったという自覚が生じなければならない。現在の成人式には、このいずれもない。二〇〇一年の香川県高松市の成人式では、市長の挨拶を妨害した若者五人が逮捕されたが、これに対して「いちばん有意義な成人式を迎えたのは逮捕された五人かもしれない」（上田紀行「荒れた成人式」『読売新聞』二〇〇一年一月一八日付け）というコメントがあった。たしかに、大人社会のルールの厳しさに懲《こ》りたのは彼らだっただろう。

子どもと大人との区別を明確にすることは、子どもにはプレッシャーに映るかもしれない。しかし、危機を緩和しようとして発達段階を細分化することが、必ずしも子どものためになるとは限らない。発達段階についての研究が進むにつれて、次の段階へのスムーズな移行のために、各段階での課題が考えられるようになった。これが、アメリカの教育学者ハヴィガースト（Robert James Havighurst, 一九〇〇〜一九九一）らによって提唱された発達課題論である。段階分けされた課題を着実にこなしていき、振り返ったら危機を乗り越えていたということになれば、プレッシャーもなく、さぞかしよいことだろう。そこで、ここにいくつか抜粋してみるが、細かく見ていくと、「ここまで決めてもらわなくても」というようなことが少なくない。

青年期の課題：同年齢の男女との洗練された新しい交際を学ぶこと

壮年初期の課題：配偶者を選ぶこと、第一子を家族に加えること

中年期の課題：自分と配偶者とが人間として結びつくこと

老年期の課題：隠退と収入の減少に適応すること

（『人間の発達課題と教育』荘司雅子監訳、玉川大学出版部、一九九五年）

たしかに、青年期の男女の交際は健全であるのにこしたことはないが、すべてはチェックできない。壮年初期までに配偶者とめぐり会わないといけないということもないだろう。別に一生独身でも、本人がそれでよければ構わないのではないだろうか。中年期に配偶者と人間として結びつくというのは何だろうか。それ以前は人間どうしではなかったのだろうか。老年期の収入減や体力低下に適応することも、教えられないとできないだろうか。

発達課題論は、通過儀礼が衰退し教育が制度化した社会の所産である。これは、一見すると善意に見える。しかし、科学的に見てもきわめて曖昧な発達段階を前提としている。発達には大きな個人差がある。また、社会には多様性がある。すべての人間が同じ課題をこなさなければならないわけでもない。発達を固定的にとらえすぎると、それは「○○さんは遅れている」といった人間を機械的に裁断したり排除したりする論理に転化しかねない。たとえば、結婚適齢期などというのがそうだ。そうした論理の前提になっているのは、発達というのは昨日より今日、先月よりも今月、去年より今年と、連続的に進むのだという思いこみである。人間の発達には段階的に進む面もある。しかし、それが人間の変容の全体なのではない。

三　危機の教育力

運命としての危機

人生における危機が予想できるなら、それにこしたことはない。また、人類は、経験の知識化によって、青年期に代表されるさまざまな危機を予想し、対処もしてきた。しかし、すべての危機をあらかじめ予想することはできない。危機は、ある日ある時、突然襲いかかるから危機なのだ。そうした危機と、発達課題論でいわれる危機とは立て分けてとらえる必要がある。それらの危機としては、たとえば、交通事故による傷害、火災による財産の焼失、家族や愛する人の死などの人間関係の急変による別離、経済状況の急変による収入減や失業、そして戦争や災害による生活環境の全面的な崩壊等があげられる。これらは人間を脅かすが、人間に否応なくそれまでの人生を見つめさせ、新たな生き方を考えさせるという意味で、最強の教育力を有している。本章の冒頭に掲げた、ボルノーの言葉を見てみよう。

「あたらしい段階の達成は危機をたえぬくことに結びついているのだから、危機を回避したり危機を無害のものたらしめることは、人間の決定的な発展可能性をさまたげることになろう。」（『実存哲学と教育学』、五六頁）

たしかに、ボルノーがいうように、危機（苦）には教育力があるだろう。しかし、彼が注意を喚起するように、教育者が子どもに対して危機を招き寄せようとするなら、それは不遜な行為である。わざわざ危機に陥れることはない。危機は運命として到来するのである。そのとき教育者には何ができるか、それが問題である。彼は、こう記している。

「教育者は危機を招きよせることも、支配することもできない。彼はただ、かかる出来事が運命として人の身にふりかかるとき、それに助力者として関与し、危機の意味をはっきりと捉え最後までそれに耐え抜くことを手助けしようとすることはできる。」(同、五七頁)

危機と出会い

第六章で、灰谷健次郎のエピソードをとりあげた。教え子の小学校三年生の安子ちゃん(仮名)が盗みを働き、灰谷はそれに真摯に向き合った。この場合の危機とは、児童を襲った道徳的危機である。母親に連れてこられた児童は、「わたしはドロボーをしました。もうしません。先生ゆるしてください。」と書いた紙切れをわたした。この時、「ほんとのことを書かなあかんな」と言った灰谷は、その意図をこう回想している。

「安子ちゃんは盗みという行いで人間性を失うわけですが、これは彼女の大きな心の傷になります。その傷を癒して、彼女がふたたび力強く生きていくのを助けるために、教師はなにをしたらいいだろう。そんな気持ではなかったか、と思います。盗みをしたことを告げるのが、ほんとうのことではない。ほんとうのことというのは、盗みをはたらいた自分を、しっかり見つめることだ。そんな思いが走ったのでしょう。」(『子どもに教わったこと』、一二一〜一二二頁)

このとき灰谷は、児童が「犯した罪を早く忘れたい」「できるだけ早くその場を逃れ、その時をやり過ごしたい」と願い、罪とも灰谷とも向き合おうとしていないことを洞察していた。児童は、まだ十分に危機をとらえておらず、日常生活の延長にとどまろうとしていたと見なされる。ボルノーは、危機との出会いにたじろぐ人間ついてこう記す。

「出会いは、人をおそうまったく強力なもの、全然親しみなきもの、心をひかないものであり、なにかゆううつなもの、おびかすものであるから、人は、まずもって、それに面してひるみ、それからのがれようと試み、むしろ従来の状態の未決定性のうちにいつまでもとどまりたいと思うのも、分からないわけではない。」（『実存哲学と教育学』、一六二頁）

この場合、罪を犯したという現実は、否定しようのない重みをもって児童の前に立ち現れている。そして、教師としての灰谷は、その事実に向き合おうとさせる一種の脅かす存在である。児童は一行書いては泣き、また一行書いては泣く。灰谷も残酷とも思える時間を共有した。その結果、小学校三年生の作品とは思えない深い哲学的洞察に満ちた「チューインガム一つ」が生まれた。「ほんとのことを書かなあかんな」というメッセージは、児童に届いたと思われる。そのとき、児童と灰谷は、人間どうしとして出会うことができたのである。「出会いにおいてはじめて、人間が人間そのものとなる」（同、一六二頁）というのは、こうしたことをいうのであろう。そして児童は、灰谷との出会いをとおして、自分の犯した罪とも向き合うことができた。ここには、道徳的な人間としての生まれ変わり（覚醒）が認められる。

灰谷は、児童が犯した罪に十分に向き合ってはいないことを伝えた。それは、児童の内面の核心に触れる行為であった。それによって、児童は、自分の犯した行為によって自分の住む世界がいかに疎遠になったかに気づいた。児童は詩のなかで、「いつでもいくこうえんにいったら　よその国へいったみたいな気がしたよ　せんせい」と綴っている。しかし、罪という現実が児童を不意に襲ったがゆえに、灰谷の核心に触れた一言が意味を持ったのである。つまり、出会いとは、突発性と一種の残酷性をともなった危機によって可能となる。

そして児童は、灰谷との出会いをとおして罪と向き合った。ここに、一刻も早く忘れたい経験を出会うべき対象としてとらえ、さらに自己の生まれ変わりの動機としているのが見てとられる。出会いとは、一般にブーバーがいう〈我〉と〈汝〉といった人間との出会いである。しかし、マンネリ化した日常のなかで、私たちは〈汝〉との出会いを受け流してしまう。教育者の忠告も耳に入らない。しかし、日常の連続性に裂け目が生じたとき、つまり、突発的に危機に襲われたとき、私たちは方向を見失って茫然とする。そのとき、普段は意識もしていなかった人間が〈汝〉として立ち現れ、その言葉や振る舞いがかけがえのない意味を持つ。さらに、忌むべき経験すらも出会いとしてとらえられる。

ところで、出会いという非連続的な体験はかけがえのない意味を持つが、人間はそこにとどまることはできず、日常の連続に帰らなければならない。日常に戻る際、そこにはまだ心理的な壁がある。この点で、児童は、学校だけでなく、家庭においても地域社会においても恵まれていた。児童の母は、「もう二日もたっているのに　おかあちゃんは　まださみしそうにないている」と児童が詩に書いているように、児童の出来心を決して許さなかった。母が灰谷のところに児童を連れて行かなければ、児童に出会いの体験が生まれたかは分からない。しかし、母は単に厳しいだけではなかった。この事件のあとしばらくして児童が書いた詩がある。

いやなみせ　　三年　村井安子

おかあちゃんといちばへいった
見にいくやくそくをしてたん
おみせやさんの前をとおった
「どないした」
おかあちゃんとたけのこを
いきし　やす子のいやな
やす子が大いそぎではしろうとしたら
とおかあちゃんはいうて

やす子をむりに　いやなおかしやにつれていった
わたしはおばちゃんに見えないように　おかあちゃんのうしろにかくれた
「この子はもうとてもよい子になったのに　ここをとおるのがはずかしいのやて」
とおかあちゃんがいったら　「もういい子になったんやから
へいきできてね」　といった
（『子どもに教わったこと』、一三一～一三二頁）

児童は母と買い物に行くが、万引きをした店の前を通らなければならなかった。児童が店の前を走りすぎようとしたとき、母は児童を無理やりその店に連れ込んだ。児童は母の陰に隠れた。母は、「この子はもうとてもよい子になったのに　ここをとおるのがはずかしいのやて」と言い、店の主は「もういい子になったんやから　へいきできてね」と返した。この瞬間に、児童と彼女の街の間の「よその国」のような距離感は回復されたに違いない。母は、児童を危機に向き合わせる厳しさとともに、実際に日常生活を回復させる優しさの持ち主だった。

灰谷の「ほんとのことを書かなあかんな」にしても、児童の母が叱った「こんな子うちの子とちがう出ていき」「どないした」も、強い言葉である。しかし、危機を回避せずに向き合うためには、曖昧な言葉では核心に触れることは難しい。ボルノーはこう記している。

「人々は一般に、彼らの日常生活の営みに巻き込まれているので、まったく聞くことを欲せず、彼らに迫ってくる声には耳をおおう。そこで、このような無関心と回避の壁を打破し、人々に本当にその内奥において動揺させるためには、ある種の強制力が絶対に必要である。ここにおいて、人々に迫っていく呼びかけの、より強力な言葉が、どうしても求

められる。」（『実存哲学と教育学』、一〇九頁）

ここで言われる言葉の強力さを単純に教化と見なすのは正しくない。最終的にその言葉を受け入れるか否かは、語りかけられる側の自由である。また、語る側はリスクを冒す決断がなければ、強い表現を用いることはできない。そして何よりも、語る側の言動に信頼性がなければ、その言葉が受け入れられることは困難である。危機に背を向け、日常性にとどまろうとする者を振り返らせるのは、強い言葉なのである。その強力さが、出会いを実現することによって日常生活を再生させるのならば、それは強さゆえの優しさではないだろうか。

とはいっても、何を危機ととらえるかはケース・バイ・ケースである。灰谷のエピソードについて言えば、「チューインガム一枚のこと」とやり過ごす親もいたかもしれない。それでは、児童に出会いの体験は生じなかった。しかし、あまり細かな出来事までも危機ととらえ、ひとつ一つ向き合わせようとするなら、「角《つの》を矯《た》めて牛を殺す」ようなことにもなりかねない。この諺は、牛の曲がった角を矯正しようとして牛を害する、つまり些細な点にこだわって、物事全体をダメにしてしまうことをいうが、危機に対する教育者の過剰な思い入れは禁物であろう。学習者が、直面した事態を危機ととらえる感受性が皆無の状態で、事態に向き合わせるのは徒労に終わることが多い。危機に客観的な基準はない。

危機へのレディネス

鎌倉幕府の執権・北条時頼（一二二七〜一二六三）が、諸国をめぐったという言い伝えをもとに能の大家・世阿弥（一三六三?〜一四四三?）が脚色した謡曲に「鉢の木」がある。ある雪の夕暮れ、貧しい身なりの僧が、一軒のあばら家を訪れ、宿を求めた。この家の主人は、かつては三〇あ

まりの村の領主であったが、一族の者に所領を奪われ、極貧の生活に甘んじていた。主人は僧をもてなすものがなく、丹精した鉢植えの盆栽を切って囲炉裏《いろり》にくべて歓待した。そして、「関東武者の誇りは失っておらず、いざ鎌倉という時には真っ先に駆けつける所存である」と胸のうちを明かした。僧が宿を求めた翌年、幕府から関東の御家人に召集の命が下った。決意のとおりいち早く鎌倉に駆けつけた主人を待っていた時頼は、実は雪夜に宿を求めた僧であった。時頼は奪われた所領を回復し、さらに領地を授けた。この「いざ鎌倉」という構えは、教育的態度をとるための知に加えられるのではないだろうか。

学習者がいつどこで危機に遭遇するかは予想できない。そもそも予想できるようでは、それは危機とはいわない。教育者にできることは、危機に備えることである。危機へのレディネスといってもよい。子どもが危機に遭遇したとき、それを察知し、駆けつけて寄り添い、真摯に関わることができたら、大きな力になるに違いない。

とはいえ、危機に備えることは、口で言うほど容易ではない。自己実現を優先していては学習者の危機に駆けつけられない。他者の危機に備えるには、常にスケジュールを変更する用意と余裕がなければならない。この点、教育者には医師や看護師のような受動性が求められる。しかし、それは受け身とは違う。医師や看護師は、常に危機に対してスタンバイ状態である。スタンバイするためには、日常的な努力がいる。たとえば、健康管理が欠かせない。いくら駆けつける気持ちがあっても、体調不良では困難だ。家族の人間関係も重要だ。教師の家が家庭不和では、児童生徒の危機に備える心構えは持ちにくい。

この意味で、「鉢の木」はよくできた話である。「いざ鎌倉」と駆けつけた主人は、見知らぬ貧しい身なりの僧に対して、丹精した鉢植えを薪にする歓待（hospitality）の精神の持ち主として

先生っ!
ひらがな
なんて何の
役に
立つん
ですかァ?
たのしいひらがな
えっ?!
あっ…アノ
それは…

描かれていた。hospitality の語源の hospes は「敵」を意味する。歓待とは、見知らぬ他者を受け入れようとすることである。そうしてみると、この話の主人が危機に駆けつけることができたのは、自然に歓待の精神を発揮できる能動的な受動性の故であったと読むことができる。

危機へのレディネスを備えることはしんどいことである。しかし、危機は人間が変化する絶好の機会である。危機にあたって、自分のスケジュールを後回しにして駆けつけてきた者の言葉は計り知れない重みを持つ。たとえ強い言葉でも受容されることが多い。なぜなら、言葉の強さが行動の誠実さに裏づけられているからである。

次章に向けて

小学校の教壇に立ったあなたが児童に「ひらがな」を教えようとしたとき、「何の役に立つんですか」と訊いてきました。あなたは、どのように対応しますか？

第九章　役に立つ知識?——生きる力

生きること、それがわたしの生徒に教えたいと思っている職業だ。
ジャン・ジャック・ルソー

一　教育内容が抱える課題

再構成された世界

教育基本法が定めるように、教育の目的が人格の完成であるとしても、そのために一体何を学べばよいのかは難しい問題である。人生において、経験が大きな教育力を有することは明らかだ。だからといって、子どもをいきなりリアルな経験の世界に投げ込めばよいということにはならない。それは、教育者としては予想できる危機の回避に備えないという意味で無責任である。そこで、家庭や学校は、リアルな経験の世界に入る前に世界での経験を予行させる場としての役割を担うことになる。

一七世紀イギリスの政治思想家ホッブズ（Thomas Hobbes, 一五八八～一六七九）は、人間には自己

保存の本能があるとし、自然のままに放っておけば、人間たちは「万人に対する万人の闘争」を始めると説いた（『リヴァイアサン』一、水田洋訳、岩波文庫、一九九二年、二一〇頁）。彼の政治理論には、人間の善性を信頼するといった甘さは微塵もなく、きわめてリアルである。たしかに、経済界や政界などは彼のいうとおりなのかもしれない。とはいっても、「人間は人間に対して狼である」という彼の主張をそのまま子どもに伝えることは妥当だろうか。子どもが誘拐にあったりしないためには、あらゆる人間を信頼することはできず、世の中には悪人がいることを教えなければならない。しかし、「人間は人間に対して狼である」と教えるべきではない。この主張を真剣に教え込まれたら、親子関係も教師生徒関係も成立しない。社会は暗黙の信頼によって成立している。皆、信号が赤のときは止まるだろうと信頼しているから車を運転できる。ホッブズの主張が部分的に真理であるとしても、人間の善性やそれへの信頼が優位にあることが教えられなければならない。また、知識として教えられるだけではなく、学習者の身の回りに一定程度は実現されていなくてはならない。この意味で、家庭や学校は、世界のなかにありながらも、世界からは一定の距離をおいた独自の世界である。

この際、世界と教育的な世界に一線を画するのが、教育的価値である。教育的価値とは、人間形成の観点から重要と見なされる価値体系をいう。学習者がある程度成長すれば、教育的価値の選択が認められる。大学進学にあたって学部学科を選んだり、入学後に履修科目を選んだりできる。しかし、教育的価値は、基本的には先行する世代（大人）によって、「教えるのにふさわしい」という判断に基づいて、あらかじめ選択され再構成されたうえで学習者に提示される。この価値観は、それぞれの時代や社会における世界観と密接に結びついている。

さて、教育的価値は大人によってあらかじめ選択される限り、その選択は妥当であるべきで

ある。また、教育的価値の提示のあり方は、行き当たりばったりではなく、計画的であるべきである。とくに、学校教育は、近代国家では法によって規定され、事業として営まれるのであり、計画が必要である。学校が教育目的を実現するための計画が教育課程（カリキュラム）であるが、教育課程は大きくは二つの軸から構成される。ひとつは、さまざまな文化的な価値から選択された教育的価値の内容上の区分である。これをスコープという。いまひとつは、教育内容を配列し、時間に配当する学習段階の区分である。これをシークェンスという。

第二次世界大戦後の日本の教育課程は、学習指導要領によって示されてきた。一九四七年（昭和二二年）、アメリカを中心とした占領政策のもとで、アメリカのコース・オブ・スタディを参考に試案として作成され、一九五八年（昭和三三年）の改定では教科として道徳が特設され、一九六八年（昭和四三年）の改定では教育内容の現代化が図られ、教育内容は大幅に増加した。しかし、落ちこぼれ問題がクローズアップされるなか、一九七七年（昭和五二年）の改定ではゆとりの重視がうたわれ、一九八九年（平成元年）には新しい学力観に基づく教育内容の削減が図られた。この流れは、学校週五日制を実施する一九九八年（平成一〇年）の改定で頂点に達した。しかし、学力低下が叫ばれるなか、ゆとり教育は再考を迫られ、二〇〇八年（平成二〇年）の改定では、基礎・基本の重視が強調され、教育内容は再び増加に転じることになった。教育内容は、時代や社会の動向と無縁ではあり得ない。

教養主義と実学主義

近代国家が国民教育を実施し、教育課程の基準を決定するようになる以前、教育は一部の富裕層に限られた時代が長く続いた。その間、カリキュラムの中心はいわゆる教養であった。西

洋における教養とは、古代ギリシアやローマにおいて、人間性の調和を図るための知識体系として構想されたものである。文法・修辞学・論理学（弁証法）の三学と幾何学・算術・天文学・音楽の四科からなる三学四科が有名だ。これらはリベラル・アーツ（自由学芸／自由科）と呼ばれ、西洋の教育的伝統となった。中国においては、儒教の古典である四書五経が官吏《かんり》の登用試験（科挙）において必須とされていたため、これらの古典が教育内容の根本であった。

第二次世界大戦期まで、日本の大学は、文学なら文学、法学なら法学を学ぶという専門教育偏重であった。これに対して、第二次世界大戦後の教育改革では、専門教育偏重が軍国主義への傾斜を許したという指摘から、大学では幅広い教養を身につけることが求められるようになった。そこで設けられたのが、いわゆる一般教育である。一般教育とはさまざまな人類の文化に基づく科目であり、大学には人文科学・社会科学・自然科学にわたる多様な科目が開講されるようになった。

しかし、教養主義にはいくつかの問題がある。そもそも教養は目先の有用性とは無関係に構想されたものであるために、すぐには日常生活に応用できない。近代国家はあらゆる人を教育することを企てたが、教養に親しむことのできる人は限られている。また、教養は空疎な言葉の羅列や暗記といったヴァーバリズムに陥りやすい。

国民教育が確立されていく過程で、教養主義は批判されるようになった。それに代わって台頭してきたのが実学主義である。実学主義とは、実際の生活に役立つ知識や技術を習得させようとする立場である。明治政府が国民教育の基本を実学主義においたことは、「被仰出書」に明確に示されている。

「人々自ら其身を立て其産を治め其業《なりわい》を昌《さかん》にして以て其生を遂《とぐ》るゆゑんのものは他な

し。身を修め智を開き才芸を長ずるによるなり。（中略）されば学問は身を立るの財本《ざいほん》ともいふべきものにして人たるもの誰か学ばずして可ならんや。」

ここでいわれているのは、幸せな人生を送るには道徳性と知識と技術を身につけるしかなく、学問は立身出世のための資本であるということだ。非常に合理的で功利主義的な教育観である。これは官の側の発想だが、民の側から同様の主張をしたのが福澤諭吉であった。

「学問とは、ただむつかしき字を知り、解し難き古文を読み、和歌を楽しみ、詩を作るなど、世上に実のなき文学を言うにあらず。（中略）今かかる実なき学問は先ず次にし、専ら勤むべきは人間普通日用に近き実学なり。譬《たと》えば、いろは四十七文字を習い、手紙の文言、帳合の仕方、算盤《そろばん》の稽古、天秤《てんびん》の取扱い等を心得、なおまた進んで学ぶべき箇条は甚だ多し。」

（『学問のすゝめ』、一二～一三頁）

ここには実学重視が明確であり、実なき学問としての教養は斥けられている。事実、読み・書き・計算の３Ｒｓ'（読み（Reading）・書き（wRiting）・算（Reckoning））などは、公教育制度が普及するなかで教育の基礎的課題として位置づけられた。実学は、実生活にただちに役立つという強みがある。第二次世界大戦後の経済優先主義のもとでは、実学主義はさらに力を得た。

教養科目が必修化された戦後の大学教育では、一般教育科目でおおむね三六単位以上を修得させるようになっていた。しかし、大学設置の基準を定める文部科学省の省令である大学設置基準が一九九一年（平成三年）に改正され、一般教育と専門教育の区分、一般教育のなかの人文・社会・自然、外国語、保健体育といった区分が廃止された。これを大学設置基準の大綱化というが、その後、各大学は情報処理等の科目を必修化し、一般教育科目の修得を卒業要件からはずす大学も現れた。今や、実学主義の優位は揺るがないように見える。

生活原理の導入

しかし、実学主義は万能なのだろうか。言うまでもなく万能ではない。そもそも実学主義は、万能であることをめざさない教育なのである。銀行員・公務員・教師・エンジニア等として必要な知識と技術を教えるのが実学である。こうした職業や職能と直結した教育をいち早く批判したのがルソーであった。

「社会秩序のもとでは、すべての地位ははっきりと決められ、人はみなその地位のために教育されなければならない。その地位にむくようにつくられた個人は、その地位を離れるともうなんの役にもたたない人間になる。」(『エミール』上、三〇～三一頁)

企業戦士として何十年も働き、「○○会社の△△さん」と呼ばれていたサラリーマンが、退職と同時に「ただの人」となってしまい、何をしてよいかも分からなくなるという話がある。公務員の仕事はよく「お役所仕事」と揶揄される。公務員は、私的な感情をはさまず、法律にしたがって公平に仕事を進めることが求められる。たしかに、警察官に好き嫌いやその日の気分で交通違反の取り締まりをされたのではかなわない。しかし、感情を抑圧し、あまりに規則主義で動くことが習慣になると、融通がきかず人情に乏しい人間と見なされてしまう。教師も「先生」と呼ばれているうちに、つい権威的になってしまう。そこでルソーは、個別的な身分や職業に先立つ人間としての教育の必要性を訴えた。そこで、本章の冒頭に掲げた彼の言葉である。

「自然の秩序のもとでは、人間はみな平等であって、その共通の天職は人間であることだ。だから、そのために十分に教育された人は、人間に関係のあることならできないはずはない。(中略)両親の身分にふさわしいことをするまえに、人間としての生活をするように自然は命じている。生きること、それがわたしの生徒に教えたいと思っている職業だ。」(同、三一頁)

ルソーの主張にはほとんどの人が賛成するだろう。しかし、具体的にどうするかは非常に難しい。そこで注目されたのは学習者の生活経験であった。というのは、第五章でデューイの学校知批判をとりあげたように、生活経験を学校教育にとりいれることによって、学校と社会の断絶が克服できると考えられたからである。そして、カリキュラム研究の進展にともなって、さまざまな試みがなされてきた。具体的には、子どもの興味や生活を中心に据え、複数の教科の内容を統合するカリキュラム統合(合科教授)が試みられてきた。

たとえば、社会科は、第二次世界大戦後の教育改革で歴史や地理等の科目を統合して新設されたものである(ただし、一九八九年の学習指導要領改定により、高等学校では地理歴史科と公民科に分かれた)。他方、一九八九年に小学校一、二年次に設けられたのが生活科である。これは理科と社会を統合した体験的活動中心の教科である。そして、二〇〇〇年(平成一二年)からは、教科の枠を越えた横断的学習を行うとして、総合的な学習の時間が導入された。

これらのカリキュラム改革は、一見するとルソーの主張と関係がないように見えるかもしれない。しかし、一九九六年に、中央教育審議会が「二一世紀を展望した我が国の教育の在り方について」という諮問に対する第一次答申の中で示した「生きる力」という考え方には、個別の職業能力に先立って身につけるべき教育の必要性がうたわれている。

「我々はこれからの子供たちに必要となるのは、いかに社会が変化しようと、自分で課題を見つけ、自ら学び、自ら考え、主体的に判断し、行動し、よりよく問題を解決する資

質や能力であり、また、自らを律しつつ、他人とともに協調し、他人を思いやる心や感動する心など、豊かな人間性であると考えた。たくましく生きるための健康や体力が不可欠であることは言うまでもない。我々は、こうした資質や能力を、変化の激しいこれからの社会を［生きる力］と称することとし、これらをバランスよくはぐくんでいくことが重要であると考えた。」

こうして、「まず何が教えられるべきなのか」という教育内容をめぐる論議は、生活能力の形成という点でおおむね合意されていることが分かる。しかし、「生きる」こととはどういうことなのかを考えることなくしては、「生きる力」を考えることはできない。これは、哲学的な問題であり、論者によって主張はさまざまである。ここでは、二〇世紀チェコの哲学者パトチカ（Jan Patočka, 一九〇七〜一九七七）の学説を参考に、ひとつの試論を提示してみたい。

二　人間存在の三運動——生きることの構造

世界への根づき

パトチカは、人間存在（実存）を三つの運動としてとらえた（斎藤慶典『非－主観的現象学』のために」『思想』岩波書店、二〇〇四号、二〇〇七年、一三四〜一三五頁）。これは、一応の段階を踏むということもできる。しかし、ひとつの段階を終えたら、もうその段階は不要ということではない。三つの側面は常に関連しあって、人間の存在を支えていると考えられる。このことを踏まえたうえで、彼の考察を参考にしながら、生きることの構造を考えてみよう。

パトチカが人間存在の第一にあげたのが、世界への根づきである。別の言い方では、植物的

暴力なくば すべては
自ずと流れ出す

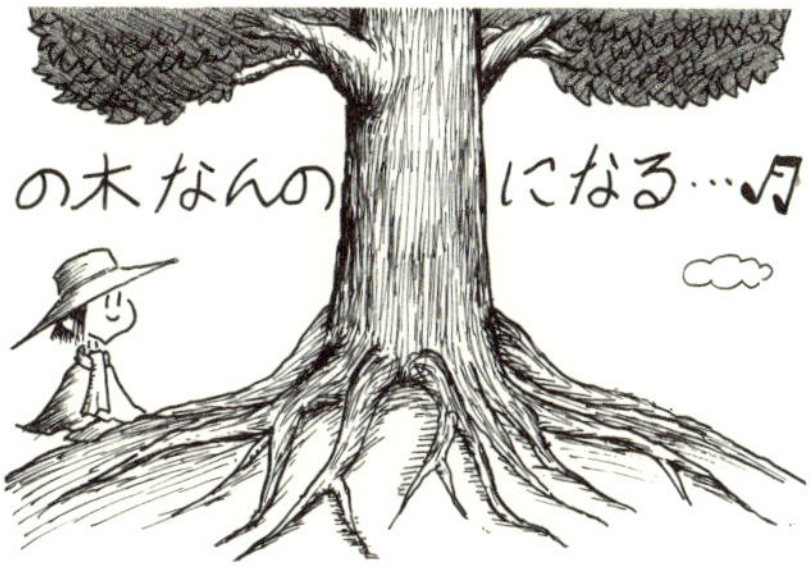
の木なんの
になる…♪

生とも投錨《とうびょう》とも言われている。投錨とは、船が錨をおろした状態である。これは、心理学や教育学の視点からは、自愛心や自己保存欲求といった自我の基盤が形成される段階と見なすことができる。自我の基盤が確立されることで、主体的な判断や行動も可能となる。ゆえに、自己中心性は肯定される。

　人間の世界への根づきのために家庭や学校が果たす役割は大きい。とくに世界に生まれ落ちたばかりの状態にあって、世界への根づきを可能にするのは、家庭に代表される環境からの無償の愛である。授乳する際に、子どもに代金を要求し、その見返りに授乳する親はいない。子どもが、将来、何か恩返しをしてくれるだろうという期待はゼロではないかもしれないが、基本的に愛は無償で与えられる。

　フランスの人類学者モース（Marcel Mauss, 一八七二～一九五〇）は、文化人類学の知見から、貨幣経済を中心とした交換の原則によらない与える行為を贈与とよび、贈与が人間生活を組織する力を強調した（『贈与論』有地亨訳、勁草書房、一九六二年）。家庭における無償の愛は、贈与のひとつのかたちといってよい。発達が進んでも、無償の愛は必要である。定期試験で点数が下がったらおかずを減らすという家庭で、子どもはどっしりと根づくことはできない。プチ家出をするかもしれない。学校もそうである。たびたびとりあげている灰谷健次郎のエピソードだが、母と児童が訪ねてきたのは放課後であった。もし灰谷が「労働時間外です」と言ったら、どうなっただろうか。根づきを可能にするのは、金銭では計れない周囲の無償の贈与である。

　この点、現在の子どもたちは、世界への根づきが十分に達成できていないように見受けられることが少なくない。パトチカが多くを学んだ一七世紀チェコの教育家コメニウス（Johannes Amos Comenius, 一五九二～一六七〇）は、その晩年、太陽の光によって万物が生い茂る様子を描い

コメニウスのモットー

たデザインを著書に掲げた。このデザインの周囲には、ラテン語で「暴力なくば、万物は自ずと流れ出す」(Omnia sponte fluant, absit rebus violentia) と記されている。この言葉と関連させながら、根づきの問題を考えてみたい。コメニウスは、この言葉で、子どもの欲求や感情が自然に表現されるのを妨げる暴力を問題にしている。

周囲からの抑圧があっては、子どもは欲求や感情を素直に出せない。家庭内暴力(DV, Domestic Violence) が常態化した家庭では、親子の愛着関係は成立しない。校内暴力やいじめ、教師による体罰がある学校では、児童生徒が安心して学ぶのは困難だ。コメニウスのデザインでいえば、太陽の光が強烈過ぎて川が干上がり、植物が枯れてしまうような感じであろう。また、家庭や学校における教育者の無関心や無視や放置も暴力である。コメニウスのデザインでいえば、太陽が現れない状態である。それでは植物は光合成できない。贈与のないところでは成長は不可能である。子育てにおいても、親が無関心な態度をとると、子どもは攻撃的になるといわれる。根づきのためには、それを妨げる暴力の除去が必要だ。

ただし、取り違えてはならないことがある。無償の愛とは無限の愛ではないということである。学習者の要求を何でも受け入れる教育者は、学習者の根づきを助けることになるだろうか。これは、相手の要請に基づかない一方的な贈与である。根づきが達成されたか否かの判断は、コメニウスがいう「自ずと流れ出すこと」、つまり自発性が次第に育ってくるかどうかにかかっている。学習者が心底から求めていないのに与え続けると、与えられることが当たり前になり、すべてに受動的になり、ついには完全な消費者になってしまう。一種の中毒状態ともいえる。それでは、人間存在の次の段階、つまり生み出された者から生み出す者への移行は困難になってしまう。

また、何が根づきを妨げる暴力なのかは一概にはいえない。たとえば、両親と女児二人の四人家族がいたとしよう。両親は暴力を振るうなど考えられない人格者である。姉はやや厳格にしつけ、妹は比較的自由に育てたとする。両親は何気なく「お姉ちゃんだから」と声を掛ける。しかし、これが知らず知らずのうちに姉の感情表現を妨げているかもしれない。あるとき、姉に思っても見ない言葉を浴びせかけられ、両親は「ときにはわがままを受け入れておくべきだったかな」と思う。しかし、これは後になって言えることである。根づきのためには無償の愛が必要であるといっても、それがいつ・どの程度与えられるべきかは判断が難しい。しかし、大きくは三つの課題があるように思われる。

第一は、学習者の感情や欲求を素直に表出できるように配慮することである。たとえば、子どもがクレヨンをもって何かを書き始めたとする。何が描かれているか分からない。しかし、まずはそれを受け入れる。注文をつけたり、すぐに描画の技術などを教えたりはしない。こうした対応をとおして、子どもは世界を自分に向き合ってくれる〈汝〉としてとらえることができるようになり、世界に根づくことができる。

第二は、子どもをとりまく世界への親近感を育むことである。公園で遊んでいて、子どものところに大きな犬がやってきて吠えたとする。子どもが「怖いよう」と言ったとき、どんな言葉掛けをすべきだろうか。心配そうに「大丈夫？」と声を掛けるとする。このとき親は、暗黙のうちに「犬は怖いものだ」と教えていることになる。にっこりと笑って「お友だちになりたいのね」と声を掛けるとする。実際に、犬が子どもに友情を求めてきたかどうかは分かるわけがない。しかし、「お友だちになりたいのね」は、子どもに世界を警戒させるのではなく、子どもを世界へと開く声掛けである。世界への根づきを可能にするのは教育者の意味づけである。

第三は、世界に働きかける態度を育むように配慮することである。子どもがキャッチボールをやりたがったとする。最初は、ゆるい球で捕れるようにする。しかし、それを繰り返すばかりではキャッチボールの醍醐味は分からない。そこで、親はわざときつい球やとりにくい球を投げる。すると、子どもは怒ったり拗ねたりする。しかし、子どもにはもっと上手になりたいという欲求が芽生え、再びキャッチボールを始める。こうして、要請に応え、次は要請に意図的にずらして応えるうちに、子どもの側が親の予想を裏切るボールを投げてくるようになる。そして、キャッチボールはお決まりではなく、スリリングな出来事となる。世界に親近感を抱くだけでは、世界に働きかける態度は育たない。世界からの無償の愛を待つ一方になってしまう。世界に対して多様なシグナルが発信できるようになるとき、未知の世界との出会いに対して開かれた態度が形成されている。このためには、子どもの側から要請が生じるように与え、要請が多様化していくように与えることが重要である。

自己拡大

パトチカが、人間存在の第二の運動としてあげるのが自己拡大である。この運動は、根づきが植物的生と言われているのに対して、動物的生と言われる。これは、世界に生み出された者(受動性)から生み出す者(能動性)へと成長する段階ともいえよう。世界に根づいただけでは、人間は単に自己中心的なだけであり、与えられないと生きていけない。そこで、人間関係を広げ、知識や技術を習得して生活できるようにならなければならない。無償の愛は子どもの外部から内部に注がれるが、それによって自己中心性が形成される。今度は、その中心から欲求が発揮されなければならない。このことをコメニウスのデザインと関連させて考えてみよう。

このデザインの中心には太陽が描かれている。太陽は宇宙空間に生み出されたものであるとともに、さまざまな生命を生み出すものである。恒星は、宇宙空間のある一点に多くのチリやガスが凝集した結果、中心の重力が高まり、ついには核融合によって輝き始める。チリやガスの凝集が中途半端では、恒星にはなれない。実際、木星は恒星になりそこねた星であるという。

このことは根づきの重要性を考えるヒントになる。根づきが十分でなければ、欲求も弱く、ちょっとした外圧があると引っ込んでしまうわけである。しかし、人間は天体とは違う。恒星は、最初に凝集したチリやガスの量によって、そのエネルギーがほぼ決まってしまう。これに対して、人間は、生涯にわたって食物や知識を摂取し続けて生命を維持する。ゆえに、不幸にして根づきが不十分でも、それで人生が決まるわけではない。その後の教育者の関わりや学習者の努力で対処できる部分は大きい。また逆に、最初の根づきがうまくいっても、その後の摂取の努力を怠れば、次第に体力も知力も低下していく。人間は、自己拡大する存在なのである。

自己拡大のもっとも具体的な現われは労働である。ここでいう労働は、自己拡大への能動的な行為という広い意味でとらえられる。たとえば、食事は単なる受動的な行為ではない。お箸やスプーンを上手に使えないと、いつまでも自分ではご飯が食べられない。自己拡大とは、知識や技術を身につけて外界に働きかけ、何かを我がものとすることである。その結果、さらに知識や技術が蓄積し、人間はさらに深く世界に根づくことができる。

この意味では、学習も、本来、自己拡大への行為であるはずである。しかし、私たちが、学習によって自己拡大したという実感を持つことは少ない。それは、学習が情報のインプットに偏っているからである。いわゆる詰め込み教育は、学習者に受動的な構えで従順に与えられることを求める。ここで欠けているのは、アウトプットである。コメニウスの言葉と関連させると、学習において、学習者から何かが「流れ出してくる」様子が見えないのである。現在の学校教育では、学習したことをアウトプット（表現）する機会が依然として十分ではない。学習者が一度アウトプットすれば、まともな教育者はそのシグナルに反応できる。それらの反応は、新たな知識や技術のインプットとなる。学習から自己拡大の実感を得られるようにするためには、教育的関係におけるコミュニケーションの質量ともの拡大が必要だろう。

ところで、パトチカは、自己拡大の運動は必然的に闘争をともなうという。学習を含む労働は、基本的には平和的な自己拡大と見なされる。しかし、人生においては、さまざまな葛藤が避けられない。闘争というと大げさに聞こえるが、これは子どもどうしの遊びにも見られる。野球をすれば、誰でも四番バッターになりたい。ケンカになる。しかし、それではいつまでも野球はできない。そこであるときは我を通し、あるときは譲る。そして、本気でプレーし、勝てば喜び、負けると悔しがる。遊びは人間関係の葛藤を学ぶ重要な機会だ。こうした葛藤が、家庭・学校・労働のなかで繰り返されていく。そして、私たちは自分をとりまく世界との関係を創造し、自分の居場所を確保し、「自分は〜である」という感覚をもつ。この意味で、アイデンティティ形成は自己拡大の運動の目標といってよい。

伝統的に和を好み、部分的な関わりがよいと信じる一般的な日本人は、闘争を頭から否定的にとらえてしまう。日本社会はとくに江戸期以降は内政的には比較的安定してきたこともあって、平和は水と空気のようにただで享受できると、私たちは考えがちである。しかし、そのために環境の急激な変化に対処できずに、おろおろすることが多い。前章で触れた危機へのレディネスを持ちにくいのである。自分たちをとりまく世界に親近感を抱くのは悪いことではない。しかし、人間の意図に対して未来は不確かであり、世界は時に恣意的である。そうした運命と

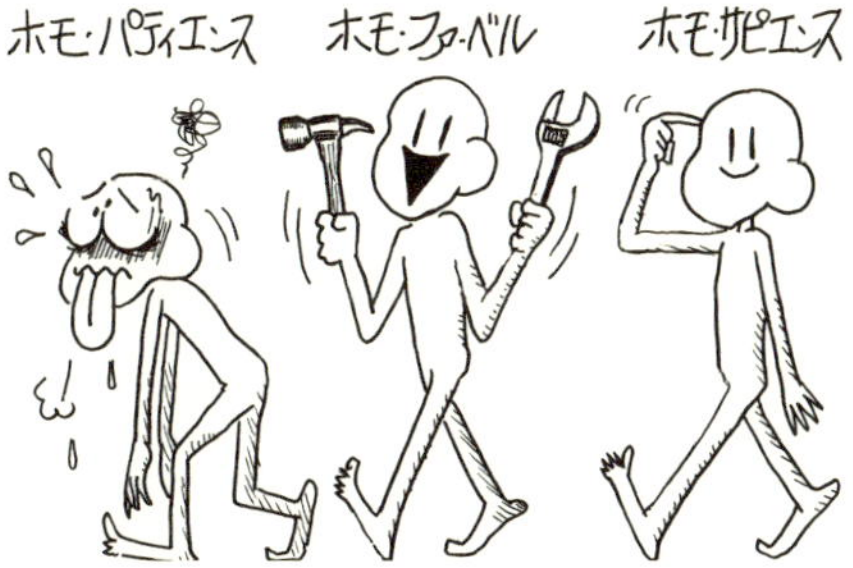

もいうべき状況に対抗する力がなければ、自己拡大はもちろん、自己の維持も困難である。

闘争の目的は何ごとかを勝ちとって所有することである。その際、世界は〈それ〉としてとらえられている。ナイーヴなメンタリティーの持ち主は、人間にしてもモノにしても、自分が対象を生きる手段と見なすことに躊躇してしまう。モノ扱いすべきではないと思ってしまう。しかし、ブーバーの言う〈我〉と〈汝〉の関係が人間関係の理想であるとしても、すべての人間関係が「常に」そうでなければならないのだろうか。また、そうであることは可能なのだろうか。単純に知識や技術を提供してもらうだけの関係があるし、あってもよいのではないだろうか。会社に入れば、同じ人間でも上司や部下になり、使い―使われる関係になることも仕方がないことだ。人間が自己拡大する存在である以上、環境との葛藤は避けられない。

ところで、次の運動である超越との関連で、もうひとつ加えておきたい。それは、他者性の感受である。自己拡大への労働と闘争は人間の本性であり、生きようとする限りは避けることができない。しかし、私たちは常に元気でいられるだろうか。この点で、近年、人間の定義のひとつとしてあげられてきたホモ・パティエンス（病む人）という視点は参考になる。

たとえば、教職に就いたとしよう。三〇代までなら徹夜も大丈夫で、相当の無理もできる。しかし、歳が若くても、疾患を抱えていれば無理はできない。いくら若くて健康でも、仕事が立て込めばやはり疲れる。従来、人間の定義は、ホモ・サピエンス（知恵のある人）にしてもホモ・ファーベル（工作する人）にしても、頑健で賢明で器用な人間を想定していた。しかし、すべての人間が生涯にわたって頑健で賢明で器用なわけではない。そこで現れてきたのが人間とは病む存在なのだという視点であり、人間の「可傷性」（vulnerability, 傷つきやすさ）が強調されるようになった。病む人間という視点は、人間存在のか弱さを指摘するものである。この視点を持つことは、いくつかの点で重要だ。

第一に、この視点は、労働や闘争が周囲の環境や人々を顧慮しない攻撃的なものになるのに歯止めをかけ、自己拡大を抑制の効いたものにする論理である。傷ついた相手をさらに踏みつけてのし上がるような自己拡大は、多くの弊害を生む。コメニウスのデザインでいえば太陽が照っても、川を干上がらせ、植物を枯らすほど光ってもらっては困る。

第二に、この視点によって冷静な自己認識ができ、自己拡大を持続可能なものにすることができる。際限のない欲望による自己拡大は、最後にはみずからを破綻させる。天体の例でいえば、みずからの重力で周囲のあらゆるものを飲み込んだあげく、みずからの重力でひしゃげてしまうブラックホールのようなものである。自己の身体的・知的条件の変化を見据えた自己拡大のためには、自己が病む存在であるという認識には意味がある。

傷つきやすさへの感受性は、一般には人間が年齢を重ねることで得られる。しかし、病気も感受性を得る契機となる。病気にかかると、「身体がいうことをきかない」という経験をする。そこで私たちは、自己が所有しているはずの身体に違和感を抱く。いわば、私たちの身体が他者として感じられる。そして、自分の身体に抵抗される経験をとおして、自己拡大の過程で、私たちが周囲の環境や他者を手段化してきたことに思い至る契機を得る。病気はつらいことだが、その経験によって人に優しくできるようになったという話は多い。病気の他にも、社会的少数派（マイノリティー）に属するゆえの不利益な経験なども、感受性に至る契機になる。

弱さの感受は優しさの基盤になりうる。しかし、それが自己拡大に優先するということにはならない。優しさだけでは生活手段は生み出されず、優しさを踏みにじる存在にも抵抗できないからだ。人間が本質的にか弱い存在であるとしても、そのままでよいということにはならな

い。一七世紀フランスの思想家パスカル（Blaise Pascal，一六二三〜一六六二）はこう記した。

「人間はひとくきの葦《あし》にすぎない。自然のなかで最も弱いものである。だが、それは考える葦である。彼をおしつぶすために、宇宙全体が武装するには及ばない。（中略）だが、たとい宇宙が彼をおしつぶしても、人間は彼を殺す者よりも尊いだろう。（中略）空間によって、宇宙は私を包み、一つの点のようにのみこむ。考えることによって、私が宇宙を包む。」

（『パンセ』前田陽一・由木康訳、中公文庫、一九七三年、二二五〜二二六頁）

パスカルがいうように、人間は宇宙のなかでは水辺に生える葦のようなか弱い存在である。しかし、そのか弱さと傷つきやすさにもかかわらず、人間の尊厳は「考える葦」として内的な思考に基づいて世界に働きかけていくところにあるという。

この意味で、近年の教育問題の構成のなかで、教育において人間存在の機能的側面があまりにも背景に退いている観があるのは問題だ。教育の焦点が、人間の存在そのものに偏っているかに見える。子どもの根づきがうまくいっていないとすれば、それには対処しなければならない。しかし、とにかく「仲良くすればよい」とか「弱さや欠点と見なされる面も受け入れあい、認め合えばよい」ということですべて解決するのだろうか。

繰り返しになるが、人間が存在することはすでにできていることである。存在を教育の焦点にすることは、人間が新たな存在へと変容する可能性を妨げるおそれがある。価値相対主義の浸透のなかで、弱さや欠点とは強者の価値判断の押し付けに過ぎないという主張もある。たしかに、そうした一面もある。

しかし、弱さや欠点と見なされている部分が健全な自己拡大にプラスに働かないなら、やはり改善を考えたほうがよい。弱さや欠点と見なされている部分にアイデンティティを見出し、安易に肯定するだけでは、自己拡大の可能性をみずから封印することになる。強者の横暴を許し、社会の周辺に追いやられて終わってしまう。この点で、知識や技術の習得という人間存在の機能的側面の形成は、やはり教育の重要な役割ということができる。

超越——世界への開け

パトチカが、人間存在の第三の運動としてあげるのが超越である。根づきにしても自己拡大にしても、それらは世界に没入しようとする運動であった。無償の愛によって育まれ、仕事に就いて自己拡大する。生涯をこれら二つの運動で終える人間は少なくない。二つの運動で十分なのではないかと思う。しかし、彼は、第三の運動を考えた。これは、世界に没入することを超えて、世界の外部に出ることである。ゆえに、この運動は突破（ブレーク・スルー）とも呼ばれる。

世界の外部に出るというのは、もちろん別世界に行くというようなことではない。端的にいえば、自己中心性の克服ということである。根づきと自己拡大において、それらの運動を支えていたのは自己中心性であった。根づきは自己中心性を構成する運動そのものである。自己拡大は、知識や技術の利用による自己中心性の発現である。これに対して、超越とは人間の存在を支えている自己中心性を相対化することなのである。自己拡大の運動で付け加えた他者性の感受も、究極的には超越によって実現される。

パトチカのいう超越の運動は極めて哲学的・倫理的で、あらゆる人間の課題にはならないように思われる。たしかに、自己中心性を見直すことは容易ではない。しかし、なかなか芯の通った生き方（way of life）にまではならないとしても、私たちはしばしば自己中心性を棚上げにしている。そして、自己中心性の棚上げという行為によって逆に心が豊かになることを体験してもいる。そのことを、カナダの作家モンゴメリ（Lucy Maud Montgomery, 一八七四〜一九四二）の名作『赤毛のアン』（原題『グリーンゲイブルズのアン』）を題材に考えてみたい。

『赤毛のアン』は、孤児院暮らしだったアン・シャーリーが、一一歳でカスバート家に引き取られ、クイーン学院を卒業するまでの少女時代を描いた作品である。アンを引き取ったのは、農業をして暮らすマシュウ（兄）とマリラ（妹）であった。二人は農作業を手伝わせるために男の子を引き取るつもりでいたが、現れたのは少女であった。子どもを育てた経験のない二人はとまどっていたが、アンと関わるなかで変わっていく。アンは勉強熱心で、クイーン学院への進学を果たし、さらには奨学金も獲得し、大学進学の道も開けた。しかし、いつの間にかマシュウとマリラは老いており、アンが学院を優等で卒業して戻ってきて間もなく、マシュウは死んでしまう。アンは大学進学をあきらめ、マリラとともに農園を守ろうとする。アンは、大学進学よりも家族を選んだ。かつてアンと勉強を競った青年ギルバートは、アンの進学断念を知って、村の学校教員の職を譲る。

アンが孤児院から引き取られ、友だちを作り勉強する過程は、新たな環境に根づき自己拡大する過程である。その様子が、大西洋に浮かぶプリンス・エドワード島の美しい景色とともに生き生きと描かれている。ところが、そこにマシュウの死が訪れる。恵まれた生活に裂け目が生じる。このこと自体は不幸なことである。しかし、アンはその経験をとおして、自分に注がれた無償の愛に改めて感謝する。

感謝するとき、私たちは「ありがとう」と言う。「ありがとう」は「ある」ことが「難い」、つまり奇跡のようにまれなことという意味だ。もし少女だったということで孤児院に送り返されたら、アンの人生はまったく違った展開になっていたかもしれない。今、自分が存在している

ことは奇跡であると感受する。これが「ありがとう」である。ドイツ語では、「〜がある（存在する）」という表現はEs gibt〜. と書く。Esは英語のit、gibtは英語のgivesにあたる。だから、「〜がある（存在する）」ことは直訳すると「それが与える」となる（熊野純彦『レヴィナス入門』ちくま新書、一九九九年、五三頁）。存在とは与えられて可能なのである。アンは、自分の存在が周囲の世界からの贈与によって可能であることを感受した。

このゆえに、アンは大学進学を断念してマリラとともに農園を守ることを選ぶ。自己中心性を発揮して自己拡大を優先するならば、とらない選択だろう。ここでアンが進学を断念したのは、ある意味で自己への執着から脱したからである。存在をドイツ語でExistenzというが、このexは、「外へ」とか「脱」を意味する接頭辞である。ここには、自己を脱け出ようとすることで存在が成り立つことが示唆されている。自己拡大も、たしかに存在の運動である。しかし、この運動においては、自己中心性への執着は放棄されていない。ゆえに、まだ完全に自己の外には出ることができない状態である。

アンは誰かに強制されたのではなく、自由意志で進学を断念する。このとき、アンは自己の外に踏み出し、それまでよりも深い意味で、マリラやギルバートやプリンス・エドワード島と出会うことになる。そうした出会いを可能にしたのが、アンの献身的な姿勢である。献身とは自己の利益を顧みない行動であるが、それはアンがマシュウやマリラから受けた無償の愛、つまり贈与そのものである。アンは贈与される存在から贈与する存在となっていた。そして、みずからの贈与によって、アンは奨学金では得られない贈与を受ける。

　「アンの地平線はクイーンから帰ってきた夜を境としてせばめられた。しかし道がせばめられたとはいえ、アンは静かな幸福の花が、その道にずっと咲きみだれていることを知っていた。真剣な仕事と、りっぱな抱負と、厚い友情はアンのものだった。何ものもアンが生まれつきもっている空想と、夢の国を奪うことはできないのだった。そして、道にはつねに曲がり角があるのだ。

『神は天にあり、世はすべてよし』とアンはそっとささやいた。」（村岡花子訳、新潮文庫、二〇〇八年、五二四頁）

自己中心性の放棄をとおした献身によって、人間には人生に対する一種の透き通った諦観が生じる。アンが独白する「神は天にあり、世はすべてよし」とは、イギリスの詩人ブラウニング（Robert Browning, 一八一二～一八八九）の詩の一節である。この「世はすべてよし」（All's right with the world!）とは、どういうことだろうか。せっかく奨学金を獲得したのに、マシュウが死に、大学進学を諦めたのである。それで「すべてはうまくいっている」というのは、やせ我慢のようにに見えなくもない。もちろん、これはやせ我慢ではない。アンは、自己拡大のひとつの選択肢を放棄した。しかし、自己拡大そのものを断念したわけではなく、逆に断念によって多くを得ている。「世はすべてよし」は、心からの納得、一種の悟りとして語られていると見なされる。

アンの話は、言うまでもなくフィクションである。また、無欲で素朴なマシュウの死が風のように描かれ、プリンス・エドワード島の自然とあいまって美化されている面はある。それでも、こうしたテクストにリアリティーが感じられるなら、超越は私たちの人生にとってまったく無縁なテーマではないはずだ。すべてが金銭によって計られ、技術的に処理されているかに見える現在、超越は私たちが人間性を取り戻すために不可欠な存在の運動なのかもしれない。

三　教育内容と人間性の探求

実学主義の限界

第一節で実学主義の強固さを見た。実学主義の伝統は長い。古くは古代ギリシアのイソクラテス(Isocrates, 前四三六～前三三八)にまでさかのぼることができる。イソクラテスは、ソクラテスにも学び、プラトン(Platon, 前四二七～前三四七)が学園アカデメイアを創設するのに先立って修辞学校を開いた。当時の都市国家アテナイでは、市民がアゴラ(広場)で討論したり裁判で勝つために、演説の技術である修辞学の必要性が高まった。イソクラテスの学校の授業料はかなり高かったが大成功を収め、彼は経済的にも成功したといわれる。彼は、ある演説で、「実学者」ではなく「教養人」をこう定義した。

「第一に、それは日ごとに生起する問題をてぎわよく処理し、時機を的確に判断し、ほとんどの場合において有益な結果を過たずに推測することのできる人である。第二に、周囲の人びとに礼儀正しく信義にもとることなく交際し、他人の不躾《ぶしつけ》や無礼は穏やかに機嫌よく迎え、自分自身はできるだけ柔和に節度を保って相手に接する人である。さらに第三に、つねに快楽に克ち不運にひしがれることなく、逆境にあっても雄々しく人間性にふさわしく振舞う人である。そして第四に最も大事な点であるが、成功に溺れて有頂天になったり傲岸に走ったりすることもなく、思慮にすぐれた人の隊列にとどまり、生来のおのれの素質と知恵が生みだす成果を喜ぶ以上に、僥倖《ぎょうこう》を歓迎することのない人である。」(「パンアテナイア祭演説」小池澄夫訳、『イソクラテス弁論集』二、京都大学学術出版会、二〇〇二年、七三頁)

たしかに、相手から失礼なことをされても顔に出さず、にこやかに振る舞い、うまくいかないことがあっても落ち込まず、うまくいってもおごらない人を悪人というのは難しい。うわべは丁寧なようで実は尊大なのを慇懃《いんぎん》無礼という。サラリーマンが休日出勤しなくてはならなくなったとする。「何で日曜日に」とイライラしているところにやってきた上司から、作り笑顔で「休日にありがとうございます」と先に言われてしまったとする。心の中で「この野郎」と思っても、「何がありがとう」ですかとは言いにくい。悔しいが相手の方が一枚上手である。イソクラテスがあげる条件をクリアしたら、たいていの職場でうまくやっていけるだろう。

イソクラテスは、こうした現実の有用性を教養と見ているが、これは現代でいう実学にほかならない。実学主義は、多くの人々に受けいれられる徳目・知識・技術を目標として掲げる。ゆえに、多くの人がその習得を望む。社会や国家からの積極的な支持も得やすい。また、これらの課題は内容や方法を整え、その達成度を評価することも比較的容易である。そして、知識・技術は金銭的にやりとりされ、事実、古代ギリシアの修辞学者はかなりの成功を収めた。

しかし、実学主義に問題がないわけではない。実学主義は、教育的価値を社会生活上の有用性と同一視する。ゆえに、社会的・経済的に成功すればよいという態度に陥るおそれがある。実際、古代ギリシアには多くの修辞学者がいたが、なかには口先巧みに相手をあざむく詭弁《きべん》家もおり、修辞学自体が詭弁の術のように見なされたこともあった。また、実学主義は教育的価値を既存の社会制度のうちに認めるため、社会に問題があっても黙認してしまうおそれがある(村井実『教育思想』上、東洋館出版社、一九九三年、六六～七〇頁)。

パトチカの人間存在の運動と関連させて言えば、根づきや自己拡大においては、実学の有用性は高い。知識や技術を身につけ、高度な仕事ができるようになる。コミュニケーション能力を高め、さまざまな葛藤を上手に処理していける。信用は高まり、収入も増える。しかし、パ

…大空よりも壮大な眺めがある
それは人間の魂の内部である。

トチカがあえて超越について語らなければならなかったように、人間の生は根づきと自己拡大だけで完結するとは言えない。人間は、物質的にばかりではなく精神的にも生きる存在である。

用も用／無用も用

　こうして見ると、人類の文化遺産を学ぶ教養を「死んだ知識」などと決めつけるのがいかに貧困な発想であるかが分かるだろう。ことに、哲学・歴史・文学等の人文学は、広い意味での人間性の探求を課題としてきた。パトチカの学説を知らなくても、子どもが環境に根づくことができるように配慮し、自己拡大できるように教育することができる者は大勢いる。そして、さまざまな不運を自分の課題として引き受け、献身的に行動できる人もいる。この意味で、哲学的な知識がないと人生を渡っていけないというわけではない。しかし、人生の荒海に出る前に、また荒波でくじけそうになったとき、人間性を洞察した言葉は力となる。

　一七世紀イギリスの詩人ミルトン（John Milton, 一六〇八～一六七四）は、長編詩『失楽園』で、「心というものは、それ自身一つの独自の世界なのだ、――地獄を天国に変え、天国を地獄に変えうるものなのだ」とうたった（平井正穂訳、岩波文庫、上、一九八一年、二二頁）。ペスタロッチは、『隠者の夕暮れ』の冒頭に、「玉座の上にあっても、木の葉の屋根の陰に住まっても同じ人間、その本質からみた人間は、そもそも何であるのか」と記し、人間の探求が教育の課題であることを断言した（長田新訳、岩波文庫、一九四三年、五頁）。一九世紀フランスの文豪ユゴー（Victor Hugo, 一八〇二～一八八五）は、『レ・ミゼラブル』に、「海よりも壮大な眺めがある、それは大空だ。大空よりも壮大な眺めがある、それは人間の魂の内部だ。」と記した（辻昶訳、『レ・ミゼラブル』一、潮出版社、二〇〇〇年、二二三頁）。これらの言葉は、私たちを単に物質的に生きることを超えた

先生っ！ひらがななんて何の役に立つんですかァ？
えっ?! あっ…アノ それは…
たのしいひらがな

精神的な生へと誘《いざな》ってくれる。

　江戸時代の俳人・松尾芭蕉は「予が風雅は、夏炉冬扇《かろとうせん》のごとし」（「柴門辞」）と記した。「自分の芸術は、夏の暖炉、冬の扇子のように役に立たない」という。ちょっと自虐的である。芭蕉の俳諧は、たしかに直接に生活の役に立つわけではない。しかし、生活に季節感と潤いを与えてくれる文化であることを認めない人はいない。この意味で、私たちの生活を美化するという「役に立っている」のだ。芭蕉の言葉も、「役に立たないけどいいんだ」というよりも「一見役に立たないように思えるがそうではない」という自負の表明であったにちがいない。

　そこで、前章の最後にあげた問題、「児童に『ひらがな』を教えようとしたとき、『何の役に立つんですか』と訊かれたら、あなたはどう対応しますか」である。おそらく、真面目であればあるほど、「字が読めないと、知らない場所に行って地図が読めないでしょ」とか「好きな人から手紙をもらっても何が書いてあるか分からないでしょ」等々、「ひらがな」を学ぶことの効用を訴え、児童を説得しようとするだろう。

　しかし、このとき、人の好い教師は、無意識のうちに学習と消費を混同した児童のシェマに同調しているのである。児童が「何の役に立つんですか」と訊いたとき、そこには「役に立つのなら学ぶ」、言い換えれば、「役に立たないのなら学ばない」ということが含意されている。そして、教師が学ぶことの有用性を説得するとき、教師は「役に立つのだからやりなさい」と言っているが、そこには「役に立たないことはしなくていい」ということが含意されている。「役に立つ知識が大事」というシェマに陥っているのは学習者ばかりではない。

　消費はある価値判断を行使する営みである。だから、「好物だから食べる」ということでよい。しかし、学習はその判断力自体を育むためにある。判断力は経験を通した学習によって身につく。たとえば、味覚もさまざまなメニューを実際に味わうことで身につく。その結果、食わず嫌いではなく、本当の意味での好き嫌いが言えるようになる。

有用であるか無用であるかも、学習を通過して初めて分かることである。何事も「やってみなけりゃ分からない」のである。勉強というのは「分からないからやる」ものなのである。それにもかかわらず、学習を始める段階で有用性を説明することは、一見、子どもの問いに答える誠実な姿のようでありながら、実は子どもの可能性を狭めているかもしれないのである。

もっとも、読み・書き・計算のような基礎的な学力を習得する有用性は説明できるだろう。しかし、「なぜ泳げないといけないのか」「なぜリコーダーを吹けないといけないのか」「なぜ因数分解ができないといけないのか」という問いに対して、すべての児童生徒を説得することができるだろうか。ある生徒が川に落ちたとき、泳ぎを習っていたおかげで助かったら、嫌々でも習った水泳は役立ったことになる。しかし、その生徒が川に落ちるという将来を見通すことはできない。学習に先立って有用性を説明するのには限界がある。人間は予知のできない未来に向かって生きているからである。

さて、児童にどのように答えるかは、教育的思考の深まりの問われるところだろう。基礎的な学力の習得であれば、丁寧に学習の意義を説明するのもよい。児童がある程度の学年で、「さぼりたい」という甘えから言っているのであれば、「好きにしなさい」「勉強するかしないか、自分で決めなさい」と突き放して、自己責任を教えるというのも一計だろう。しかし、児童に「有用ならやるが、そうでないならやらない」という消費者的な姿勢を身につけさせたくないのなら、たとえば、こんな風に答えてみてはどうだろう。

「意味があるかどうかは、やっているうちに分かってくるんだよ。」

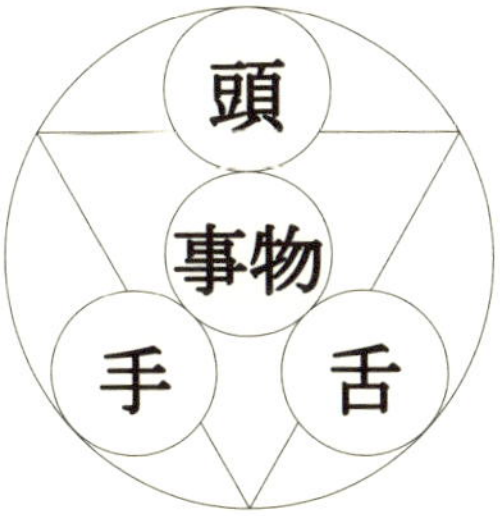

コメニウスの「知恵の三角形」

「勉強って、分からないからするんだよ。」

こんな小話がある。ある学生が英語の検定試験を受験しに行った。ところが、試験が始まってしばらくして猛烈な腹痛に襲われた。試験監督のイギリス人が、様子を見て心配になり、顔をのぞき込んで、How are you? と尋ねた。これに対して学生が何と答えたかという話である。試験監督は「大丈夫か？」と訊いている。だから、「お腹が痛いんです」(I have a stomachache.)とか「大丈夫です」(That's all right.)と答えるのが自然だ。しかし、この学生は、そう、I'm fine. Thank you, and you? と返したのである。いくら何でも「ご機嫌です。ありがとう、あなたはいかが？」はないだろう。おそらく、「こう訊かれたら、こう答える」という型が刻み込まれており、ほとんど条件反射的に反応したのだろうが、会話としてはまったく成り立っていない。国際化時代の現在、英語の学習は高尚な教養などではなく、実学そのものだ。しかし、この場合は、役に立つ知識すらも役立てられていない。

なぜ、実学すらも役立てることができないのか。それは、前節で見たように、私たちの学習がインプットに偏重し、単に蓄積されることにとどまっているからである。第七章で触れたフレイレのいう銀行型教育である。学習はアウトプットによって試され、アウトプットに対する環境からの反応が、また新たなインプットとなることで促進される。役立てられないのは、学習が自己拡大の過程と対応していないからである。

コメニウスは、人間の本性と知恵を増す手段を考察し、「知恵の三角形」を提示した。それらは、頭・舌・手である。頭は理性(ratio)の場であり、思考がなされる。舌によって発話(oratio)がなされ、思考は外界に表現される。そして、手によって行動(operatio)がなされ、私たちは環境から生きる糧を得る(*Triertium catholicum, Dilo Jana Amose Komenského*, 18, Praha, 1974, p.241.)。

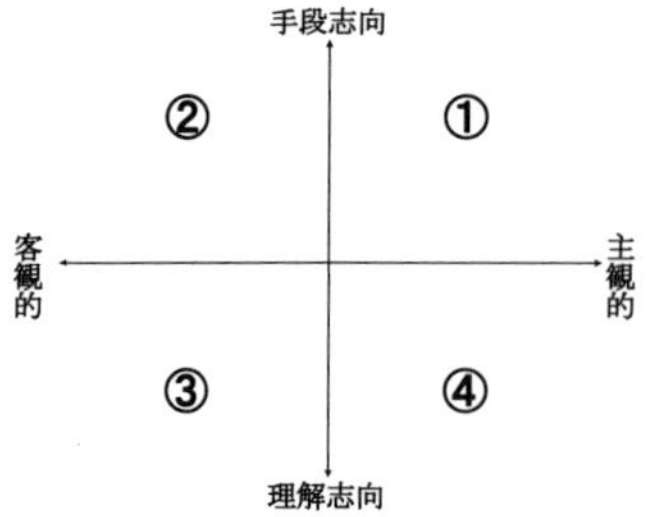

行為の分類

コメニウスは、教育にあたって知的能力と言語能力と身体能力を同時に調和的に発展させることを強調した。言葉を記憶するだけでは、知的能力や言語能力は育たない。言語によるコミュニケーションや身体的活動というアウトプットによって、私たちはさまざまな事物を多面的にとらえることができるようになる。このうち、とくに重要なのは言葉を表現する学習であろう。人間が知恵ある人（ホモ・サピエンス）であるといっても、言葉を使うことができるから思考できるのである。思考は言語によって規定される。使う言葉が豊かになることは、思考の発達の証である。先ほどの学生の例で言えば、試験会場で「お腹が痛い」と伝えられたら、学習を通した自己拡大を実感し、それはさらなる学習の動機になっただろう。

こうして、「役に立つ知識」や「コツ」ばかりを求める風潮に対して、「用も用あり、無用も用あり」という構えが求められることになる。生きる力とは、さまざまな事物を役立てる力であるということである。役に立つといわれている知識でも役立てなければ役立たない。一見すると役に立たないようでも、工夫すれば役立てられることは多い。教育者は、単に知識や技術を教えるのではなく、何の役に立つのかと思うようなことを実際に役立ててみせることである。

次章に向けて

図はドイツの社会哲学者ハーバーマスの行為論の研究を簡略化して示したものです（『コミュニケイション的行為の理論』中、藤沢賢一郎他訳、未來社、一九八六年参照）。このうち、教育的行為はどこに位置づけられると考えますか。

第一〇章　学びはまねび？——創造としての再生

物まねに、似せぬ位あるべし。物まねを窮めて、その物にまことになり入りぬれば、似せんと思ふ心なし。

世阿弥

一　教育と学問・教育と芸術の間

入れ子世界としての教育

前章の最初に記したように、教育という世界は既知の知識・技術が、ある価値観に基づいて選択され、再構成されることで成立する。いわば、教育とは世界のなかのもうひとつの世界である。世界のなかの世界という意味では、教育は一種の入れ子のような世界である。入れ子といえば、重箱やロシアの伝統的な人形マトリョーシカが連想される。教育は、人類が歴史的・社会的発達（系統発生）をとおして創造した文化を個人の発達（個体発生）において実現する過程である。個人や教室や学校は、世界のある種のミニチュアであるべきことが想定されている。

この、世界をダウンサイジング（縮小）して構成されるという性格のために、教育という世界はいくつかの本質的な問題を抱える。

第一に、教育は世界がメインであるならサブという位置におかれる。たとえば、文学や芸術を教える場合、学習者の発達段階を考慮して、理解しやすく再構成された内容が提示される。再構成といっても、漢字がカナに直されるような段階から、性的な描写の削除といった内容に踏み込む段階までさまざまである。芸術家や文学者や科学者からすると、創作や真理の探究という仕事に比べ、教育はその成果の要約を伝えるにすぎないと見なされてしまう。日本の数学教育の分野で多くの貢献をした遠山啓《ひらく》（一九〇九～一九七九）は、このように記している。

「教育と学問との断絶感は、教育の側ばかりではなく、学問の側にも根深いものがあった。学問の側には教育の仕事をいちだん低いものとして蔑視する感情が強く、教育について発言する学者は仲間はずれにされる危険を冒さねばならなかった。」（『競争原理を超えて』太郎次郎社、一九七六年、二〇六頁）

遠山は数学者であったが、一九五〇年代から小中学校の数学教育を指導し、子どもが少ない練習量で計算力を高められるように工夫した「水道方式」を提唱した。現在では、多くの算数教科書が水道方式を参考に編集されている。その遠山にしても、教育と学問の壁を感じていた。

第二の問題は、右に触れたことと関連するが、教育内容が世界の現実からダウンサイジングしてもたらされる際に、学習者にとっての理解しやすさが優先されるために、オリジナルの魅力が失われるということである。音楽でも絵画でも本物に触れると何か感じるものである。しかし、実際の学校教育ではそうそう音楽ホールや美術館に行く機会はない。やむを得ず、ＣＤを聴いたり写真を見たりするが、どうしても印象は薄れてしまう。作家は文学だけ、作曲家は

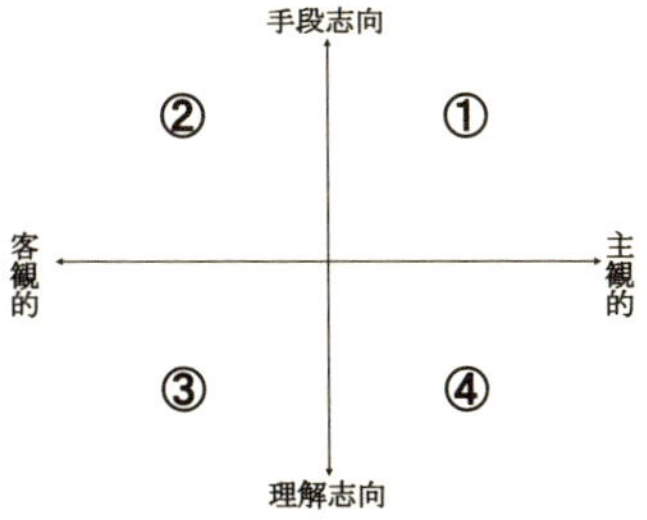

行為の分類

音楽だけしていればよいが、教師はさまざまなことを満遍なく扱わないといけない。ゆえに、ひとつ一つの課題にプロが割くような時間と労力をかけることはできない。ゆえに、どうしてもマンネリズムに陥りがちとなる。新鮮味が感じられず、退屈になってしまう。

教育は、世界のさまざまな事象をダウンサイジングして提示することであるとしても、それは、学問や芸術の下請けでしかなく、オリジナルに比べて魅力の乏しいものにすぎないのだろうか。本章では、こうした困難が現れやすい学校教育の授業を念頭に考えていく。

教育的行為の特質

前章の最後にハーバーマスの行為論の研究を簡略化して示しておいた。この図を参考にして、教育という行為の特質を考えていこう。

主観性と手段志向の強い行為（①）としてあげられるのは、たとえば科学の研究などがそうだろう。科学研究が主観的というのはピンとこないかもしれない。たとえば、地動説でも相対性理論でも、研究者が思いついたときは、まだ一般化されていない。言い出せば、多くの反論にあうひとつの仮説にすぎなかった。しかし、その仮説が証明されれば、次第に知識として認められ、学校で教えられるようになって普及し、ついには常識となる。科学的な知識でも最初は客観的ではなく、研究者の主観にすぎない。そして、科学研究は、感情をさしはさむことなく研究対象をモノと見なす。あまりモルモットをかわいそうと思っていては動物実験できない。

客観性と手段志向が強い行為（②）としては、たとえば政治的行為があげられよう。政治家には強い個性の持ち主が多い。しかし、法治国家であれば、法律に従った政策でなければならない。また、政策の実行は、個人的な趣味や気分で行われてはならない。官僚主義は批判の対象とされることが多いが、冷静で公平であるという意味では信頼に値するシステムなのである。そして、政治の目的は統治であり、統治の継続である。そこで国民は統治の手段と見なされている。行政のサービスは法律に定められた範囲でのことであり、個々の利害には対応しないし対応できない。

客観性と理解志向の強い行為(③)には、道徳的な説得などがあげられるだろう。たとえば、教師が遅刻をした学生を注意するとき、「遅刻は時間どおりに来ている他の学生に迷惑であり、他の学生の学習権を侵害していることになる」と説明する。これは、法律には定められていないが、客観的に受け入れられる規範である。そして、遅刻してきた学生でも、モノ扱いすべきではないので、相手が理解して行動を改めるように促す。

主観性と理解志向の強い行為(④)としては、あえていえば芸術作品の鑑賞があげられよう。音楽や絵画そして文学などは、創作者の価値観が表現されたものである。創作者と鑑賞者は互いに他者であり、鑑賞者の数だけ解釈が生まれる。しかし、解釈は鑑賞者の主観的な価値判断である一方、創作者の意図の理解に向けられている。

教育という行為が、この座標のどこに位置づけられるかであるが、「ここ」という特定の位置はない。というのは、教育はさまざまな要素を含んでいるからである。この座標のどこにでも教育を見出すことができるともいえる。たとえば、親が子どもをピアニストにしようとしてレッスンを受けさせる場合、親の主観的な判断が先行していれば、この教育は①か④に位置する。子どもが納得していれば④、親の強制であれば①だろう。しかし、学校教育においては、教育課程の基準が定められているわけであり、多くの児童生徒やその保護者の多様なニーズに応えなければならないゆえに、客観性が重要である。ゆえに、学校教育は一般的には②か③に位置する。そして、児童生徒の理解を得ながら教育を進めるのが望ましいから、②は避けるべきである。ただし、学校が進学実績を上げようとするあまり、児童生徒の主体性を無視していれば、その教育は②に近くなるだろう。こうして学校教育は、おおよそ③の客観性と理解志向の領域に位置づけられるが、そこには避けることのできないリスクがある。

ひとつは非効率性である。ただし、これは教育においては仕方がないことである。相手を手段と見なし、操作するような感覚で働きかければ効率は上がる。たとえば、警察官が交通取締まりの際に、違反者の事情をカウンセラーのように「傾聴」していては大変である。問答無用で裁いていかなくてはならない。しかし、教育はそうはいかない。教育においても効率性は重要だが、相手の理解を前提とする以上、効率化にはおのずと限界がある。

いまひとつは没個性化である。学力向上やクラブ活動などに教育を特化した塾や一部の私立学校などは、大胆に特徴を出すことができるために魅力が大きい。しかし、とくに公立学校は、多くの児童生徒を対象とするゆえに、バランスのとれた内容を提示しなければならない。そして、できるだけ多くの児童生徒がフォローできるスピードで教えることが望まれる。この結果、どの学校でも、どの教師でも、あまり違いのない授業になってしまう。ゆえに、「ここでしか聴けない」という魅力に乏しくなる。

教育的行為の可能性

では、教育的行為とは、創作活動などに比べてつまらないものなのだろうか。魅力あるものにはできないのだろうか。また、教育的行為そのものの魅力はないのだろうか。

まず、教育実践の魅力を高める鍵は、教師が主観性を回復することにあるだろう。遠山はこう記している。

「現代はいわゆる情報化時代といわれるほど膨大な情報が氾濫している時代であるが、もしなんらかの選択なしにこれらの情報を吸収しようとすれば、頭脳が破産するほかない。そこで選択が必要になるが、その選択の基準は、『羅列的な知識の堆積ではなく、広大な展望を与えるような原理を選んで教える』ということである。」（同、二〇八〜二〇九頁）

遠山のいうように、教育内容の選択は、学問の研究や芸術的な創作活動に匹敵する独創性が必要な作業である。決して学問や芸術の下請けなどではない。もっとも、学校教育の内容や順序は学習指導要領で告示されており、個々の教師が自由にできるわけではない。では、主観性を回復できる余地はないのかといえば、決してそうではない。「教科書を教えるのではなく、教科書で教える」と言われるように、教えるのはやはり生きた人間である教師である。

実際、個々の教師に無条件に教育する権利を認めればよいかというと、教材の選択から順序立てまで責任を持つのは困難だ。かりに一人の教師が超人的な努力で成し遂げても、他の教師と効果的に連携をとるのは不可能だ。現実的に教師に可能な主観性の発揮とは、授業の創造にある。授業を魅力あるものにするためには、深い教材研究によって教育内容の意義をとらえることが必要である。遠山の表現でいえば、教師自体が教育内容を羅列的な知識の堆積ととらえているようでは魅力ある授業は困難だ。教師は、教育内容を広大な展望を与えるような原理に沿って教えなければならない。

そして、授業の実践は、決して既成の知識や技術の形式的な伝達にとどまるものではない。この点を、能の大家・世阿弥による『風姿花伝』を参照しながら、演劇的行為との関連で見てみよう。『風姿花伝』は、世阿弥が記した能の理論書であり、父・観阿弥の教えをもとに、世阿

弥自身の実践や考察からの解釈が加えられたものといわれる。世阿弥は、人の心を引きつける魅力こそ芸の真髄であると考え、それを「花」と呼び、花のある演技とは何であり、どうしたら花のある演技ができるかを考えた。その言及は、一五世紀初頭に成立したとは思えない新鮮さがあり、授業をはじめとした教育にも多くの示唆を与える。

授業は児童生徒、演劇は観客といった一定の理解を求めるべき対象がいるという点では、ともに理解志向的な行為である。役者が観衆を、教師が児童生徒を無視しては成り立たない。世阿弥は、「人の好みも色々」であるゆえに、「時の人の好みの品によりて、その風体を取り出だす」ことが重要であるという（『風姿花伝』岩波文庫、一九五八年、九三頁）。授業で児童生徒全員の好みに合わせることはできないし、過剰に迎合しては授業は成立しない。しかし、教師がいつまでも古い資料を使いまわしていたり、冗談を言うにしても死語になったようなネタでは逆効果である。

次に、演劇等のパフォーマンスでは台本・演目・曲目、授業では教材という一定の客観的な素材が与えられている。この素材を無造作に扱うだけでは魅力はない。そこで、役者や教師の主観的な関わりが意味を持つ。この関わりとは素材の研究と解釈である。同じ曲でも、演奏者の技量と解釈次第で魅力的にもなり、つまらなくもなる。授業において徹底した教材研究が必要なのも理解されるだろう。世阿弥も、この点を強調する。

世阿弥は、「能を尽くし、工夫を窮めて後、花の失せぬところをば知るべし」という（同、五九頁）。花のある演技のためには、練習・準備・研究を怠ってはならないというのである。「能を尽くす」というのはレパートリーを増やすということだろう。それによって多様な知識や技術が身につく。そして、「花が失せぬ」ようになるという。一発勝負やアドリブで成功することもあるが、「もう一度出してみろ」と言われても、まずうまくいくことはない。アマチュアなら一発屋でもよいが、プロにはそれは許されない。

そして、演劇にしても授業にしても、一定の時間のなかで順序立てを考えなければならない。能をはじめ、日本の伝統芸能には序破急という区分がある。序は導入部、破は展開部、急は加速し終結に至る部分をいうが、世阿弥はこの順序を重視した。授業もあまり厳格になる必要はないが、導入・展開・概括・応用といった一応の順序を踏むほうが効果的である。

さらに、世阿弥は、自己満足に終わらず、できるだけ広く受け入れられる普遍性をめざすべきだという。どれほど研究と準備を重ねても、「つまらない」という顔で座っている児童生徒がいる。あまり度が過ぎると、教師は「分からないやつには、分からなくていい」と思ってしまう。世阿弥は、「工夫あらん為手《して》ならば、また目利《き》かずの眼にも面白しと見るやうに能をすべし」という（同、七三頁）。理解力がない者にも面白さが感じられるような演技ができてこそ名手だという。なかなか厳しい要求だ。

他方、いくつかの点で、授業と演劇は異なっている。

第一に、演劇的行為では、演じるのは役者で観客は基本的に受動的でよいのに対して、授業では児童生徒が主体的に参加することが望まれる。本当に活発な授業では、教師と児童生徒は、授業のテーマをめぐって、ともに演技者となる。

このため、第二の問題が生ずる。それは、授業が偶然性に左右されるということである。演劇も授業も、ともにやり直しのきかない一回きりの行為であり、想定外の事態があり得るが、偶然性は授業の方がはるかに高い。

第三に、演劇の鑑賞は特別な非日常的経験であるのに対し、授業は日常的な出来事である。

演劇やコンサートは、チケットを買い、わざわざ出かけていく特別な機会である。ゆえに、まずは観客や聴衆に印象を与えればよい。もちろん、生涯忘れられない印象を与えられたらすばらしいが、「いやあ、笑った」とか「面白かった」といった一過性の感動でもまずは許される。しかし、授業は日常的な出来事であり、連続性や継続性が重要だ。ひとつの授業で与えられた印象が次の学習につながることが必要である。

第四に、演劇での役者と観客の関係と授業での教師と児童生徒の関係とは違う。観客は演劇がよければ評価し、満足がいかなければ批判する。児童生徒にも授業を評価する権利はあるが、評論家のように批評しているだけではすまない。児童生徒には知識・技術の習得が求められる。

授業は、演劇的な行為に比べて、児童生徒に持続的な影響を与えなければならない点で、教師の役割は大きい。役者は観客の人生に責任をもつ義務はないが、教師の関わりは児童生徒に大きな影響を与える。だからといって、教師は思いどおりに授業ができるわけではない。授業では児童生徒を積極的に巻き込んでいくことが望まれるが、児童生徒の参加を促すほど、授業は児童生徒に左右される。こうして、授業とは、本来、演劇などに比べても、教師の力量が問われるスリリングな実践であることが分かる。

二　教育的場の創造

管理・教授・訓練

授業をいかに進めるかは、教育方法学や授業論のテーマであり、本書では個別具体的なテーマは扱わない。ここでは、ヘルバルトの学説を見ながら授業を成立させるための要件をおさえておこう。ヘルバルトの学説は、国民教育成立期の学校を想定していたこともあり、もともと哲学的であったことも加わって、非常に厳格である。このため、一九世紀末からの新教育の実践のなかでは、しばしば旧教育の代表として批判された。しかし、学校での授業を実際に成り立たせるという観点からは、非常によく考えられているのも事実である。そこで、ヘルバルトがあげた管理・教授・訓育について見ておこう。言うまでもないことだが、教育実践においては、管理だけの行為とか教授だけの行為というのはない。これら三項は融合しているのであり、三つの側面からとらえられるということである。

管理（Regierung）という言葉で、私たちは管理教育を連想し、否定的なイメージを抱いてしまう。ヘルバルトがいう管理とは、教育に必要な秩序のために有害と思われる原因を除去する行為をいい、具体的な措置として、彼はおどかし・監視・権威・愛をあげた。「友だちのような先生」であろうとする者は、ヘルバルトの主張に強い抵抗感を抱くだろう。しかし、学級崩壊といった事態を「子どもの自主性に委ねます」といって放置しておくわけにはいかない。彼は、こう記している。

「権威と愛とがあらゆる厳格な手段にもまして管理を確実にすることは、きわめて広く知られたことがらである。（中略）愛は、それが必然的な厳格さと両立する場合にのみ、価値がある。」（『教育学講義綱要』、一一七頁）

たしかに、ノールがいうような意味での母性的態度、つまり児童生徒の現在を受け入れる愛だけでは、スポイル（甘やかし）になる恐れがある。教育者の基本的な態度として、優しさと厳しさの両立が求められるわけである。

しかし、管理は、単に教師の心情の問題でとどまっては意味がない。具体的には、児童生徒が教室で学習等の活動にとりくむことができる状況にあるか、そして、学習や活動の目標を理解しているかを見据える必要がある。ゆえに、生徒指導は、広い意味での管理に属するといえる。学級にいじめがあれば、児童生徒にとって教室は居心地のよい場所ではない。また、管理には学習指導の一部も含まれる。ひとつの授業で何をどこまで学ぶのか、教師と児童生徒が共有することで、教授も訓育も成立する。学校保健法という法律では、教室の環境整備について基準を定めているが、換気・採光・照明・保温・清潔・静粛といった面の配慮も当然必要である。蛍光灯が切れているのに気がつかないような教師では失格である。日光が強ければカーテンを閉め、暗ければ開ける。教室が淀んだ感じがしたら、休憩時間には窓を開ける。当たり前のことのようだが、こうした環境面の配慮が教室にメリハリを与える。

ヘルバルトが、教育的行為の本質と見なしたのが教授（Unterricht）と訓育（Zucht）である。教授とは、文字通り教育内容を教えることであるが、彼は、決して一方的に教えればよいと考えていたわけではない。教授の目的は、興味の広がりと深まりであると考えていた。

「豊富な対象及び仕事から多面的興味が生ずる。この興味を喚起し、適切に提出することが教授の仕事である。」（『一般教育学』、六二〜六三頁）

多面的興味は、ヘルバルトが考える知育の課題である。自分が興味のあることにはハマるが、それ以外のことは無関心というマニア的な人間は世の中に多くいる。本人が好きでしているなら、他人に迷惑をかけない限り、問題はない。しかし、学校教育がマニアの育成を掲げるわけにはいかない。逆に、いろいろなことを知っている雑学王も世の中にはたくさんいる。何か話していると必ず口を挟んでくる。しかし、深くは知らない。話は深まらない。そういうわけで、無知よりはましであるにしても、学校教育が雑学王を奨励するわけにもいかない。この点で、ヘルバルトが、児童生徒の興味が広がるとともに深まることを目標に掲げたのはうなずける。ただし、多面的興味の形成は容易ではない。彼は、「豊富な対象及び仕事」と言っているが、与えれば与えるほどよいとはいえない。単に与えるだけでは、児童生徒はオーバーフローを起こしてしまう。そこで、教師が「適切に提出する」ことが重要になる。具体的には、児童生徒がすでに蓄積してきた経験と教育内容を関連づけ、知識や技術を役立てる視点を提示するのである。こうした視点は、教科書には盛り込むことはできない。ここに教師の出番がある。

ところで、教育は教授だけでは完結しない。教育基本法にも第一条に教育の目的として「人格の完成」と定められているが、教育というプロセスを経て、人間は少しでも「善く」なることが望まれている。「善さ」が何であるかは難しい問題だが、ヘルバルトは単なる知育だけでは教育は十分ではないと考えていた。そこであげたのが、訓育（Zucht）である。訓育もいかめしい印象を与える言葉だが、これは児童生徒の心情に働きかける行為をいう。教授においては、教師と生徒の間には教育内容（教材）が介在している。いわば、教師－教材－児童生徒という三角関係がある。これに対して、訓育とは教師と児童生徒が直接に向き合う関係である。

「訓育は生徒の未来を憂慮する。訓育は希望に支えられる。そしてまず、忍耐において現れる。（中略）そして可能なかぎり親切な挙動以外のなにものであってもならない。」（『教育学講義綱要』、一七五頁）

たびたびとりあげている灰谷健次郎と女子児童の触れ合いは、まさに訓育の姿だろう。灰谷の関わりは児童の未来を憂慮することから発していた。そして、「きっと分かってくれる」という希望が、その場を支えていた。そして、この希望のゆえに、向き合うというつらい時間を耐えることができた。二人の触れ合いは、国語の時間の出来事ではなかった。二人を媒介する

教材もなかった。

ヘルバルトは、現実の教育が金儲けや出世のためになされることを認めながらも、そこには人間を「善く」するという視点が欠けていることを批判した。そして、彼は、知育と徳育が両立した理想的な教授を教育的教授（erziehender Unterricht）と呼んだ。彼が教授とともに訓育を重視したことも理解されるだろう。

教育的タクト

管理・教授・訓育が日常的な教育活動の枠組みであることは、否定できないように思われる。しかし、これらの枠組みはどうしても硬直化し、授業を退屈にするのではないかと感じられもする。すでに見たように、児童生徒を巻き込もうとするほど、授業は偶然性に支配される。そこで、「あまりうるさいことをいわなくても」「最後は落ちるところに落ちます」という思いになる。

しかし、ヘルバルトは、この問題も深く考えていた。彼が、「教育技術の最高の宝」とまで呼んで重視したのが、「タクト」（Takt）である。彼はこう記している。

「理論と実践との間に一つの中間項、すなわち、確かなタクトが割り込んでくる。タクトはすばやい判断と決定であるが、それは慣行のようにいつでも変わることなく一様に行われるものではない。」（「最初の教育学講義」『世界の美的表現』、九八頁）

ヘルバルトは、「今日の授業はこうしよう」という計画と実践の間に介在するのがタクトであるという。タクトとは、すばやい判断と決定ができる才能（機敏の才）をいう。事実、クラシック音楽指揮者のもつタクトのさばき方ひとつで、音楽は生きも死にもする。授業を効果的に成立させるためにも、教師の臨機応変の働きや知恵が重要である。教育学では、こうしたタクトを教育的タクトと呼んでいる。

教育的タクトは、とくに危機的瞬間において意味をもつ。たとえば、授業中に児童生徒の集中力が切れそうなったとき、一瞬にして雰囲気を変えて、場を展開するのが教育的タクトである。一般的には、教師と児童生徒との適度な距離感覚や即興的能力が重要であるとされる。たしかに、教師と児童生徒の関係が近すぎると、教師が児童生徒の発言に対応するあまり、授業が本筋に返れず、脱線で終わってしまうことがある。そこで児童生徒を巻き込みながらも、教師としての立ち位置（スタンス）を維持することが必要になる。即興的能力については、多くを記す必要はないだろう。誰でも、教師のアドリブやユーモアや巧みな切り返しに授業が楽しくなり、教師に親近感を抱いた経験があるだろう。児童生徒に「次はどんなことを言うだろう」という期待感が生まれれば、授業は教師にとっても児童生徒にとっても楽しいものになる。

『風姿花伝』のタクト論

教育的タクトについてはさまざまな研究がなされており、本書では詳細には立ち入らない。ここで、再び『風姿花伝』を見よう。『風姿花伝』には、タクトについて考えるためのヒントがいくつも見出される。古典というのはこのようなテクストをいうのだろう。

まず、世阿弥のいう花そのものがタクトといってよい。人は、何かを「珍しい」とか「面白い」と感じたとき、もう心が引きつけられている。たしかに、花というのはそのような存在だ。桜が一年中咲いていたら、いくら美しくても、それほど喜ばないだろう。一年に一度だけ咲く。開花は気温や雨風に左右され、人々の気を揉ませる。花は、「住するところなき」こと、つまり変化してやまないゆえに魅力がある（『風姿花伝』、九二頁）。授業にも花がなければならない。そこで、花を演出するためにはどうしたよいのかが問題になる。ここでは、四点から見ておこう。

第一は、時を知ることである。世阿弥は、「去年《こぞ》盛りあらば、今年は花なかるべきことを知るべし」「よき時あれば、必ず、また、わろき事あるべし」という（同、一〇六頁）。名手の言葉としては意外な感じがする。しかし、どんなに研究と努力を重ねても、うまくいく時といかない時というのはあるものだ。また、授業などでも、単一の授業としてはうまくいっても、それ以前にもっとうまくいった授業があり、児童生徒にその印象があれば、それと比較して、「あの時のほうがよかった」と思われてしまう。このことを世阿弥は、こう記している。

「同じ上手にて、同じ能を、昨日・今日見れども、面白やと見えつる事の、今また面白くもなき時のあるは、昨日面白かりつる心慣ひに、今日は珍しからぬによりて、わろしと見るなり。その後、またよき時のあるは、先にわろかりつるものをと思ふ心、また珍しきに復《かえ》りて面白くなるなり。」（同、一〇九頁）

授業は次につなげなければいけない仕事であり、ここで世阿弥が言っていることは重要である。世阿弥は、時の流れのなかで花を咲かせることを具体的に考えていた。

「大事の申楽《さるがく》の日、手立てを変へて、得手《えて》の能をして、精励を出だせば、これまた、見る人の思ひの外《ほか》なる心出《い》で来れば、肝要の立合、大事の勝負に、定めて勝つ事あり。」（同、一〇六頁）

演劇でも授業でも、一連の活動には勝負どころがある。もちろん、手を抜かずに行うべきだが、クライマックスを作らないと、全力を出した割りには印象に残らない。「ここ一番」というときに、得意なテーマを持ってきて力を入れる。選択し集中する。すると、全体の印象が高まる。

第二は、環境に配慮することである。世阿弥は、「座敷をかねて見る」という(同、四二頁)。観客の様子をしっかり見ることが重要だという。

「おそしと楽屋を見るところに、時を得て出でて、一声をも上ぐれば、やがて座敷も時の調子に移りて、万人の心、為手《して》のふるまひに和合す」(同、三九頁)

すぐに舞台に出るよりも、観客が「まだ出てこないのか」と思った頃に現れると、観客は鑑賞する心の準備ができているので、役者と観客が一体になるという。もっとも、現在の学校の授業で教師が遅れて行ってはいけない。それでは学級崩壊を招いてしまうかもしれない。ただ、教師と児童生徒の一体性がある程度できている場合は、ちょっとした間をとることは、児童生徒の集中を高める効果がある。授業の区切りで少し騒がしくなったとき、教師がしばらく無言でいると、教室は静かになることがある。また、世阿弥はこんなことも書き残している。

「日ごろより、色々とふりをも繕ひ、声をも強々とつかひ、足踏みをも少し高く踏み、立ちふるまふ風情をも、人の目に立つやうに、生き生きとすべし。」(同、四〇頁)

観客が疲れていたり飽きてくると、どうしても騒々しくなる。そういうときは、身振り手振りを大きくし、声も足踏みも強くするとよいという。授業でもまったく同じであろう。騒々しいときはメリハリをつけなければならない。

第三は、意外性の演出である。世阿弥は、花とは「人の心に思ひも寄らぬ感を催す手だて」であるという(同、一〇四頁)。そのためには、「秘すること」、つまり普段は隠しておいて、いざというときに出すことが大事だという。「秘すれば花なり、秘せずは花なるべからず」(同、一〇三頁)である。これは、そのまま授業にもあてはまるだろう。

第四に、世阿弥は意外性をいう一方で、過剰な作為を戒めた。能に限らず、演劇はそもそも

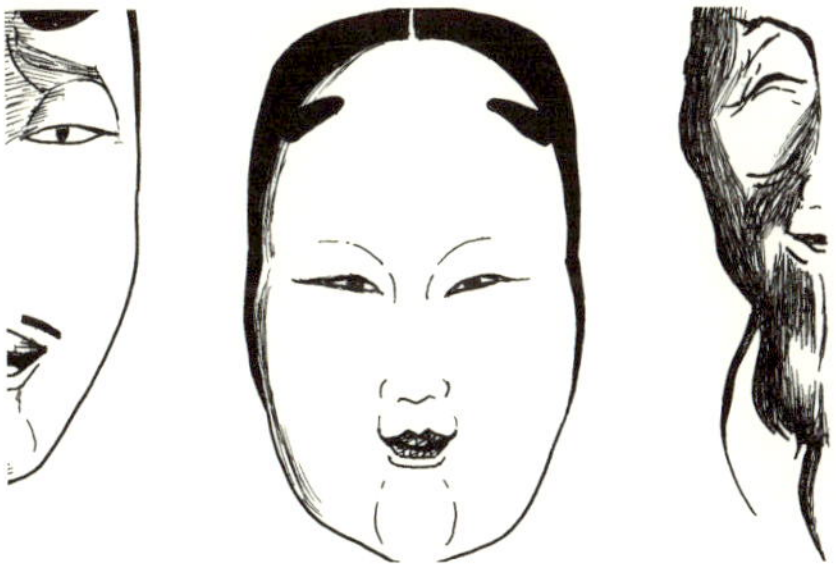

作為的な行為だが、彼は、「珍しきといへばとて、世になき風体を為出《しい》だすにてはあるべからず」という（同、九二頁）。珍しい様子を見せれば観客の関心を引くだろうということで、大げさな演技はするなという。たしかに、授業でも、あまりに大げさな態度や誇張的な話は、最初は興味を引いても、繰り返されると次第に飽きてくるものだ。彼は、「およそ何事をも、残さず、よく似せんが本意なり。しかれども、また事によりて、濃き・薄きを知るべし。」という（同、二二三頁）。リアリティーを醸し出すにも濃淡があるというわけだ。授業でも、建前上は大事ではないところはないはずだが、教科書全文にアンダーラインというわけにはいかない。

世阿弥は、こうしたコツと見なされるようなことを書き残している。しかし、彼は、「自力より出づるふるまひあれば、語にも及びがたし。その風を得て、心より心に伝ふる花」という（同、六九頁）。花とは言葉では表現できず、心から心に伝わるのだという。ゆえに、『風姿花伝』は秘伝書であり、誰もが安易に読むことは許されなかった。たしかに、知識として覚えて、「ここと、ここと、ここをおさえておけば大丈夫」というような態度で演技をして、それが感動を呼ぶかといえば疑わしい。芸の真髄は、形式的に教えられて伝わるものではない。授業の技術にも大枠はあるが、言葉で教えられて身につくものではない。世阿弥は、タクトの教育困難性をも見抜いていたのである。

三　冒険としての教育

教育の冒険的性格

教育は計画的な活動である。授業であれば、指導案を立てたとおりに実施できれば、それに越したことはない。しかし、完全に計画どおりにいくことはない。この意味で、教育は一種の賭けであり、否応なく冒険的性格を帯びる。教育を冒険的にする要因のひとつは学習者にある。このことを、ボルノーはこう述べている。

「冒険という性格は、教育そのものの最も内なる本質に属するのである。というのは、教え子は、計り知れない理由によって、教える者の意図から遠ざかり、これに刃向かいさえし、意図を挫折させる可能性を常に有しているからである。」（『実存哲学と教育学』、二一七〜二一八頁）

練習や準備や研究を重ねれば、授業は成功するとはいえない。教育において出会うのは互いに他者であり、いかに努力しても相手の意図に達することはできない。むしろ、コミュニケーションとは、常に当事者間のズレを創造していく現象なのだともいえる。しかし、教育者は他者性という事実の前で断念するわけにはいかない。ゆえに、学習者に強い印象を与え、強い表現を引き出すべく冒険的な行為がとられることになる。もちろん、印象を与えれば何でもよいということにはならない。ここに、教師という職業の困難性や悲劇性がある。

この点を、一九九〇年から九二年にかけて、大阪北部の小学校で黒田恭史（一九六五〜）（現在、佛教大学准教授）によってとりくまれた授業実践を素材に考えたい。大学院時代の恩師から「三年が勝負だよ」と言われていた黒田は、小学校教諭に就いた最初の年、命の大切さを考えようと、四年生の学級で豚を飼う実践を行った。その動機は、「命の大切さや、動物を育てることのむずかしさ、楽しさを体ごと学んでほしい、そんな漠然とした思いをもって、それならば、大きくて存在感のある動物を飼ってみたい」（『豚のPちゃんと32人の小学生』ミネルヴァ書房、二〇〇三年、七頁）ということだった。彼は、大きくて、においがあり、生命力の強い豚という動物と過ご

すことで、「子どもたちの協力と知恵と根気が試される」(同、一一頁)状況を教室に作り出そうとした。

ベテラン教師の理解もあり、学校の敷地内に小屋を作り、食事は給食の残りを与えることが決まり、豚の飼育が始まった。休日のえさは老人ホームからもらうことになり、休日の当番も決まった。児童たちはこの豚をPちゃんと名づけた。しかし、このことは、のちに飼育している豚はペットなのか家畜なのかという葛藤を生んでいくことになった。

さて、黒田は、命の授業を多角的に展開した。Pちゃんが大きくなって小屋が壊れてしまうと、廃品回収したお金で小屋を拡張することを話し合った。児童は製材所で交渉する作文を作った。これは、国語の授業の実践である。家庭科では、豚肉料理を皆で作って食べた。算数の授業では、人間は何匹の生き物を踏んで生きているのかを試算させた。そして、食肉センターの訪問は、人間は他の生命を奪うことで生きる存在であることを児童たちに感じさせるものであった。これは道徳の授業の展開といえよう。Pちゃんというリアルな存在が、さまざまな教育活動を結びつけ、教室を活性化させたのである。

しかし、児童たちの卒業が近づくにつれ、Pちゃんをどうするのかをめぐって、黒田も児童たちも大きな困難に直面した。当初、黒田は、ニワトリを殺して食べる授業、豚一頭丸ごと食べる授業などを展開した鳥山敏子(一九四一〜)の影響を受け、最終的にはPちゃんを食べるところで命の授業を完結させたいと考えていた。しかし、彼の実践がマスメディアでとりあげられると、少なくない抗議の手紙が届いた。また、児童たちにも、食べることにも勇気が必要だが、食べない勇気もあるという意見があった。話し合いの結果、Pちゃんの飼育を引き継いでくれる学級を探すことになり、名乗り出る学級も出た。しかし、ＰＴＡや教員の間から「それで責任を果たしたことになるのか」という意見が出て、話し合いは振り出しに戻った。

保護者と児童が会しての話し合いがもたれ、さらに児童どうしの話し合いが重ねられた。しかし、話し合いは、「自分たちで飼い始めたんだから、自分たちの代で終わりにするのが責任だ」として食肉センターに持っていくという意見と「ちょっとでもPちゃんの命が延びればいい」として後輩たちに飼育を委ねるという意見で平行線をたどった（同、一三八〜一三九頁）。児童たちは、最終的に黒田の判断に委ねることで合意した。そして、卒業式の前日、黒田は児童たちをPちゃんのところに集め、食肉センターに持って行くという結論を告げた。

「もう十分、精一杯みんなは考えたし、やることやってきたし、もう十分です。そんなにしんどく思わなくていい。あとはもう先生の責任や。」（同、一四八頁）

と語る黒田は泣いていた。卒業式から一週間後、児童たちに見守られるなか、Pちゃんは食肉センターに送られていった。

挫折の教育力

黒田の実践には、教育という行為の冒険的な性格が先鋭なかたちで現れている。この実践は、ジャーナリストが継続的に取材し、ビデオに収録していた。当初はNHKスペシャルで放映される予定もあった。しかし、NHKは放映をキャンセル。理由は、「これが果たして教育なのか」というものだった（同、一六一頁）。結局は民放で放映されたが、賛否両論を巻き起こした。

この実践の評価は難しい。授業を批判する側からは、「食肉センターに行くべきなのは、Pちゃんではなく黒田先生です」という声まで寄せられた（同、一六三頁）。しかし、すでに一九九〇年代には、子どもたちも人間関係を部分的なレベルで済ますといわれていたなかで、児童たちは

Pちゃんの命をめぐって理性を駆使し、感情を露にし、涙を流して話し合った。児童たちに、この実践がもたらしたものは計り知れない。

しかし、感情的なレベルではなく、黒田の実践を冷静に見据えた批判もあった。たとえば、「豚は教材なのか」という問いがある。命の大切さが教育の本質的な課題であることは間違いない。とはいえ、それは学校で教えることができるテーマなのかは、にわかに答えの出せない問題だ。黒田の実践を認めたとして、多くの学校で豚を飼うようになることに問題はないのだろうか。それでは、命を教育の手段にしていることになる。この実践のインパクトにもかかわらず、他の学級や学校でただちに実践するということにならないのは、そのためであろう。

私たちが、他の生命を手段として生きているのは否定できない事実である。とはいっても、私たちは豚肉を食べる場合、食材になるものとして育てられた家畜を食べているのであり、名前を付け、生活のパートナーと見なしているペットを食べるのではない。黒田の実践に対しては、そうした立て分けが十分ではなかったのではないかという指摘もある。

こうした批判は、黒田の実践の計画性の有無に向けられている。彼は、保護者を交えた話し合いのなかで、保護者からの指摘に答え、「私が最終的な結果をきっちり持ってすすめてくれば、よかったのだと思います」(同、一二七頁)と述べた。実践からほぼ一〇年が経過した時点でも、彼は、「今から思えば、甘い部分がなかったわけではない」(同、三七頁)と率直に告白している。教育が計画的な活動であるという点からすると、彼が実践において払った努力は認めつつも、やや見通しが甘かったのではないかと思わせる点がないではない。また、彼が報告しているように、この実践を行った学級に何の問題もなかったわけではない。いじめもあったという。

それにもかかわらず、黒田の実践が無意味であるとか失敗であると全否定する者は少ないだろう。それは、彼の実践の誠実さのゆえだろう。彼は児童たちの前でためらう姿を隠さず、児童たちと泣いた。ボルノーは、こう記している。

「教師が詫びた過誤の方が、過誤のまったくない教育——そのような教育がありうるとして——によって達成されるであろう感化よりも、比較にならないほど大きな感化を与える。」(『実存哲学と教育学』、二四八頁)

誠実な意図と真剣な努力にもかかわらず、教師の冒険がいったん挫折する。このとき、教師と児童生徒の間で暗黙の前提となっている垂直性や権威性は危機にさらされる。しかし、このことで教師と児童生徒は、人間どうしとして承認しあうきっかけを得る。このとき、教師が挫折を隠蔽しなければ、「教師は、このような承認によって生徒の目から格下げされるかというとそうではなく、かえって彼は高められる」と、ボルノーは言う(同、二四八頁)。黒田の実践が、教育的タクトといった技術よりも、誠実さに裏付けられていたことは否定できない。

リアリティーへの接近

教育という世界が宿命的に担っている入れ子世界という性格に直面すると、教師や学校はともすれば両極端に走ってしまう。一方は、教育という世界の宿命を受け入れる。つまり、授業は現実社会の事象をダウンサイジングしたものであるから、学習者にリアルに受けとめられなくても仕方がないと断念する。「授業は本質的につまらないもの」であり、「そこを辛抱して聴くことに意味がある」というわけだ。他方は、教育という世界の宿命に挑もうとする。世界と教育との壁を突破しようとする。「座学にはあまり意味はない」から、「社会のなかで学ぼう」ということになる。近年、大学でも、さまざまな職場で実習するインターンシップやボランティアをカリキュラムにとりいれるところが増えている。これらのカリキュラムは学生には評判が高い。しかし、何でも社会のなかで学べばよいというのであれば、第五章で見たように、学校には何のために通うのかということになる。究極的には学校否定に行かざるを得ない。

いずれの極端にも問題があるのは明らかだ。その問題とは、教育におけるリアリティーが見据えられていないということだ。前者は、教育という世界にリアリティーはないと最初から断念してしまっている。後者は、学問の研究や芸術の創作、そして人々の労働というリアリティーへの劣等感から、教育という世界を否定してしまっている。教育には、教育という世界に特有のリアリティーがあるのだ。リアリティーとは、事実や実体とともに、迫真性を意味する。教育的なリアリティーとは、この迫真性にほかならない。事実や実態に迫っていく探求的な運動が、教育という世界におけるリアリティーなのである。

教育計画全体のなかで、実社会での体験や活動を取り入れるのは構わないし、望ましいことでもある。しかし、現実には多くのネガティブな問題を抱えた社会に学習者を投げ込めばよいということにはならない。教育には、学習者を社会から保護するとともに、未来の実社会で遭遇する経験を教訓化できる姿勢を身につけるように支援するという課題がある。そのためには、認識力と判断力を高めなければならない。

この点で、黒田が、「今では、むしろ教科学習があれだけできた子どもたちだからこそ、Pちゃんのこともできたのではないかと思うようになった」（『豚のPちゃんと32人の小学生』、一七〇頁）と記しているのは重要である。Pちゃんの世話にかかった労力を考えると、教科学習は大丈夫だったのかと想像してしまうが、児童たちは教科学習を楽々とこなしていたという。

インターンシップ、ボランティア礼賛論の背景には、しばしば反知性主義がある。「考えて

いても分からない」「まずは動くこと」というわけだ。たしかに、第二章で見たように、計画倒れで行動に移せないのでは困る。しかし、体験的な活動の魅力の虜になると、学習や労働といった活動がともすれば色あせて映るようになる。そうなると、知性の眼で行動を見つめ改善することにはつながらない。経験の批判を通さなければ、リアリティー（事実、実体）に迫っていくことはできない。

バンド活動をしている若者などには、楽譜を読めない者が少なくない。個人や身内で活動するのなら、それで構わない。しかし、できあがった歌を皆で歌うことになったとき、楽譜があるほうがよいに決まっている。ところが、「何とかして楽譜を起こそう」という声はあまり上がらない。それは、「楽しく歌えればよい」と思っているからである。そして、パフォーマンスは洗練されたものにはならずに終わる。体験の喜びが喜びにとどまり、リアリティーへの接近を可能にする学習の動機づけになっていかないのである。

この点で、黒田の実践に感心させられるのは、Pちゃんという実体を核に据えて、そこに多面的に迫っていく実践を組み立てたという点である。彼がめざすのは、「筋書きのある授業」でも「筋書きのない授業」でもなく、「筋書きにない授業」であるという。彼が言う「筋書きにない」とは、「徹底的に筋書きを作り、教育的意義を考え、子どもの反応を蓄積し、授業の問題点を明確化し、次の一歩を絶えず修正しながらすすめてきたにもかかわらず、はたとスタート地点に戻ってしまうような場面」（同、一七五頁）である。ここで言われている授業とは、世界の断片の伝達ではない。世界というリアリティーへの接近であることが理解されるだろう。それは、学問の研究や芸術的創作にまったく劣ることのない創造的な作業にほかならない。

二一世紀に入り、偽装表示の問題がニュースにならない日はない。リアルなはずの社会は嘘

ばかりである。贋物を作って何ら恥じるところがない企業が、市民の生活を脅かしている。ここから分かることは、社会からも「リアリティーへの接近」という姿勢が失われているということである。こうした事態に対処するには、本物を感じるという感性や本物を尊重するという道徳性を高めることも重要だが、やはり知性が必要である。真偽、善悪、美醜、利害を見分ける力がなくては、正しいもの、善いもの、美しいものへの接近は不可能だ。

「なりきりライブ」というのが流行している。演ずるプレーヤーはあくまでニセものであり、いくらなりきっても本物ではない。しかし、ライブは大変な盛況だという。これは、聴衆がプレーヤーの「なりきる」努力を認めるからなのだろうが、その価値を「本物だ」と認めているということである。この場合に重要なのは、聴衆たちがオリジナルを「知って」おり、その価値を「本物だ」と認めていることである。誰も知らないようなアーティストのマネをされても、聴衆は似ているかどうかすら分からない。そして、いくらマネがうまくても、オリジナルが「本物」でなければ、盛り上がらないだろう。マネするプレーヤーにしても、マネをしようという気持にならないに違いない。オリジナルが本物だと思うから、プレーヤーは「なりきる」気にもなれるし、聴衆も「なりきろう」という努力にリアリティーを感じるのだろう。ニセものにモノマネはつかない。本物であるからこそ、モノマネが成り立つ。モノマネのリアリティーは、本物への敬愛の表れだ。「似せよう」「こうすればウケるだろう」などといった作為性はない。そこで、本章の冒頭に掲げた世阿弥の言葉である。

「物まねに、似せぬ位あるべし。物まねを窮めて、その物にまことになり入りぬれば、似せんと思ふ心なし。」（『風姿花伝』、九七頁）

「物まねを窮める」ことは教育的態度をとるために不可欠の知であろう。それを可能にするのは、本物への愛である。本物を愛するには、本物を知らなければならない。知るためには、

知性が必要である。知を愛する心がなくては、学べない。知(sophia)への愛(philia)が哲学(philosophy)である。

次章に向けて

教員採用試験に合格し、新任教諭となる学生が、先輩教員に、「一年目を乗り切るにはどうしたらよいですか？」と尋ねました。この発言に問題があるとしたら、どこにあると考えますか？

エピローグ　オーバーワークはイヤ？──贈与としての教育

学びて時に之を習ふ　亦　説ばしからずや
朋有り　遠方より来たる　亦　楽しからずや
人知らずして　慍みず　亦　君子ならずや
孔子

一　教育と贈与をめぐって

贈与としての子ども

「子どもとは、教育者による熟慮の末の形成の対象などではなく、その反対に、子どもは教育者の指導という課題を刺激し、その教育意図の責任にはめ込み、子どもが教育者を教育者にし、子どもはそこではじめて現存在の真の根本的可能性を教育者にゆだねるのだ。こうして子どもは、教育者が純粋な付与と贈与の極ではないように、教育における純粋な受容の極などではない。」(*Die Philosophie der Erziehung des J. A. Comenius, Jan Amos Komenský.*

Gesammelte Schriften zur Comeniusforchung, Bochum, 1981, S.431.)

第九章でとりあげたチェコの哲学者パトチカは、コメニウスの子ども観についてこう書き残した。やや難解な表現だが、「子どもが教育者を教育者にする」というのは重要な指摘である。子どもが周囲にいると、私たちは、「早く寝てくれないかな」などと思いながらも、子どもに接する。このとき、子どもという存在自体が、私たちに呼びかけている。この呼びかけに応えるとき、私たちは自己の外部に出ている。呼びかけに応えまいとしても、少なくとも自己の外部を感じさせられる。つまり、自己中心性の転換が迫られるのである。

こう理解するとき、子どもは、教育者を教育者にする贈与（贈り物＝プレゼント）である。子どもが現われると、私たちは自己中心性を揺さぶられる。自己実現だけを考えるのでは不十分で、他者との関わりのなかで何かを実現しなければならないことを考えさせられる。本書のテーマで言えば、私たちは教育的思考へと招かれる。子どもを「授かり物」と言ったりするのは、このことを指しているだろう。

子どもからの呼びかけは、最初は何を意味しているのか分からない。この意味で、子どもの発するメッセージはノイズである。児童虐待をしたり子どもを無視してしまう親は、子どものメッセージをノイズとして聞き流そうとしているのかもしれない。しかし、子どもが何を求めているのかを理解しようとするとき、子どものメッセージは、理解できるか否かは別として、シグナルとしてとらえられている（内田樹『下流志向　学ばない子どもたち　働かない若者たち』、一六九頁）。そして、子どもの意図に合うかどうかわからないが、私たちはシグナルに応答（response）してみようとする。その応答が受け入れられたと見えるときもあれば、拒否されたと見えるときもある。しかし、応答の繰り返しのなかで、ある能力（ability）が育まれる。気がつくと、十分かどうかは別として、私たちは子どもへの責任（responsibility）を担っている。責任とは応答の能力なのであり、子どもという存在がこの能力を育んでくれるのである。子どもという存在によって、私たちは責任へと開かれていくといってもよい。

私たちは、子どもという存在からの呼びかけに応え、子どもに呼びかける。そして、私たちが呼びかける存在として子どもに受け入れられると、子どもと私たちの出会いが成立する。この意味で、教育は、教育に関わる当事者が自己の外部に出て互いに何かを与え合う営みとして把握される。子どもは単に教育者による形成の対象ではなく、むしろ教育者を教育者へと形成するというのは、こうした意味であろう。教育は、根源的には贈与なのである。

消費の身体化

教育が与える行為であるというのは、何でもない当たり前のことだ。しかし、私たちが、その深い意味を受けとめられるかどうかは考えてみる必要がある。というのは、第一章と第六章でも触れたが、消費社会化が私たちに大きな影響を与えているからである。

ほぼ一九五〇年代まで、家の仕事を手伝うことは子どもの義務といってよかった。内田樹が指摘するように、「子どもの社会的活動への参加は、まず労働主体として自分を立ち上げるというかたちで進められた」のだった（同、三八頁）。しかし、少子化が進行し、シックス・ポケッツとも言われるように、子どもは物心がつくかつかないうちから父母と両親の祖父母の六人から、下手をすれば本人が望んでいなくても物を与えられるようになった。

歴史的に見て、消費というのは、王侯貴族のような特権階級をのぞけば、生産に対する報酬があってはじめて可能であった。しかし、現在の子どもたちは、無条件に消費することが許さ

れている。子どもたちは、王子様、王女様として大きくなってきたといえる。王子様、王女様の仕事は生産ではない。消費である。そうして大きくなるにつれて、消費者としての構えが骨の髄まで身体化されていく。心地よく受動的に消費できない物事には、不快でめんどうくさいという態度をありありと示すようになる。

消費的な構えが浸透したもとでは、苦痛=骨折りは無条件に悪である。骨折りは英語では **labor** だが、これは労働を意味する。働くことを「できればしないで済ませたいが、やらざるを得ないこと」ととらえているから、めんどうくさいという態度がにじみ出る。勉強はもっとひどい。たいていの場合、保護者に学費を出してもらっているから、勉強はわざわざ足を運んできて座っているのに報酬も与えられない苦役でしかない。報酬が出ない以上、教える側がどんな工夫をしても、それは基本的に苦役であることに変わりはない。

この問題を考えるために、ひとつの質問をしてみる。

「あなたはハンバーガーショップでアルバイトをしています。時給は八五〇円です。これだけの額は、よほどいい加減でない限りもらえるとして、あなたは、自分自身として何円に値するくらい働きますか。」

という質問である。学生に質問して最も多い答えは、八五〇円ジャストである。次に多いのが、九〇〇円や九五〇円といったプラスαという答えである。その次に、七〇〇円とか五〇〇円という「できるだけ楽をしてもうける」という答えが続く。数は少ないが、一五〇〇円や二〇〇〇円という答えもある。

労働者の権利からすれば、時給が八五〇円であれば、八五〇円に値するだけ働けば十分であり、もっと働かせたければ、使用者が時給を上げればよいということになる。こういう質問は

ナンセンスということになる。しかし、時給に見合う分までしか働かないというのは義務までしかしないということである。また、できるだけ楽をして時給分はしっかりいただくというのは義務も履行しないでごまかすということだ。この背景にあるのは、「働くこと（苦労）は少ないほうがよい」「できるだけ楽をしたい」という消費的な構えである。消費という構え、そして労働への嫌悪が、私たちの身体を貫いていないと言えるだろうか。

贈与の物語

さて、消費的な構えを克服する視点を考えるために、ひとつの童話をとりあげてみよう。『しんせつな　ともだち』（ファン・イーチュン作　君島久子訳、福音館書店、一九六五年）である。長いものではないので全文を紹介する。

ゆきが　たくさん　ふって、のも　やまも　すっかり　まっしろに　なりました。
こうさぎは　たべるものが　なくなってしまいました。そこで、たべものを　さがしにでかけて　いきました。
「おや、こんなところに　かぶが　ふたつも　あった」
こうさぎは　よろこんで、ひとつだけ　たべて　ひとつは　のこしました。
「ゆきが　こんなに　ふって、とても　さむい。ろばさんは、きっと　たべものが　ないでしょう。このかぶを　もっていって　あげましょう。」
こうさぎが　ろばのいえに　きてみると、ろばは　るすでした。そこで、かぶを　ろばのいえに　そっと　おいてきました。

ろばは　たべものを　さがしに　でかけていました。ろばは　さつまいもを　みつけて、げんきよく　いえに　かえってきました。
ろばが　へやに　はいってみると、かぶが　おいてあります。ろばは　ふしぎそうに　いいました。
「これは　どこから　きたのかしら」
ろばは　おいもを　たべてから、かんがえました。
「ゆきが　こんなに　ふって、　とても　さむい。やぎさんは　きっと　なんにも　たべものが　ないでしょう。このかぶを　もっていって　あげましょう」
ろばが　こやぎのいえに　きてみると、
こやぎは　るすでした。そこで、かぶを　こやぎのいえに　そっと　おいてきました。
こやぎは　たべものを　さがしに　でかけていました。
こやぎは　はくさいを　みつけて、げんきよく　いえに　かえってきました。
こやぎが　へやに　はいってみると、かぶが　おいてあります。
「これは　どこから　きたのだろう」
こやぎは　はくさいを　たべてから、かんがえました。
「ゆきが　こんなに　ふって、とても　さむい。しかさんは　きっと　たべものが　ないでしょう。このかぶを　もっていって　あげましょう」
こやぎが　こじかのいえに　きてみると、こじかは　るすでした。
そこで、かぶを　こじかのいえに　そっと　おいてきました。
こじかは　たべものを　さがしに　でかけていました。

こじかは　あおなを　みつけて、げんきよく　いえに　かえってきました。
こじかが　へやに　はいってみると、かぶが　おいてあります。
「これは　どこから　きたのかしら」
こじかは　あおなを　たべてから、かんがえました。
「ゆきが　こんなに　ふって、とても　さむい。うさぎさんは　きっと　なんにも　たべものが　ないでしょう。このかぶを　もっていってあげましょう」
こじかが　うさぎのいえに　きてみると、うさぎは　おなかが　いっぱいで、ぐっすりねむっていました。
こじかは　うさぎの　めを　さまさぬように、そっと、かぶを　そこに　おいて　かえっていきました。
やがて、こうさぎは　めを　さましました。めを　ぱちっと　あけてみて　びっくりしました。
「やあ、かぶが　もどってきた」
こうさぎは　ちょっと　くびを　ひねって　かんがえましたが　すぐに　わかりました。
「ともだちが　わざわざ　もってきれくれたんだな」

これは、人に親切にすれば、その親切は返ってくるという道徳を説いた物語である。しかし、この物語は実に含蓄に富んでいる。こうさぎにかぶが返ってきた理由を考えると、この物語の深さが分かる。
あるところで、「なぜ、こうさぎにかぶが返ってきたのでしょう」と尋ねたら、「ろばもこやぎもこじかも、かぶが嫌いだったから」という回答があった。ウィットに富んだ答えであるが、屁理屈である。

もっとも重要なのは、こうさぎが、かぶを二つ見つけ、ひとつを食べて、もうひとつを残したことである。もしこうさぎが、食いしん坊で二つ食べてしまったら、その時点で物語は終了である。ひとつ見つけて安心しても物語は先にいかない。こうさぎは、自分の必要とする以上の労働をしたのである。これが、こうさぎにかぶが返ってきた理由のひとつである。

もうひとつ重要なのは、この物語に登場するろばもこやぎもこじかも、それぞれ自分の食べ物を自分で確保していたことである。もし、ろばがさつまいもをとってこなかったら、こうさぎが持ってきたかぶを食べて、やはり物語終了である。

ところで、こうさぎは、何かの報酬をあてにして、かぶをろばのところに届けたわけではない。こうさぎの行為は贈与である。私たちの身の回りでそういうことはないかと見回すと、分かりやすいのが「おすそ分け」だ。家で余計にできたプチトマトをおすそ分けするといったことが行われている。経済的合理性を超えた贈与が、私たちの心情に働きかけ、生活に潤いを与えているのは事実だろう。

贈与の受領から贈与へ

さて、『しんせつな　ともだち』の物語で、ろばがこうさぎの贈与をあてにしていたら、両者の関係はどうなるだろうか。この場合、ろばは一方的な消費者であり、こうさぎが慈悲にあふれた存在であるとしても、そういつもいつも与え続けるわけにはいかない。この場合の関係は対等とはいえない。こうさぎは与えているから優位かとも思えるが、ろばに搾取されている

ともいえる。いずれにしても、こうした関係は維持するのが困難だろう。

「こうさぎの贈与をあてにするようなろばがいたら、そんなろばの性格を何といいますか」と訊くと、若者からはほとんど百発百中で自己チューと返ってくる。自己中心的だという。この自己中心的という場合の「中心」とはいったいどこにあると考えられるだろう。

この自己中心性について深く考察したのがコメニウスであった。彼は、人間が不幸に陥る原因は、結局のところ、自己中心性（samosvojnost）であると論じた。神を信じる彼は、「人間が神や神の秩序とのつながりをもつことを嫌い、自分が自分だけに所属したいと思い、自分自身が小さい神になりたいと思うときに」、人間は自己中心性にとらわれると考えた（*Centrum securitatis, Dílo Jana Amose Komenského*, 3, Praha, 1978, pp.498-499.）。自己中心性にとらわれると、人間はあらゆることがらを「自分にむけて存在させ、自分自身に帰属させよう」とするという（同、p.500.）。コメニウスの分析は鋭い。こうさぎの贈与をあてにするろばの中心は、ろば自身である。

そこで、「あなたはこうさぎからの贈与をあてにするろばのような人間ですか」と訊いてみる。積極的に「ハイ」と答える者は、まずいない。しかし、物心がつくかつかないうちにシックス・ポケッツから一方的に与えられてきた私たちには、他人からの贈与が当然であるという思い込みが染みついているのではないだろうか。そうであるとすれば、私たちは、案外、こうさぎからの贈与をあてにするろばである可能性は高い。

前章の最後に、教員採用試験に合格し、新任教諭となる学生が先輩教員に「一年目を乗り切るにはどうしたらよいですか」と尋ねたというケースをあげた。彼の発言で気になるのは、言うまでもなく「乗り切る」である。たしかに、未知の環境に不安があるのは当然だ。しかし、「できるだけ楽をしたい」「うまくやるコツが知りたい」という魂胆が透けて見える。採用試験に合

格し、ついに教壇に立てるという喜びも、あまり感じられない。

ここで、本章の冒頭に掲げた孔子の言葉を見よう。贈与という視点から見ると、「学びて時に之を習ふ　亦《また》説《よろこ》ばしからずや」とは、学びから喜びが生まれる条件を考察していると見なされる。

学習（学び）とは、歴史的・社会的な知の体系を習得することだが、孔子は、「時に之を習う」ことが重要だという。反復、復習が重要だというのである。のちの儒教主義の教育が素読や暗誦に偏ったことへの批判から、『論語』の冒頭にある復習の意義はややもすると軽視される。しかし、最初に学んだときにはよく分からなかったことでも、しばらく経ってから再びとりくんでみると、新鮮な意味が見出されることは少なくない。時には、ハッと我を忘れるような喜びもある。また、一度学んだだけではなかなか知識化されないし、次第に曖昧になり、ついには忘れてしまうものだ。おりおりに復習することで、知識は定着し、自分の目の前に現れる出来事と学んだ知識を関連づけられるようになる。

すると、喜びが生まれると、孔子は言う。ここで言われている「説ぶ」とは、「悦」の字と同じで、心の内に沸く喜びをいう。「言」は、元来は神への言葉を唱えることである。神への言葉に嘘があってはならない。誠実性のない言葉をいくら繰り返しても喜びは出てこない。苦心して生み出されたテクストにとりくむ。それは一度では分からないので何度も繰り返す。すると、喜びが沸いてくるというのだ。そして、この喜びがさらに高まると、ついには自己からあふれ出すようになる。泉から水があふれるような感じだろう。学びの喜びを周囲に伝えないではいられなくなる。

この学生に話を戻すと、外にあふれてくる喜びが認められない。たとえていえば、枯れた泉のようである。第九章で太陽の例をあげたが、恒星は一定量以上のチリやガスが凝集することで輝き出す。凝集量が足りなければ輝けない。光は外に出ていけない。そうしてみると、この学生から喜びが発してこないのは、学びの蓄積が足りないからということにはならないだろうか。厳しくいえば、勉強不足であるということだ。

ただ、人間の学習と太陽の輝きを短絡的に結びつけるのではやや乱暴だろう。学びの喜びが発揮されるには、もうひとつの条件がある。それは贈与の受領であろう。知識は基本的に外部から与えられる。この意味では、知識も贈与である。第六章で自己開示の返報性に触れたが、自分に何かが「与えられた」と感じると、それに応えて「与えなくては」と思う。お酒を注がれたら注ぎ返す。あまり注ぎ返さないと、誰も注いでくれなくなる。

この学生の場合は、外部への贈与がまだ始まっていない。学んだことを伝えてみたいという自己拡大が見えない。それは、外部から得た知識をまだ贈与として受けとっていないからであろう。もらったプレゼントを開封していないような感じである。ゆえに、学んだことを心底「ありがたい」と思えないのである。本当に「ありーがたい」と感じたら、喜びが沸き、「独り占めにしておくのはもったいない」と思うはずだ。

もっとも、学生にばかり責任があるわけではない。現在、知識は贈与であるとはいえない状況がある。本には値段が付いており、大学には授業料を払わなければならない。この意味で、知識は金銭で売買されているのであり、実際の教育は贈与ではなく交換である。もちろん、本をただにはできないし、授業料をただにしたら大学はつぶれてしまう。経済社会において、人間の営みが交換であるのはやむを得ない。

問題は、支払っただけの価値が得られていないという虚しさだろう。たいそうなタイトルの書名を目にして期待して買ってみると、著者の誠実さが疑われるような書物は少なくない。世の中で先生と呼ばれていても、その授業には研究も準備も誠実さも微塵も感じられないことが少なくない。それにもかかわらず、学生に「感謝がない」というのは無茶な話である。教育は根源的には贈与であるはずだ。しかし、贈与と見なすに足るだけの教育が、私たちの身の回りにどれだけあるだろうか。

世の中に「受けとれない贈与」があふれているのは残念なことだ。しかし、これは今に始まったことではない。贈り物をギフト（gift）というが、これはドイツ語（Gift）では「毒」を意味する。実に意味深長だ。贈与は、薬にも毒にもなるというわけだ。しかし、選り好みばかりして「受けとれない贈与ばかりだ」と言っているわけにはいかない。それでは、他者から与えられることはなくなってしまう。自己拡大も不可能だ。赤ん坊は最初はお乳ぐらいしか飲めない。最初からステーキを与えても食べられない。この意味では、いくらおいしいステーキでも、赤ちゃんには毒である。しかし、生涯、お乳を飲んでいるわけにはいかない。消化する力を高め、好き嫌いをなくしていくなかで、健康な身体は作られる。逆に、お中元にビールを贈られても、不摂生がたたって医師から飲酒を止められていたら、いくらビールが好きでも贈与としては受けとれない。

贈与の実践は、贈与されたという実感（贈与の受領）によって可能になる。何がその実感を生じさせるかは人によって異なる。同じ人間でも、時と場所によっても異なる。しかし、与えられることに対して自分が開けていない限りは何も始まらない。

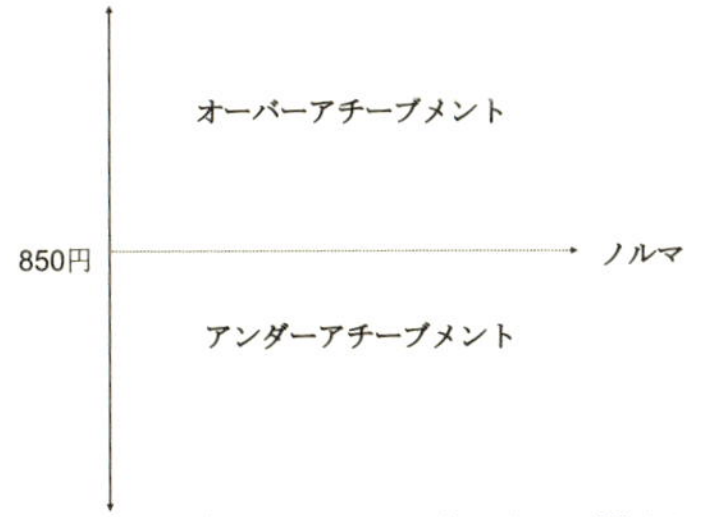

心づもりとして、どのくらい働くか

二　教育者の孤独を超えて

中心の外化

ここで、「アルバイト先で、時給に対して内面的にどのくらい働くか」という先ほどの質問に戻ろう。労働者としては時給分働けば、十分に義務を果たしたことになる。しかし、これは『しんせつな　ともだち』の話でいけば、こうさぎがかぶをひとつだけ見つけて自分で食べるというレベルである。つまり、自分のことだけすればよい（自己中心性）ということであり、他者に与えるべき「ゆとり」はない。贈与というのは、現実的には他者に与える「ゆとり」があって可能になる。図でいうアチーブメント（達成課題）を超えたところで可能になる。これは、アルバイト先をイメージしてみればよくわかる。「自分は時給ギリギリしか働きません」という者が一人いるだけで、雰囲気は悪くなり、組織のモチベーションは下がり、生産性は急落する。自分が働かないだけではなく、周囲の労働意欲を奪っているのである。内田樹が指摘するように、「労働というのは本質的にオーバーアチーブ」（『下流志向　学ばない子どもたち　働かない若者たち』、一三七頁）でなければならない。贈与は自己中心化が自己拡大へと転じる過程で可能になる。

この意味で、自己拡大それ自体は悪いことではない。「ゆとり」がなくても与える自己犠牲的な行為もある。しかし、自己犠牲は美しいように思われるが、犠牲的な贈与には限界がある。それに、自分の分も確保していない（アンダーアチーブメント）状態では、自分は達成課題以上にしているという喜びがない。孔子の言葉で言えば、「説ばしい」というレベルに達していない。それにもかかわらず与え続けていくとなると、せっかくの贈与も次第に偽善になる場合が少なくない。教材研究を怠る教師の授業に新鮮味がないようなものだ。贈与は、自己保存の欲求に

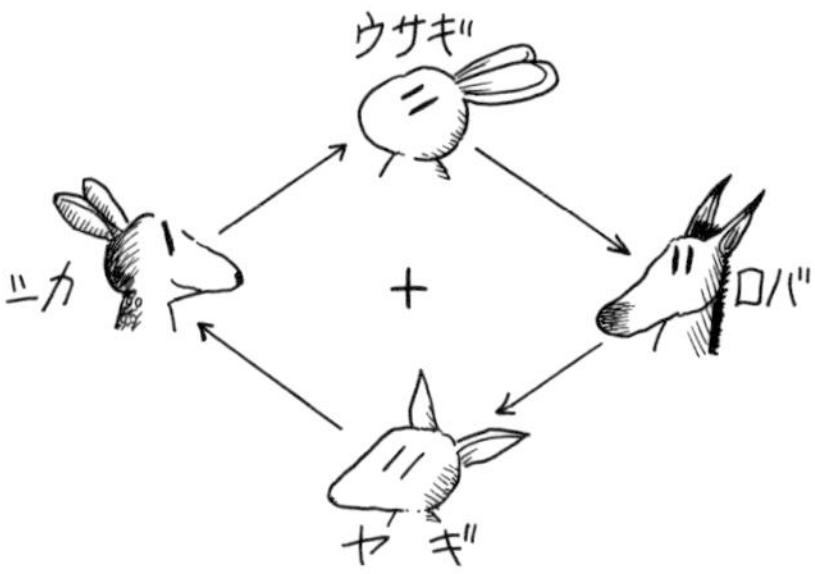

基づいて自分のことはしっかりとやり、その上で他人のことも考えて行動することで可能になる。他者のために動くことが可能になるのは、達成課題を上回る努力をするときである。

さて、『しんせつな　ともだち』では、相互に贈与がなされている。このとき、自己中心性の「中心」はどこにあると考えられるだろう。図で言うと、こうさぎ、ろば、こやぎ、こじかの中心はどこにあると考えられるだろうか。この質問をしてみると、一番多い回答は、図のひし形の対角線の交点あたりになる。たしかにそう考えると納得がいく。こうさぎはろばのことを思いやり、ろばはこやぎを思いやり、こやぎはこじかを思いやり、こじかはこうさぎを思いやり、皆が皆を思いやっている。しかし、もうひとつ(よっつ)の中心があると考えられる。それ(ら)は、ここに登場するこうさぎ、ろば、こやぎ、こじかたち自身である。というのは、それぞれが自分の食料を確保し、自分の生存欲求を満たしたうえで、自己保存を上回る労働によって、贈与が可能になっているからである。

ここで起きているのが脱中心化である。それぞれは自己保存の欲求にしたがって食料を求める限り、自己のうちに中心を有している。しかし、それとともに、「皆のため」というもうひとつの中心を自分たちの外に出したのである。贈与を可能にし、その結果、人々がつながっていくのは、それぞれが自分の内なる中心はそれとして保ちながらも、それを越える中心を自分たちの外に見出すからである。そして、気づくと「しんせつな　ともだち」に恵まれている。

脱中心化というと、個性が失われて自分がなくなってしまうのではないかというイメージを抱きがちである。しかし、すでに述べたように、脱中心化とは、自分を捨てて自分の外の環境に埋没することではない。それは自己犠牲や滅私奉公であり、長続きしない。何より人間の自己保存欲求に反している。

パトチカは、コメニウスの研究を進めながら哲学研究を深めていったが、自分の中にある中心を外に出すことをコメニウスの主張をヒントに光になぞらえている。

「人間は、それぞれの光に源があるようにひとつの中心なのだが、まさに光のように、大部分はその中心から出て他の中心に向かっていく。人間には他者の光を受容し、他者に自分の光を贈与する能力があるだけでなく、それを意図するのだ。」(*Die Philosophie der Erziehung des J. A. Comenius, Jan Amos Komenský. Gesammelte Schriften zur Comeniusforchung*, S.442.)

難しい表現だが、第九章でも示したように、太陽をイメージして考えてみよう。太陽の光は、太陽の中心から発する。しかし、その中心は消えない。中心が消えるのは太陽の死の時であり、周囲は闇となる。中心から光が放射され続けることで、周囲は照らされ、光の恩恵を受ける。また、遠く隔たってはいるが、他の星々の光によって太陽も照らされている。

コメニウスは、太陽に三つの徳を見出した。第一は自発性である。太陽は、誰かに頼まれて光っているわけではない。報酬ももらっていない。太陽の光は贈与である。第二は普遍性である。太陽は全方向に輝く。選り好みや依怙贔屓《えこひいき》をしない。第三は実効性である。惑星の運動を司り、生命を育む。

パトチカは人間の存在は光のようである（べきだ）という。人間はそれぞれに固有の中心をもちながら、そこから何かを発している。また、他者の発する何かを受けとめている。ここから知られるのは、脱中心化とは自分が輝くことだということである。それが自分の中の中心を外に出していくということである。言い換えれば、何かを表現するということである。

コトに仕えること

さて、「一年目を乗り切るにはどうしたらよいか」といった発想を転換し、「自分が輝くことだ」と決意するとする。しかし、次の瞬間には自己規制をかけてしまう。第六章で扱ったように関係志向が邪魔をする。「皆のことを考えて」と言いながら、動く前に引っ込んでしまう。

この背景にあるのはヒトへの関心である。相手とうまくいくかどうか。人からどう思われるか。関係志向の世の中で、私たちの関心の方向は著しくヒトに焦点化されている。恋愛や友情のような関係は、関係を持つことそれ自体が目的になっている。こうした関係は不可欠だし美しい。しかし、これらの関係はしばしば閉じており、関係を維持することだけが目的となってしまう。もちろん、求めて争う必要はない。しかし、関係の維持にのみエネルギーを割くという生き方は、ひとたび関係にひびが入ると、もうそのことに耐えられず、不安になってしまう。そうしたことが起きるのは、関係は良好なまま変化しないことが望ましいという安定志向があるからだ。

こうした関係志向が自己拡大を妨げている状態を乗り越えるためには、関心の方向をヒトにばかり向けるのを見直してみることだ。言い換えれば、ヒトとの関係をどうするかという思いをいったんカッコに入れることだ。それに代わってどうするかといえば、別のことに関心を持つのである。人間の関心の対象は、大きく分けるとヒト、モノ、コトである。この最後のコトへの関心を高めるのだ。ここでいうコトとは、共通の目的と言い換えてもよい。この生き方では、「ヒトとどうするか(関係持つか)」は二次的な問題であり、「ヒトとなにゴトかする」ことが前面に出てくる。ヒトと何かをするとき、結果として関係ができているという流れになる。

しかし、人間どうしがコトでつながる関係は、消費の身体化、そして生産的活動への嫌悪のために、ともすれば仕方なくつながっている関係と見なされがちである。仕方なく仕事をし、

関係はそれ自体として別のところに求めようというわけだ。しかし、関係だけの関係が何かを生み出すわけではない。こうした行き詰まりを超えるために必要なのが、贈与を可能にするオーバーアチーブだ。

オーバーアチーブの姿勢は、サーブ（serve）というかたちで現れる。サーブとは、テニスなどのサーブだが、本来の意味は、①（人に）仕える、奉仕する、尽くす、②注文を聞く、役に立つ、（役目を）つとめる、③供給する、配膳する、が先にくる。サービス（service）もこの派生語だ。

たとえば、テニスの選手は、サーブをするとき、テニスボールかテニスという競技に「仕えている」。仕える人をサーバント（servant）という。サーバントは召使だ。しかし、テニス選手のことを誰も召使だとは思わない。優秀な選手は輝いて見える。召使どころかスターである。強烈なオーラを発し、観客の目を釘付けにする。しかし、スターであるのは、なりふり構わずその目的（この場合はテニス）に「仕えている」からだ。選手は観客にどう思われるか、相手にどう思われるかなど考えていない。そんなことを考えていては勝負には勝てない。シャラポワの叫び声は、周囲や相手を考えていたら出ないだろう。しかし、あの声を封印したら、それほど勝てないのではないだろうか。輝く（脱中心化する）ためには、まず目前のコトに仕えることだ。その結果として、気がつくと周囲との関係ができている。

仕事は、英語では、work、job、labor、business、serviceなどと表記される。このうち、laborは、すでに見たように「骨折り」である。できればしないで済ませたい苦行という意味がある。businessも感心しない。busy「忙しい」の名詞形である。りっしんべんに亡からできた「忙」は、仕事に追われて心を失っているイメージがある。私たちは、ややもすれば仕事をlaborやbusinessととらえてしまう。これらに対して、serviceは、その目的に仕え没入することである。

常にオーバーアチーブでは燃え尽きてしまうかもしれない。技術化できるところは技術化してかまわない。しかし、「ここ一番」というところでは、意識してサーブの姿勢をとることだ。

なお、歴史的に見ると、serviceにはジェンダー（性的役割）をめぐる問題がある。女性の仕事は、長い間、家事労働といった支払われない労働（アンペイド・ワーク）が中心であった。これが性的差別であるのは間違いない。しかし、贈与という視点からすると、アンペイド・ワークは支払われないゆえに、純粋な贈与であった。母が尊敬を集める大きな要因はここにある。母の愛は無償だからである。皮肉なことに、歴史的な性的差別が、女性をサービスの実践において優位に立たせているといえる。他方、女性は、男性よりも関係志向に流れやすいともいわれる。最初からプライベートな情報を共有し、積極的な自己開示をとおして人間関係を作ろうとするという。これに対して、男性は同じ活動をするなかで互いに自己開示し、人間関係を作る傾向があるという。仕事においては、葛藤的な駆け引きは避けられない。この点で、小さい頃から葛藤的な関わりを認められる男性は一般に優位にある。サーブという姿勢をとるためにどうすべきか、人それぞれの課題がある。

教育者の喜びと孤独

さて、孔子の言葉の続き、「朋《とも》有り　遠方より来たる　亦　楽しからずや」である。字義どおりにいえば、孔子の学識を慕って、遠方から訪れる人があり、孔子が共に学ぶ楽しさを感じたということだろう。しかし、より広くとらえれば、これは学びの関係の原型を表している。学ぶ喜びを抱く者どうしが出会う。そこに知識や経験の多少はあっても、学ぶ者としては対等である。朋とは、同じコトにとりくむ間柄をいう。そして、学びあうことは、独学にはない

喜びがある。孔子は、「楽」の字をあてている。楽とは、悦が内面的な喜びであるのに対して、喜びが心の外に現れる様をいう。たしかに、コトを同じくし、共有できるのは楽しいことだ。学ぶ喜びは、学びあうことで現実化するともいえる。

これは、教師と児童生徒の関係にも、児童生徒どうしの関係にも現れる。たとえば、学級で漢字テストが行われるとする。それは、普通に考えると、なしで済ませたい **labor** なのかもしれない。しかし、共に学ぶ「朋」としての関係が作られていると何が起きるだろうか。学びは、**labor** ではなく、限りなく遊びに近くなる。この場合でいえば、生徒の一人が漢字を楽しく学習できるようなお話仕立てのプリントなどを作ってきたりするようなことが起こる。

しかし、朋が有ることは喜ばしいことだが、常に楽しいことばかりではない。孔子は、朋は遠方から来るという。同じコトを学ぶ朋との間でも距離があるのだ。朋ですら遠方の他者である。同じコトを学んでいるからといって、理解を共有できる保証はない。自分が学びから得た喜びを語る。これは自己満足のレベルを超えたオーバーアチーブであり、贈与がなされている。しかし、贈与が相手に贈与として受けとられるかどうかは分からない。受けとるように指示することもできない。ここに贈与の限界があり、教育者の孤独のひとつがある。朋との関係を作っても、そこに何の葛藤もないわけではない。むしろ、常にズレが創造されているといってよい。

本書で繰り返し扱ってきたように、教育は世界から画されたもうひとつの世界である。教育的関係は、そのなかで成立する。悪天候の外を歩いてきて家に帰り、暖かい部屋に入るとホッとする。誰もおらず寒々としていると寂しいものだ。家庭は教育的な世界の典型だが、これを維持するのにはそれなりのエネルギーが要る。家庭のなかでは人間関係が維持されるように努力しなければならない。外の世界に対しては、空き巣に入られないようにきちんと施錠しない

といけない。世界と教育的世界との間には緊張関係がある。

そして、教育的世界を創り、その楽しさを実現しようとすればするほど、外部の世界との緊張は高まっていく。教育者は、外部の世界の矛盾や虚偽に鋭い批判的態度をとる。これは、親心から発する責任感に由来するため、傍観者の社会批判よりも痛烈になる。こうした外部に対する警戒心と内部に対する包容力が、教育的態度の二重性として現れる。

ペスタロッチは、デンマークから訪れた教育者に対して、「思慮深く軽蔑することを練習せよ！　傲慢なる者を力強く軽蔑し、そして弱き者を崇高に高めよ！」と書き記した（H・モルフ『ペスタロッチー傳』長田新訳、第二巻、岩波書店、一九八五年復刻版、三二七頁）。

古代ギリシアの哲学者ソクラテスは、青年を扇動した嫌疑をかけられて有罪判決を受けたが、悪法でも国法に従うとして死を受けいれた。彼の弟子のプラトンは、政治家への道を断念し、著述を進めるかたわら、学園アカデメイアを開き教育活動を展開した。

学生時代を日本で学んだ近代中国の文豪・魯迅（一八八一～一九三六）は、このような詩を残している。「眉を横たえて冷ややかに千夫《せんぷ》の指に対し　首を俯《た》れて甘んじて孺子《じゅし》の牛となる」（千人の男から批判されようとも、私は眉も動かさず冷然と向かいあうが、幼子のためには頭を垂れ、甘んじて牛になってやるつもりだ）（「自嘲」『魯迅選集』第一二巻、岩波書店、一九六四年改訂版、二二一頁）。

ユダヤ系ポーランド人の教育家コルチャック（Janusz Korczak, 本名ゴルトシュミット Henryk Goldszmit, 一八七八～一九四二）は、第二次世界大戦下、ナチス・ドイツのユダヤ人弾圧に直面した。彼は著名であったため特赦が与えられようとしたが、子どもと同じように扱われないことに抗議して、ユダヤ人孤児二〇〇名とともにトレブリンカ収容所のガス室で生涯を終えた。

このように、教育的世界を守るために、教育者は外部の世界への批判を展開せざるを得ない。

ここに教育者のもうひとつの孤独がある。内に向けては教育的関係を成立させるために努力を払い、外部の世界との間には鋭い緊張が生ずる。その緊張は学習者に理解されるわけではない。多くの場合、教育者は、みずからが抱える緊張は胸にしまっておかなくてはならない。

ここで、孔子が「人知らずして慍《うら》みず」と記しているのが目を引く。学びの喜びを朋と実現するべく努力し、第三者の無理解を恐れない。ここには、贈与に徹するという透き通った諦観が現れている。孔子は、それが君子の証であるという。

贈与としての表現

孔子が言うように「人知らずして慍みず」という境地に達することができたら、さぞかし満足なことだろう。しかし、そう簡単にはいかない。先に触れたように、教育は与えるとともに与えられる営みであるが、時として受けとめられないような贈与が到来する。親が愛情を込めて育てたつもりが、子どもが思わぬ方向にいってしまうことがある。教師が研究と準備を重ねても、児童生徒の反応が思いのほか冷たかったりする。それどころか、教育者の存在を否定するような言葉が返ってくることもある。教育の外の世界からは、教育者には厳しい視線が注がれる。これらは、時として消化困難な毒としての贈与である。

これに加えて、教育者もいつまでも若くはない。人生は自己拡大の一途ではない。若い頃は新しい事態を吸収できる受容力がある。解毒力があるということだろう。また、若さゆえの過ちもあるが、逆に言えば思いきった冒険もできるし、周囲もそれをある程度は許してくれる。

世阿弥は、これを「時分の花」と呼んだ（『風姿花伝』、一四頁）。「年の盛りと、見る人の一旦の心の珍しき花」である（同、一七頁）。若々しさは、それ自体が人々に喜びを与える。しかし、歳を重ねるにしたがって、経験は増していくものの、明らかに体力は落ちるし、新しい知識や技術についていけなくなっていく。「もう花はないのか」と、自分でも思う。しかし、世阿弥は、「老骨に残りし花」があるといい、それこそ「まことの花」であるとした(同、二二頁)。彼は、「工夫と達者とを窮めたらん為手をば、花を窮めたるとや申すべき」と記し(同、七三頁)、研究と修養を極めた先に本当の花があるという。解毒力が低下していくなかで、本当の花を咲かせるにはどうしたよいのだろうか。

教育者にもたらされる贈与には毒もある。しかし、教育が与える営みであるならば、与えるためには毒であっても受けとらなければならない。キャッチボールを考えると分かる。きつい球が飛んできて受けられなかったからといってやめてしまえば、プレーは続かない。拾ってきて投げることで、プレーは再開する。教育者は何らかのかたちで応答(response)する責任(responsibility)を負っている。責任を問われている。ゆえに、毒としか思えない贈与でも受けとめなければならない。贈与を受けとらないで無視するというわけにはいかないのである。

しかし、毒を毒のまま飲むわけにはいかない。そこで教育者に求められるのは、毒を薬にとらえかえす営みである。それは、教育の営みの再解釈といってもよいだろう。ここに、教育の営みを記し、語るということ、つまり表現が意味をもってくる。

ディルタイは、「表現があらわすのは、意識によっては明らかにされない心の深みからである」という(『精神科学における歴史的世界の構成』尾形良助訳、以文社、一九八一年、一七六頁)。難しい言い回しだが、表現とは私たちに到来した事態を客観的に記述することではない。それは、科学的な態度による観察である。観察するとき、私たちは状況の外にいる。傍観者として見ている。ゆえに、観察のような記述をしても、そこに私たちはいない。そのような表現は、体験を反映

したものではなくなってしまう。むしろ、体験を破壊してしまう。表現（expression）とは、私たちに押しつけられた印象（impression）に対する応答である。ゆえに、私たちに到来した事態によって生じた印象を記述することが課題となる。

表現されたテクストは、それ自体でひとつの世界である。私たちは、そのなかに私たちがおり、到来した事態に応えているのを見出す。二〇世紀ドイツの哲学者ハイデガー（Martin Heidegger, 一八八九～一九七六）は、こう述べている。

「『見出す』ということは、見出されたものを自己に固有のものにし、それを自分の宝として、その中に住みつくということを意味する。」（『ヘルダーリンの詩の解明』、手塚富雄訳、理想社、一九六二年、一六頁）

私たちは、表現することで体験をとらえかえすことが可能になる。体験は深刻であればあるほど、強い印象を与え、深い内省を強いる。教育者の責任を放棄しない限り、内省から逃げることはできない。これは、傍観者的な観察というスタイルをとっている間は、決して得られない感覚だろう。

そして、内省を深める過程で、自分が「ありーがたい」（希有の）体験を与えられているのに気づかされる。孔子の「人知らずして慍みず」という境地は、こうした内省によって可能になるのではないだろうか。彼は、みずからの教育的営みのなかに人々の無理解を超えた喜びを見出したのだろう。ゆえに、恨まないのである。むしろ、そこに見出されるのは「ありがたい」という感謝の表現だ。

教育の歴史を振り返ると、多くの教育者がみずからの実践を綴っている。時として到来する毒を含んだ贈与を前に、教育者たちは書かなければならなかったのであろう。書くことで、受

けとめがたい事実をとらえなおし、再び環境へと応答していったに違いない。その過程を綴った表現は自己への贈与である。表現は、厳しい現実のなかで私たちが住まうことのできる家なのである。そして、こうした表現は、同様の体験を抱える他者への贈与ともなりうる。

ところが、近年、教育者たちが綴った実践記録が告発されている。たとえば、ペスタロッチが孤児院での実践記録で書いているほど、孤児たちは実際には知的にも道徳的にも改善されなかったのではないかという批判がある。たしかに、実証的に研究すれば、彼の実践をめぐって、彼が書いていないような事実をいくらでも見出すことができるだろう。いくつかの事実は、教育の父ともいわれる彼の歴史的評価を揺さぶるようなものであるかもしれない。では、教育者の表現は嘘であり、無意味なのだろうか。

実証的な研究の重要性は認めなければならない。しかし、教育という営みの外からの観察では、教育という世界の理解には限界がある。傷ついた教育者たちが、内省を経て、諦観に至り、感謝の念を抱くとき、その表現は詩的な性格を帯びる。モンゴメリがアンに語らせたように、「世はすべてよし」といった楽観的な表現が生まれる。教育的な思考が徹底するとき、世界は楽観主義に彩られて記述される。これを、教育者のやせ我慢や自己欺瞞と見なすべきであろうか。

アメリカのケラー（Helen Adams Keller, 一八八〇～一九六八）は、生後一九ヶ月のとき、熱病のために目・耳・口の機能を失った。しかし、七歳のときからサリヴァン（Anne Sullivan Macy, 一八六六～一九三六）と出会い、サリヴァンの献身的指導と本人の努力によって三重苦を克服し、ハーバード大学ラドクリフ・カレッジを優等で卒業するまでになった。その後、全世界に講演旅行し、社会福祉事業の普及を訴えた。そのケラーの主著のひとつに『楽観主義』がある。

もちろん、ケラーの人生が楽しいことばかりであったとは考えられない。事実、彼女の自伝を読むだけでも、母の反対で結婚を断念したり、平和主義や社会主義に賛同したために資産家の支援を受けられなくなってボードビル(大衆演芸)で生計を立てなくてはならない時期があった。母の訃報を受けとったのは、その公演旅行のさなかであった。

こうした世界の恣意ともいうべき不遇にもかかわらず、ケラーは『楽観主義』を著した。それを可能にしたのは、彼女の親やサリヴァンの無償の愛の感受があったに違いない。一九世紀末のアメリカで、ケラーがアイスクリームを欲しがれば、家族にはアイスクリームを作るほどの愛情があった。サリヴァンの教育は、映画「奇跡の人」で知られるように、ときには苛烈であったが、みずからも目を病んでいたサリヴァンの愛なくしては、ケラーの人生は開かれなかった。

パトチカのいう人間存在の三運動に照らせば、その不遇にもかかわらず、ケラーは世界にどっしりと根づき、それによって自己拡大を成し遂げていったのである。そして、彼女の自伝は、彼女が超越という第三の運動に至ったことを示唆している。

「私のあさはかだった楽観主義は深い信仰に変わり、人生の醜い現実を見せつけられても希望を抱き、敗れてもなお邁進《まいしん》すべきことを学びました。(中略)結局、真の知識を得ようと望むものは、だれでも『艱難《かんなん》の山』をひとりでのぼらなければならず、頂上への王道がない以上、私は曲がりくねりながらも登らねばならぬことに気づいたのです。私は幾度かすべり落ちたり、転んだり、立ち止まったり、離れた障害物にぶつかったり、腹を立てたり、沈んだり、機嫌をなおしたりしながら、重い足を引きずりつつ少し先へ進んでは幾らか元気を回復し、いっそう熱心をふるい起こしてさらに高く登り、しだいに開けゆく地平線を見はじめるのでありました。」(『わたしの生涯』岩崎武夫訳、角川文庫、一九六六年、三一五、三七八頁)

地平線を見つめるケラーは、恣意に満ちた世界の外部にいたに違いない。他者への献身(serve)が、人生の醜い現実を超越することを可能にしたのであろう。冷たい客観主義の目で、視力のないケラーの脳裏に映っていたであろう地平線を幻想であるというべきであろうか。彼女は、「私はまさに悪と接触したという理由によって、よりいっそう真に楽観主義者である」(*Optimism*, Boston, 1903, p.17.)と記した。こう記すことで、彼女は、世界からの毒を含んだ贈与をも引き受け、世界に応答し続けることができたのではないだろうか。

私たちが、教育的態度を持続するためにもっとも重要なのは、「変毒《へんどく》為薬《いやく》(毒を変じて薬と為す)」という構えであろう。

あとがき――本書執筆の弁明

「住んでいる家の建て直しを始めるまえには、それを取り壊し、資材を用意し、建築技師をたのむか、あるいは自分で建築術を実地に学ぶかして、そのうえで周到に図面を引いたとしても、それだけでは十分ではない。工事の期間中、居心地よく住める家をほかに都合しておかなければならない。」(『方法序説』、三四頁)

デカルトは、既成のあらゆる知識を疑い、学問の確実な基礎を探求しようとした。しかし、その作業の間、さしあたって自分がどう生きるかを決めておかなければならない。そして、いかに仮住まいといっても、居心地がよいのにこしたことはない。そこで彼は、「当座に備えたひとつの道徳」(「暫定道徳」といわれる)を定めた。

本書執筆の動機は、デカルトが暫定道徳を定めたのと同じである。近年、教育「問題」が語られる頻度はさらに上昇し、実学志向のいっそうの高まりのなかで、教育「問題」に対して「さしあたってどうするか」についての処方箋が求められている。そして、哲学や歴史といった基礎的な研究分野には「何の役に立つのか」という懐疑の目が注がれている。

教育は実践を無視してはありえないが、緻密な歴史研究や理論的考察も必要だ。また、社会の批判的分析も重要だ。とはいえ、研究者の態度というのは、それがいかに善意から発していても、自己を状況から切り離した傍観者――ベーコンに言わせれば、神や天使――のものである。教育研究者が現在の教育の批判やあるべき教育の探求に集中するのは間違いではない。しかし、研究成果が現れるまで眼前の子どもや児童生徒がどうなってもよいというわけにはいかない。

デカルトが暫定道徳を定めたのは、「理性がわたしに判断の非決定を命じている間も、行為においては非決定のままでとどまることのないよう」（同頁）にするためであった。思考は人間の自由の領域であり、「これが答えだ」といえるようになるまで、いくらでも考えるがよいだろう。しかし、その間は山にこもっているというわけにはいかない。そこで彼は、「さしあたってどうするのか」を考えた。これは知的誠実というものではないだろうか。

本書では、教育について私たちが抱きがちな素朴な思い込みを、教育思想の知見を引きながら見直し、教育的態度をとるために「さしあたってどうするのか」という暫定的な回答を導き出そうと試みた。第二章で扱ったように、ヘルバルトは、思考によって学問を学ぶことで経験の教訓化が可能になると考えた。本書は、これと同様の問題意識に立つ。哲学的な教育学に実践的意義があるとすれば、その学習をとおして教育的思考の訓練を可能にするところにあるだろう。

本書の執筆にあたっては、通俗的な入門書にも専門書にも偏らない記述を心がけた。このため理論的検討が十分でない箇所がある。また、読者によっては、ポスト・モダニズム等の現代思想に関する言及が十分ではないと思われるかもしれない。私は、いわゆる近代教育が無反省に教育＝善といった定式を前提にしてきたのを批判したのは現代思想の貢献であると考える。しかし、「さしあたってどうするのか」という課題を回避し、いたずらに教育の困難さを強調している面があることも否めない。他方、本書では、価値相対主義、他者性、歓待、贈与、超越といった現代思想に見られる諸論点をあつかっているが、これらの論点をさまざまな既存のテクストや事象と関連づけるようにした。ここには、これらの論点が決して現代思想の発明や発見なのではなく、ゆえに、いたずらに新奇性にとらわれることなく、温故知新の構えも持つべきことを強調したいという私の思想史研究者としてのこだわりがある。

本書を成すにあたっては、多くの人々から有形無形の恩恵を受けた。本書の記述でいえば、それらはまさに「贈与」であった。とくに、二〇〇六年の夏からの半年間、贈与は立て続けに到来した。

私は、コメニウスを中心とした一七世紀ヨーロッパの教育思想を研究してきた。この時代、近代のあり方を模索するさまざまな思想が生み出された。コメニウスについては、近代教育に都合のよい部分が誇張的に紹介されてきた面があり、近代教育とひと括りにして批判されることがある。しかし、彼の思想は、全体としては近代への流れに慎重な距離をとっており、ゆえに、近代の行き詰まりに直面している今日、近代を見直すためのユニークな視点をもたらしてくれる。

二〇〇六年夏、私は、コメニウス研究の先達・藤田輝夫（一九四一～二〇〇四）の遺稿を編集し、チェコ語文学の古典であるコメニウス青年期の代表作『地上の迷宮と心の楽園』（東信堂コメニウス・セレクション）の公刊にこぎつけた。この編集過程では、教育という営みの哲学的成り立ちを改めて考えることができた。

この秋、教育思想史学会（矢野智司会長、藤川信夫編集委員長）の『近代教育フォーラム』編集委員の委嘱を受けた。日本の教育学研究において贈与の視点を導入したのは矢野智司氏（京都大学）の貢献である。教育学の基礎系学会のなかでは、おそらく最も活発な同学会の活動に触れながら、教育における贈与の視点について考える機会が与えられた。

さらに、この年の暮れ、岩波書店『思想』編集部の互盛央氏から、二〇世紀チェコの哲学者パトチカとコメニウスの関係に焦点を当てた論考の依頼を受けた。二〇〇七年はパトチカ生誕一〇〇年、没後三〇年にあたり、『思想』誌はパトチカ特集を編むことを企画された（二〇〇七年一二月号）。正直に告白すると、私はパトチカのコメニウス研究への多大な貢献を知りつつも、その難解さのゆえに敬遠していた。しかし、パトチカのコメニウス研究にとりくんでみると、読むたびに新鮮な驚きがあり、自身の研究の枠組みを揺り動かされた。

ことに、不思議なめぐり合わせに感じられたのは、矢野氏の贈与の視点の一端に触れたことで、パトチカのコメニウス研究を教育贈与論として読むことができたということであった。これらの出来事から得た着想は、主として本書の第九章とエピローグに反映されている。もちろん、本書での考察の責任はすべて著者たる私が負うものであり、矢野氏やパトチカ自身の視点とはズレがあることも承知している（拙稿「『限界への教育学』へのひとつの応答——コメニウス研究の視点から——」教育思想史学会『近代教育フォーラム』第一七号、二〇〇八年所収）。

この間、職場では、私は教職必修科目の教育原理や専門科目の学習論と教育関係論を担当するかたわら、体験的な学習活動のカリキュラム化にとりくんできた。学生を引率しての取材旅行では、二〇〇五年に長崎県立国見高等学校の小嶺忠敏校長（当時）をお訪ねしたのを皮切りに、二〇〇六年に佛教大学の黒田恭史准教授、二〇〇七年には赤ちゃんポストで注目された熊本県の慈恵病院（蓮田太二理事長）を訪問した。多くの教育問題が構成されるなか、情熱的かつ思慮深くコトに仕える人々の姿は、強い印象を与えるものであった。

このほか、職場でのさまざまな学生との関わりは、ときに楽しく、ときには厄介なこともあるが、教育的態度への思考に私を招いてくれたという点では、間違いなく「ありーがたい」ことであった。本書には、何人かのゼミ所属学生の卒業論文指導から得た論点が反映されている。また、同僚の幾人かと率直な意見交換ができる関係に恵まれてきたことにも感謝したい。私の研究生活に対する妻と子どもの理解への感謝も、忘れずに記しておかなければならない。

東信堂社主・下田勝司氏には、コメニウス・セレクションに続いて、厳しい出版事情のなか、本書の出版を引き受けていただいた。「先生方の研究や教育活動を社会に送り出すという任務があるため出版をやめられません」という氏の言葉には千鈞の重みがある。敬意と謝意を表したい。

本文中の一三四点のカットは、ジョージマ・ヒトシ氏が、ハードなスケジュールのなかで寄せてくれたものである。一つひとつのカットが私の意図の説明を超えた豊かなメッセージを発している。心からお礼申しあげたい。

本書は、今夏に傘寿を迎える父・相馬勉にささげられる。昭和ひとケタの父の世代は、日本が大きな激動にさらされた時代を生きてきた。しかし、そうした逆境を自己の課題としてとらえ返し、最善とはいかない場合でも、「さしあたってどうするのか」という次善の策（second best）を提示できる真摯な構えの人々が多いように感じる。「生きる力」とは、環境からの挑戦に対し、何らかのかたちで応答しようとする構えの習熟度をいうのかもしれない。本書は、そんなことを考えさせてくれる父への一つの応答である。

二〇〇八年七月一七日　広島にて

相馬　伸一

■人名索引

（＊団体や機関の名称を含む）

〔た行〕

〔な行〕

〔は行〕

〔さ行〕

■事項索引

著者紹介

相馬伸一（そうま・しんいち）

1963年　札幌生まれ

1994年　筑波大学大学院博士課程教育学研究科単位取得退学

2000年　博士（教育学）（筑波大学）

広島修道大学人文学部講師、助教授、教授を経て、

2018年度から佛教大学教育学部教授。

主要著作

『ヨハネス・コメニウス』（講談社選書メチエ、2017年）、『教育思想とデカルト哲学―ハートリブ・サークル　知の連関―』（ミネルヴァ書房、2001年）、

主要訳書

『ヤン・パトチカのコメニウス研究』（共訳、九州大学出版会、2014年）

■挿　画

ジョージマ・ヒトシ

漫画家・イラストレーター・キャラクターデザイナー

福岡県生まれ

國學院大學卒業

第25回読売国際漫画大賞「佳作」受賞

教育的思考のトレーニング　　定価はカバーに表示してあります。

2008年8月25日　初　版第1刷発行　〔検印省略〕

2018年4月30日　初　版第3刷発行

著者©相馬伸一／発行者 下田勝司　　印刷・製本／中央精版印刷

東京都文京区向丘1-20-6　郵便振替00110-6-37828　発行所

〒113-0023　TEL（03）3818-5521　FAX（03）3818-5514　株式会社 東信堂

Published by TOSHINDO PUBLISHING CO., LTD.

1-20-6, Mukougaoka, Bunkyo-ku, Tokyo, 113-0023 Japan

E-mail : tk203444@fsinet.or.jp　http://www.toshindo-pub.com

ISBN978-4-88713-854-4 C3037　© S. Sohma

東信堂

- 大学の自己変革とオートノミー—点検から創造へ　寺﨑昌男　二五〇〇円
- 大学教育の創造—歴史・システム・カリキュラム　寺﨑昌男　二五〇〇円
- 大学教育の可能性—教養教育・評価・実践　寺﨑昌男　二五〇〇円
- 大学は歴史の思想で変わる—FD・評価・私学　寺﨑昌男　二八〇〇円
- 大学改革　その先を読む　寺﨑昌男　一三〇〇円
- 大学自らの総合力—理念とFD そしてSD　寺﨑昌男　二〇〇〇円

- アウトカムに基づく大学教育の質保証—チューニングとアセスメントにみる世界の動向　深堀聰子　三六〇〇円
- 高等教育質保証の国際比較　羽田貴史・米澤彰純・杉本和弘編　三六〇〇円
- 学士課程教育の質保証へむけて—学生調査と初年次教育からみえてきたもの　山田礼子　三二〇〇円
- 大学教育を科学する—学生の教育評価の国際比較　山田礼子編著　三六〇〇円
- 主体的学び　創刊号　主体的学び研究所編　一八〇〇円
- 主体的学び　2号　主体的学び研究所編　一六〇〇円
- 主体的学び　3号　主体的学び研究所編　一六〇〇円
- 「主体的学び」につなげる評価と学習方法—カナダで実践されるICEモデル　S・ヤング&R・ウィルソン著　土持ゲーリー法一監訳　一〇〇〇円
- ポートフォリオが日本の大学を変える—ティーチング/ラーニング/アカデミック・ポートフォリオの活用　土持ゲーリー法一　二五〇〇円
- ティーチング・ポートフォリオ—授業改善の秘訣　土持ゲーリー法一　二〇〇〇円
- ラーニング・ポートフォリオ—学習改善の秘訣　土持ゲーリー法一　二五〇〇円
- アクティブラーニングと教授学習パラダイムの転換　溝上慎一　二四〇〇円
- 大学生の学習ダイナミクス—授業内外のラーニング・ブリッジング　河井亨　四五〇〇円
- 「学び」の質を保証するアクティブラーニング—3年間の全国大学調査から　河合塾編著　二〇〇〇円
- 「深い学び」につながるアクティブラーニング—全国大学の学科調査報告とカリキュラム設計の課題　河合塾編著　二八〇〇円
- アクティブラーニングでなぜ学生が成長するのか—経済系・工学系の全国大学調査からみえてきたこと　河合塾編著　二八〇〇円
- 初年次教育でなぜ学生が成長するのか—全国大学調査からみえてきたこと　河合塾編著　二八〇〇円
- IT時代の教育プロ養成戦略—日本初のeラーニング専門家養成ネット大学院の挑戦　大森不二雄編　二六〇〇円

〒113-0023　東京都文京区向丘 1-20-6　TEL 03-3818-5521　FAX03-3818-5514　振替 00110-6-37828
Email tk203444@fsinet.or.jp　URL:http://www.toshindo-pub.com/

※定価：表示価格（本体）＋税

東信堂

書名	著者	価格
国際的にみた外国語教員の養成	大谷泰照編集代表	三六〇〇円
オーストラリアの教員養成とグローバリズム —多様性と公平性の保証に向けて	本柳とみ子	三六〇〇円
オーストラリアの言語教育政策 —多文化主義における「多様性と」「統一性」の揺らぎと共存	青木麻衣子	三八〇〇円
一貫連携英語教育をどう構築するか —「道具」としての英語観を超えて	鳥飼玖美子編著	一八〇〇円
英語の一貫教育へ向けて	立教学院英語教育研究会編	二八〇〇円
近代日本の英語科教育史 —職業系諸学校による英語教育の大衆化過程	江利川春雄	三八〇〇円
現代教育制度改革への提言 上・下	日本教育制度学会編	各二八〇〇円
現代日本の教育課題 —二一世紀の方向性を探る	村田翼夫 上田学 編著	二八〇〇円
バイリンガルテキスト現代日本の教育	村田翼夫 山口満 編著	三八〇〇円
日本の教育経験 —途上国の教育開発を考える	国際協力機構編著	二八〇〇円
現代アメリカの教育アセスメント行政の展開 —マサチューセッツ州（MCASテスト）を中心に	北野秋男編	四八〇〇円
アメリカ公民教育におけるサービス・ラーニング	唐木清志	四六〇〇円
現代アメリカにおける学力形成論の展開 —スタンダードに基づくカリキュラムの設計	石井英真	四二〇〇円
ハーバード・プロジェクト・ゼロの芸術認知理論とその実践 —内なる知性とクリエティビティを育むハワード・ガードナーの教育戦略	池内慈朗	六五〇〇円
アメリカにおける学校認証評価の現代的展開	浜田博文編著	二八〇〇円
アメリカにおける多文化的歴史カリキュラム	桐谷正信	三六〇〇円
メディア・リテラシー教育における「批判的」な思考力の育成	森本洋介	四八〇〇円
多様社会カナダの「国語」教育（カナダの教育3）	関口礼子 浪田克之介 編著	三八〇〇円
「学校協議会」の教育効果 —「開かれた学校づくり」のエスノグラフィー	平田淳	五六〇〇円
現代ドイツ政治・社会学習論 —「事実教授」の展開過程の分析	大友秀明	五二〇〇円

〒 113-0023 東京都文京区向丘 1-20-6　TEL 03-3818-5521　FAX03-3818-5514　振替 00110-6-37828
Email tk203444@fsinet.or.jp　URL:http://www.toshindo-pub.com/

※定価：表示価格（本体）＋税

東信堂

比較教育学事典	日本比較教育学会編	一二〇〇〇円
比較教育学の地平を拓く	山田肖子・森下稔編著	四六〇〇円
比較教育学―越境のレッスン	馬越徹	三六〇〇円
比較教育学―伝統・挑戦・新しいパラダイムを求めて	M・ブレイ編著 馬越徹・大塚豊監訳	三八〇〇円
国際教育開発の研究射程―「持続可能な社会」のための比較教育学の最前線	北村友人著	二八〇〇円
国際教育開発の再検討―途上国の基礎教育普及に向けて	小川啓一・西村幹子・北村友人編著	二四〇〇円
発展途上国の保育と国際協力	浜野隆・三輪千明著	三八〇〇円
トランスナショナル高等教育の国際比較―留学概念の転換	杉本均編著	三六〇〇円
中国教育の文化的基盤	顧明遠著 大塚豊監訳	二九〇〇円
中国大学入試研究―変貌する国家の人材選抜	大塚豊	三六〇〇円
中国高等教育独学試験制度の展開	南部広孝	三二〇〇円
中国の職業教育拡大政策―背景・実現過程・帰結	劉文君	五〇四八円
中国高等教育の拡大と教育機会の変容	王傑	三九〇〇円
現代中国初中等教育の多様化と教育改革	楠山研	三六〇〇円
文革後中国基礎教育における「主体性」の育成	李霞	二八〇〇円
「郷土」としての台湾―郷土教育の展開にみるアイデンティティの変容	林初梅	四六〇〇円
戦後台湾教育とナショナル・アイデンティティ	山﨑直也	四〇〇〇円
ドイツ統一・EU統合とグローバリズム―教育の視点からみたその軌跡と課題	木戸裕	六〇〇〇円
教育における国家原理と市場原理―チリ現代教育史に関する研究	斉藤泰雄	三八〇〇円
中央アジアの教育とグローバリズム	嶺井明子・川野辺敏編著	三二〇〇円
インドの無認可学校研究―公教育を支える「影の制度」	小原優貴	三二〇〇円
バングラデシュ農村の初等教育制度受容	日下部達哉	三六〇〇円
オーストラリアのグローバル教育の理論と実践―開発教育研究の継承と新たな展開	木村裕	三六〇〇円
[新版]オーストラリア・ニュージーランドの教育―グローバル社会を生き抜く力の育成に向けて	青木麻衣子・佐藤博志編著	二〇〇〇円
マレーシア青年期女性の進路形成	鴨川明子	四七〇〇円

〒113-0023　東京都文京区向丘 1-20-6　TEL 03-3818-5521　FAX03-3818-5514　振替 00110-6-37828
Email tk203444@fsinet.or.jp　URL:http://www.toshindo-pub.com/

※定価：表示価格（本体）＋税